国际汇兑实务编委会名单

主　编：杨　青

副主编：杨　遐　陈向华　刘生峰

参　编：李国庆

国际商务专业“理实一体化”系列教材

国际汇兑实务

GUOJI HUIDUI SHIWU

主　编◎杨　青

副主编◎杨　遐　陈向华　刘生峰

暨南大學出版社
JINAN UNIVERSITY PRESS

中国·广州

图书在版编目（CIP）数据

国际汇兑实务／杨青主编；杨遐，陈向华，刘生峰副主编. —广州：暨南大学出版社，2015.7
（国际商务专业“理实一体化”系列教材）
ISBN 978-7-5668-1370-1

Ⅰ. ①国… Ⅱ. ①杨…②杨…③陈…④刘… Ⅲ. ①汇兑结算—国际结算—职业教育—教材 Ⅳ. ①F830.73

中国版本图书馆 CIP 数据核字(2015)第 048475 号

出版发行：暨南大学出版社

地　址：中国广州暨南大学
电　话：总编室（8620）85221601
营销部（8620）85225284　85228291　85228292（邮购）
传　真：（8620）85221583（办公室）　85223774（营销部）
邮　编：510630
网　址：http：//www.jnupress.com　http：//press.jnu.edu.cn

排　版：广州联图广告有限公司
印　刷：深圳市新联美术印刷有限公司

开　本：787mm×1092mm　1/16
印　张：19.25
字　数：476 千
版　次：2015 年 7 月第 1 版
印　次：2015 年 7 月第 1 次
印　数：1—2000 册

定　价：44.00 元

前　言

随着全球经济一体化的发展，全球资本流动日益增加，外汇市场已经达到空前的规模，中国经济与世界经济的关系更加密切。我国的对外贸易依存度不断提高，越来越多的企业加入国际商务竞争中，这就需要大量了解国际汇兑知识和具有外汇交易操作以及防范外汇风险能力的专业人才。

目前，许多中高等职业院校都开设了各种与对外经济贸易有关的国际商务专业，《国际汇兑实务》主要适用于中高等职业院校的国际商务、国际经贸、商务英语和国际市场营销专业的“国际汇兑实务”、“外汇业务知识”和“国际金融”课程教学。学好国际汇兑实务知识，培养外汇交易操作以及防范外汇风险能力，对学生今后从事国际商务活动起着重要的作用。

本书以《关于全面提高高等职业教育教学质量的若干意见》、《教育部关于加强高职高专教育教材建设的若干意见》等文件的精神和要求为依据，立足于当代国际金融理论的发展与实践的成果，根据当前从事国际商务活动所需的基本理论、基本知识和基本技能进行编写，目的是培养具有新型职业素质、专业技能的人才。

随着我国国际商务活动的迅速发展，培养学生的职业技能越来越重要，希望本书能有助于学生在掌握基本原理的基础上，提高业务操作技能水平和综合分析能力。本书具有以下特点：

（1）内容全面新颖。本书基本涵盖了国际汇兑中最重要的外汇兑换、外汇业务、外汇风险防范、外汇管制等内容。力求贴近实际，联系国际汇兑发展的现状，联系与国际商务发展密切相关的外汇市场和创新金融工具的运用。

（2）理实一体项目驱动。本书汇集了大量的案例进行任务互动，针对中高职学生的特点，以形式多样、理论联系实际的任务让学生理解较为枯燥的理论知识，做到每个知识点都有互动，既考虑知识的系统性，又注重实用性。教学任务分成若干项目完成，不同项目将理论与实践有机结合，激发学生的学习兴趣，培养学生的学习热情。

（3）目标驱动能力导向。在目标制定和内容设置方面充分注重学生能力的培养，充分体现当代职业教育课程的特点。本书设置了符合国际商务活动所需要的国际汇兑的知识目标和技能目标。学生在完成学习目标后，不仅可掌握国际汇兑的主要知识，还可培养外汇交易操作以及防范外汇风险等专业能力。

（4）本书设计了情境导入、案例导入、任务互动、知识链接等相关栏目以提升学生的专业能力。以实际工作中遇到的情境为导入，提出问题，激发学生的学习兴趣，引入相关知识；通过案例分析学习主要知识与技能；通过任务互动检验学生对知识与技能所掌握的程度，并使之学以致用；通过知识链接开阔学生的视野，补充其课外知识。

本教材由杨青担任主编，杨遐、陈向华和刘生峰担任副主编。参加编写的有杨青（模块一、模块二）、李国庆（模块三）、杨遐（模块四、模块七、模块八）、陈向华（模块五、模块九、模块十）、刘生峰（模块六）。本书在编写过程中，参考了国内外学者和专家编著的同类教材和著作，在此谨致谢忱；同时，本书在编写和出版过程中，得到了暨南大学出版社编辑的指点和帮助，在此表示感谢。

由于国际汇兑领域的理论和实践的发展日新月异，且编者水平有限，书中难免有疏漏或不当之处，恳请读者批评指正。

编　者

2015 年 3 月

目　录

模块一

外　汇

【知识目标】

1. 理解外汇的含义和构成要素
2. 了解外汇的作用和种类
3. 重点掌握外汇的表现形态
4. 重点掌握常用的几种外汇

【技能目标】

1. 能够准确判断哪些外币是外汇
2. 能够区分不同形态的外汇
3. 能够在实际生活和工作中灵活运用所学的外汇知识

【情境导入】

国际清算银行（BIS）于2013年9月5日发布了每三年一次的全球外汇调查报告。报告显示，2013年4月外汇交易市场平均交易额达到5.3万亿美元，高于2010年4月的4万亿美元，以及2007年4月的3.3万亿美元。报告还显示，外汇掉期在外汇交易市场中交易最为活跃，日均交易额达到2.2万亿美元，其次是外汇现货，日均交易额达2万亿美元。全球外汇交易市场的增长主要由金融机构推动，而并非来自申报的交易商。更小的银行（未作为申报的交易商参与调查）占成交额的24%，包括养老基金和保险公司在内的机构投资者占11%，对冲基金及有交易企业占11%。2010年至2013年，主要是股份公司的非金融企业客户交易额出现萎缩，全球交易额下降至9%。

在货币交易方面，美元仍是全球交易最为活跃的货币，其成交量占据87%；欧元作为第二种最常交易的货币，其交易份额由2010年的39%下降至33%。日元以及新兴市场货币交易量出现上升趋势，墨西哥比索以及人民币跻身全球十大外汇交易货币之列。调查报告还显示，2013年全球外汇交易呈现集中化趋势，交易越来越集中在全球最大的金融中心。2013年4月，英国、美国、新加坡、日本的外汇交易份额占71%，而2010年4月，这几个中心的交易份额为66%。

讨论：以上提到的所有货币都是外汇吗？

（资料来源：国际清算银行2013年度的中央银行调查报告）

项目1 认识外汇

【案例导入】

中国A公司出口一批空调给越南B公司，B公司要求支付时采用越南盾，A公司拒绝接受越南盾支付，要求越南B公司支付美元，为什么？

分析：越南盾是外汇吗？越南盾可以用于国际结算吗？

猜一猜：哪些货币可以用于国际结算？

一、外汇的含义

外汇（Foreign Exchange）是国际金融最基本、最重要的概念。从形态上分类，外汇可以分成动态外汇和静态外汇。

（一）动态外汇

动态外汇即“国际汇兑”。国际汇兑是指将一个国家或地区的货币兑换为另一个国家或地区的货币，以清偿国际债务的金融活动。

一个国家或地区的对外经济活动，必然产生国际的债权债务，因为各个国家或地区都有自己独立的货币和货币制度，一个国家或地区的货币通常不能在其他国家或地区流通使用，人们需要进行货币兑换，使用可以用于国际结算的外汇来完成债权债务的国际结算。国家指有主权的国家，如中国、英国、美国等。地区有各种类型，如中国香港、澳门、台湾，塞班和百慕大等地区。

【任务互动】

中国A公司与德国B公司签订进口一批汽车的贸易合同，合同金额为100万欧元，中国A公司只有人民币，应如何进行支付？

分析：中国A公司可以用人民币到中国银行或其他外汇银行购买100万欧元汇票，用电汇方式支付给德国B公司，德国B公司可到当地银行兑取欧元，这样的国际结算过程即国际汇兑。

（二）静态外汇

静态外汇是指外币（Foreign Currency）及以外币所表示的用以进行国际结算的支付凭

证和信用凭证。随着世界经济的发展，国际经济活动日益活跃，国际汇兑业务也越来越广泛，国际汇兑逐渐从动态的概念演变为静态的概念，成为国际性的支付手段和金融资产。静态外汇可以分成广义的静态外汇和狭义的静态外汇。本教材所涉及的主要指广义的静态外汇。

1. 广义的静态外汇

广义的静态外汇是指一切用外汇表示的金融资产，包括外币，存放在国外银行的外币存款，以外币表示的汇票、本票、支票等支付凭证，以及随时可以在国外兑现的外国政府国库券、债券、股票等有价证券。如中国政府购买的美国国债。

国际货币基金组织对外汇的定义为：“外汇货币行政当局（中央银行、货币机构、外汇平准基金和财政部）以银行存款、财政部库券、长短期政府证券等形式所保有的在国际收支逆差时可以使用的债权。”

2008 年 8 月修订实施的《中华人民共和国外汇管理条例》对外汇的解释是：

（1）外国货币：包括纸币、铸币；

（2）外币支付凭证：包括票据、银行存款凭证、银行卡等；

（3）外币有价证券：包括债券、股票等；

（4）特别提款权；

（5）其他外汇资金（各种外币的投资收益，如股息、利息、红利等）。

2. 狭义的静态外汇

狭义的静态外汇是指可以用于进行国际结算的外币支付手段。并非所有的外币都可以充当国际结算的支付手段，只有各国普遍接受的支付手段才能用于国际结算。如越南盾目前不能用于国际结算，不是外汇；马来西亚林吉特可以用于国际结算，是外汇。

讨论：人民币、港元、澳门元、台币是外汇吗？

【知识链接】

中国仍为美国最大的债权国

美国国债（U. S. Treasury Securities），是指美国财政部代表联邦政府发行的国家公债。根据发行方式不同，美国国债可分为凭证式国债、实物券式国债（又称无记名式国债或国库券）和记账式国债三种。根据债券的偿还期限不同，美国国债大致可分为短期国库债券（T – Bills）、中期国库债券（T – Notes）和长期国库债券（T – Bonds）三类。

美国财政部 2014 年 3 月 18 日公布的数据显示，美国最大债权国——中国 1 月份增持美国国债 35 亿美元。当然，中国政府持有美国国债也会带来如下成本或风险：持有美国国债，面临着由美元贬值的估值效应造成的资本损失或美国国债市场价格下降风险。一方面，美联储加息会导致美国国债市场价格下滑；另一方面，次贷危机结束后，投资者风险偏好的增强所导致的避险资金流出美国国债市场，也会导致美国国债收益率上扬以及美国国债市场价格下降。

（资料来源：中国网，2014 年 3 月 20 日）

二、外汇的构成要素

一国的货币要成为可以进行国际结算的外汇，除了要求该货币发行国具有经济实力较强、币值相对稳定、经济能融于世界经济体系中等有利因素外，还必须具备三个基本要素：

1. 外汇必须是真实的债权凭证

即这种支付凭证或信用凭证产生的基础是确实存在的一种债权债务关系。空头支票、伪造的汇票和本票等都不是外汇。在多边结算支付体系下，国际上得不到偿还的债权也不能用于本国对第三国的债务清偿。

【知识链接】

空头支票

空头支票，是指支票持有人请求付款时，出票人在付款人处实有的可供合法支配的存款不足以支付票据金额的支票。《中华人民共和国票据法》规定支票出票人所签发的支票金额不得超过其在付款人处实有的存款金额，即不得签发空头支票，这就要求出票人自出票日起至支付完毕止，应保证其在付款人处的存款账户中有足以支付支票金额的资金。对签发空头支票骗取财物的，要依法追究刑事责任。如果签发空头支票骗取财物的行为情节轻微，不构成犯罪，票据法规定要依照国家有关规定给予行政处罚。

2. 外汇必须是可自由兑换的货币或用其表示的支付手段

不是所有的外国货币都是外汇，因为外汇必须具有可兑换性。一是指外汇的票面货币应为可自由兑换的货币，如美元、欧元、日元、英镑等可自由兑换货币，美元可自由兑换成欧元、瑞士法郎、日元等；二是指支付凭证或信用凭证可以在国际市场兑换成其票面所表示的货币，如以英镑表示的汇票在伦敦外汇市场上可以兑换成英镑，以欧元表示的债券在巴黎外汇市场上可以兑换成欧元。

3. 外汇必须是一国的外汇资产

本国的货币及本币所表示的支付凭证或信用凭证不能视为外汇。如美元对于美国来说不是外汇，而对美国以外的国家来说则是外汇，可以用来支付国际债务。

【任务互动】

意大利A公司从中国B公司进口价值50万欧元的电视机，可以用欧元支付吗？为什么？

分析：意大利A公司可以用欧元直接支付，因为欧元虽然是意大利的本币，但对中国出口商而言，是可以进行国际结算的外汇。

讨论：美国政府可以通过大量印刷美元来偿还自己的债务吗？

项目 2　外汇的作用和表现形态

【案例导入】

晓敏准备在2015年春节假期和家人去英国旅游，可以带人民币去英国使用吗？为什么？她应该带什么货币呢？

一、外汇的作用

目前，世界经济一体化的三大支柱——国际贸易自由化、生产经营国际化、金融资本全球化对各国、各地区的影响都越来越深刻。国际贸易规模迅速扩大，国际直接和间接投资迅速增长，资本在全球大规模流动，跨国银行和网络银行业务不断扩张，金融创新工具日新月异，离岸金融中心和新兴的国际金融市场不断崛起，各国、各地区尤其是发展中国家和地区放松金融管制，逐步开放金融业。在世界经济一体化的发展过程中，外汇在世界经济的舞台上正扮演着越来越活跃的角色。1973 年，国际金融市场平均每天外汇交易额约150 亿美元，1983 年达到约 6 000 亿美元，1993 年迅速发展到约 9 000 亿美元，2003 年跃至约18 800亿美元。全球的外汇交易量与世界贸易额的比率，从 1983 年的 10∶1 上升到现在的 60∶1 。目前，全球每天的外汇交易额高达约 50 000 亿美元。

国际外汇交易的发展，对推动世界经济贸易的增长发挥了重要作用，外汇的作用主要表现在如下五个方面：

1. 外汇是国际结算的主要手段

外汇可使各国的购买力相互转换。国际债权债务到期时，主要是通过各种外汇凭证进行非现金的结算。一国拥有大量的外汇，就等于拥有了大量的国际购买力。

2. 外汇使国际结算更为安全、迅速和便利

如果每一笔国际交易的结算都靠运送外币现钞，不但费用过大、手续麻烦，而且时间冗长、风险很大。用外汇清偿国际债权债务，能节省运送现金的费用，降低风险，缩短支付时间，加速资金周转。

3. 外汇促进了国际贸易的发展

在当今国际贸易中，全世界商品贸易额达数万亿美元，其中直接利用外币现钞结算债权债务的非常少，绝大部分都是利用以外币所表示的支付凭证来进行结算的。

4. 外汇充当国际资本的货币载体

随着全球直接投资和间接投资的迅速增长，国际资本的流动量呈快速上涨趋势。资本的流动有利于加强国际经济技术合作，促进生产要素在国际的合理配置，加速经济的发展。资本输入可促进输入国经济的发展，资本流动能给资本输出国带来高额利润。

5. 外汇是国际储备的重要组成部分

国际储备主要包括黄金和外汇储备，国际储备是一个国家可以用于国家支付的流动资金，是衡量一国的经济实力的主要标志之一。外汇是平衡国际收支、保持本国货币汇率的重要货币资产。

【知识链接】

外汇储备

外汇储备（Foreign Exchange Reserve）是指一国政府所持有的国际储备资产中的外汇部分，即一国政府保有的以外币表示的债权，是一个国家货币当局持有并可以随时兑换外国货币的资产。外汇储备是以外汇计价的资产，包括现钞、国外银行存款、国外有价证券等。外汇储备是一个国家国际清偿力的重要组成部分。

2006 年 2 月，中国外汇储备达 8 537 亿美元，超过日本，成为全球外汇储备最大持有国。2010 年 3 月，中国外汇储备规模已达 2.4 万亿美元，稳居全球第一位。2013 年 3 月，中国外汇储备共计 3.4 万亿美元，其中 70% 左右是美国国债（1.2 万亿美元），或者其他美元资产［1 万亿美元（美国股票、美国企业债券和地方债券）］。其他分别是欧元、日元和英镑。

外汇储备作为一个国家经济金融实力的标志，是弥补该国国际收支逆差、抵御金融风暴、稳定该国汇率以及维持该国国际信誉的物质基础。对于发展中国家来说，往往要持有高于常规水平的外汇储备。但是，外汇储备并非多多益善，近年来中国外汇储备规模的急剧扩大对经济发展产生了许多负面影响。一定规模的外汇储备的流入代表着相应规模的实物资源的流出，这种状况不利于一国经济的增长。如果中国的外汇储备超常增长仍这样持续下去，将损害经济增长的潜力。

【任务互动】

巴西 A 公司从中国 B 公司进口价值 100 万美元的洗衣机，可以用美元直接支付吗？为什么？

分析：巴西 A 公司可以用美元直接支付，因为美元是可以进行国际结算的外汇。

二、外汇的表现形态

外汇的表现形态是指外汇作为价值实体的存在形式，主要分为三种：

1. 外汇现钞和外汇存款

外汇现钞是指以可兑换货币表示的外国钞票、铸币，现钞主要由境外携入，包括美元、欧元、英镑、日元、瑞士法郎等。外汇存款是指以可兑换外国货币表示的在银行账户里的各种存款，包括在国外的各种投资及收益、各种外汇放款及其利息收入，在国际货币经济组织的储备头寸、国际结算中发生的各种外汇应收款项、国际金融市场借款、国际金融组织借款等。

2. 外汇支付凭证（现汇）

外汇支付凭证是指以可兑换货币表示的支付手段，包括外汇票据和凭证。常用的支付手段主要有四种：

（1）汇票。汇票是由发票人签发的，要求付款人按照约定的期限，对持票人或指定人无条件支付一定金额的书面命令。汇票的开票人通常为债权人，如出口商、债权银行等。汇票中明确列出货币名称、金额、付款期限、付款人的名称和地址、受款人、出票日期和地点、出票人和负责人的名字或印章。按付款时间的不同，汇票分为即期汇票和远期汇票；按出票人的不同，可分为银行汇票和商业汇票；按有无随付的商业单据，又可分为光票和跟单汇票。

【任务互动】

中国A公司向巴西B公司出口一批价值60万美元的洗衣机，中国A公司向巴西B公司开出的一张60万美元的汇票是外汇吗？为什么？

分析：中国A公司向巴西B公司开出的一张60万美元的汇票是外汇，因为它们之间确实存在着债权债务的关系。

（2）本票。本票是由发票人向收款人或持票人签发的付款保证，在约定时间内无条件支付一定金额的书面承诺。本票上明确列出支付金额、受款人名称、出票日期、出票人签字。本票分为银行本票和商业本票。本票的发票人通常为债务人，如进口商。

（3）支票。支票是由发票人向收款人签发的委托银行见票后无条件支付一定金额的书面命令。银行支票是以银行为付款人的即期汇票，支票上列出金额、付款人名称、出票日期和出票人签字。银行支票必须是以银行为付款人，支票要求付款人见票立即付款。

讨论：在中国可以办理个人支票吗？

【知识链接】

旅行支票

在现实中，我们能够经常接触的支票主要包括境外汇款和旅行支票。旅行支票是一种定额本票，其作用是专供旅客购买物品和支付旅途费用。它与一般银行汇票、支票的不同之处在于它旅行支票没有指定的付款地点和银行，一般也不受日期限制，能在全世界通用，客户可以随时在国外的各大银行、国际酒店、餐厅及其他消费场所兑换现金或直接使用，是国际旅行常用的支付凭证之一。旅行支票是一种全球范围内被普遍接受的票据，在很多国家和地区都有着如同现金一般的流动性。不仅很多商场和酒店都支持旅行支票的付款，而且在旅行地其也可以兑换为当地的货币使用。

目前，全球通行的旅行支票品种有美国运通（American Express）、VISA以及通济隆、Master Card、花旗等品牌，旅行支票能够在世界各地800余家旅行支票代兑行兑换，或在各国的大商铺和宾馆饭店直接使用。

（4）信用卡。信用卡是银行或专门的发行公司发给消费者使用的一种信用凭证，是一种把支付与信贷两项银行基本功能融为一体的业务。信用卡是信用机构对具有一定信用的客户提供的一种赋予信用的卡片凭证，是便于购物或旅游等费用支付的信用工具。

信用卡于1915年起源于美国，至今已有80多年的历史，目前已成为一种普遍使用的支付工具和信贷工具。"信用"一词来自英文credit，其含义包括信用、信贷、信誉、赊销及分期付款等。

银行或发卡机构通过征信，规定一定的信用额度，发给资信情况较好的企业和有稳定收入的消费者。持卡人就可以凭卡到指定的银行机构存取现金，到指定的特约商户消费，受理信用卡的商户将持卡消费者签出的记账单送交银行或发卡机构，由银行或发卡机构向持卡人收账。信用卡这种结算方式对卖方（特约商户）具有加速商品推销及流通的优点；对买方（持卡人）则具有先消费后付款，避免携带大量现金的优点；而信用卡发行机构则可收取手续费，发放贷款取得利息，加快资金的周转。信用卡的最大特点是同时具备信贷与支付两种功能。持卡人可以不用现金，凭信用卡购买商品和享受服务，由于其支付款项是发卡银行垫付的，银行便对持卡人发生了贷款关系，而信用卡又不同于一般的消费信贷。

信用卡是由附有信用证明和防伪标志的特殊塑料制成的卡片。国际统一标准是，长85.60 mm、宽53.975 mm、厚0.762 mm。信用卡正面印有发卡银行或机构的名称、图案、简要说明，打制的卡号、有效期、持卡人姓名、性别、发卡行名缩写；背面附有磁条和签名条；还可印上持卡人的彩色照片和证件号码等。

国际上有五大信用卡品牌，即威士国际组织（VISA）及万事达国际组织（Master Card）、美国运通国际股份有限公司（American Express）、大莱信用卡有限公司（Diners Club）及JCB日本国际信用卡公司（JCB）五家专业信用卡公司。在各地区还有一些地区性的信用卡组织，如欧洲的EUROPAY、中国大陆的银联、中国台湾地区的联合信用卡中心等。一般美国用VISA比较多，欧洲用Master Card比较多。

讨论：信用卡是不是越多越好？使用信用卡应该注意哪些问题？

【知识链接】

威士卡和万事达卡

威士卡（VISA）

VISA是全球最负盛名的支付品牌之一，VISA与世界各地的VISA特约商户、ATM以及会员金融机构携手合作。VISA全球电子支付网络是世界上覆盖面最广、功能最强和最先进的消费支付处理系统。全世界有超过2 000万个特约商户接受VISA卡，还有超过84万个ATM遍布世界各地。因此，VISA的全球网络让消费者无论身在何处，都能方便地使用VISA卡。

万事达卡（Master Card）

万事达国际组织于20世纪50年代末至60年代初期创立了一种国际通行的信用卡体系，旋即风行世界。1966年，该组织组成了一个银行卡协会（Interbank Card Association）组织，1969年银行卡协会购下了Master Charge的专利权，统一了各发卡行的信用卡名称和式样设计，后改名为Master Card。万事达国际组织是一个包罗世界各地财经机构的非营利性组织，其会员包括商业银行、储蓄与贷款协会以及信贷合作社。

3. 外汇有价证券

外汇有价证券是指以可兑换外国货币表示的用以表明财产所有权或债权的凭证，主要包括外币股票、外币债券和外币可转让存款单等；外币可转让存款单是指可在票据市场上流通转让的定期存款凭证。

【任务互动】

健明准备在2015年春节假期去新西兰旅游，他可以带人民币去新西兰使用吗？为什么？他应该带什么货币呢？

分析：人民币目前不是可以进行国际结算的外汇，所以不能带人民币去新西兰使用。他可以到中国工商银行或中国建设银行等任意一家外汇银行，用人民币换取一定数额的新西兰元现钞在新西兰使用。现钞随身携带具有一定风险，金额不宜太多。他同时可以购买一定数额的旅行支票，也可以带双币（人民币和美元）或多种货币（人民币、美元、欧元、新西兰元等）的信用卡在新西兰使用。

讨论：2014年，人民币可以在韩国与韩元进行跨境结算吗？

项目3 外汇的种类

【案例导入】

中国A公司出口一批服装给美国B公司，B公司支付时通常是采用美元现钞还是现汇，为什么？

1. 自由兑换外汇和记账外汇

根据货币兑换的限制程度不同，可以分为自由兑换外汇和记账外汇。自由兑换外汇称自由外汇或者现汇，是指可以自由兑换成任何一种外国货币，或者可以向第三国办理支付的外汇。例如美元、欧元、英镑、日元、瑞士法郎等货币，以及用这些货币所表示的汇票、支票、股票、债券等支付凭证和信用凭证均为自由兑换外汇。

目前世界上有60多种货币是可自由兑换的货币，这些国家基本取消了外汇管制或外汇管制较轻。在国际商务活动中，最常用的自由兑换外汇主要包括美元、欧元、英镑、日元、瑞士法郎、加元、澳元、港元、新加坡元等。在国际贸易中，用可自由兑换的货币结算的进出口贸易叫作现汇贸易。

记账外汇也叫协定外汇，是指签有双边或多边清算协定的成员国之间由于进出口贸易引起的债权和债务不用现汇逐笔结算，而是通过当事国的中央银行账户相互抵销所使用的外汇。因为这种外汇只是记在中央银行的账户上，不能兑换成其他货币，也不能对第三国进行支付，所以叫作记账外汇。在国际贸易中，用记账外汇清算的进出口贸易叫作记账外汇贸易。采用记账外汇的国际商务活动，通常到一定时期（半年或一年）将双方账户的债权债务差额按照协定以现汇或货物清偿，或转入下一年度经济交易活动项下平衡。

讨论：现在的国际贸易使用哪种类型的外汇较多？

2. 贸易外汇和非贸易外汇

根据外汇的来源与用途不同，可以分为贸易外汇和非贸易外汇。贸易外汇是指一个国家进出口贸易所收入或支出的外汇，以及与进出口贸易有关的从属费用外汇，如样品费、运费、保险费、宣传费和推销费等。贸易外汇是一个国家外汇收支的主要项目。

非贸易外汇是指进出口贸易以外所收支的一切外汇，包括侨汇、旅游、港口、航空、铁路、海运、邮电、海关、保险、银行、对外工程承包等方面收入和支出的外汇，以及个人和团体出国差旅费、图书、电影、邮票、外轮代理等服务发生的外汇。非贸易外汇是一个国家外汇收支的重要组成部分。

讨论：菲律宾女佣寄回国内的外汇属于哪一种类型的外汇？

【任务互动】

志明于2000年移民美国，2014年10月给中国的父母汇款5 000美元作为生日贺礼，这笔外汇属于贸易外汇还是非贸易外汇？

分析：这5 000美元属于非贸易外汇的侨汇。

讨论：中国香港居民在伦敦买保险支付的2 000英镑属于哪种外汇类型？

3. 硬币和软币

根据外汇汇率的走势不同，可以分为硬币和软币。硬币是指汇率稳定并且趋于上升的外汇。如果一个国家的经济情况较好，国际收支为顺差，黄金和外汇储备较多，则其货币在国际金融市场上就坚挺，汇率趋升。

软币是指汇率不稳定并且趋于下跌的外汇。如果一个国家的经济情况较差，国内通货膨胀加剧，国际收支持续逆差，其货币即为软币。软币和硬币并不是一成不变的，只是在某一段时期内趋软或趋硬。

【任务互动】

2014 年 11 月的一段时间，美元由 1 美元 =6. 157 3 人民币变为 1 美元 =6. 178 5 人民币，美元是偏软还是偏硬？

分析：因为这段时间美元趋于升值，所以美元偏硬。

讨论：目前欧元对美元是偏硬还是偏软？

【知识链接】

20 世纪 80 年代中后期，由于经济实力强盛，日元是当之无愧的硬币，日元对美元不断升值，从 80 年代初的 1 美元对 230 日元上升至 90 年代初的 1 美元对 80 日元左右，90 年代随着日本泡沫经济的毁灭，日元不断贬值，成为软币。

4. 即期外汇和远期外汇

按买卖交割期限，可以分成即期外汇和远期外汇。交割是买卖双方履行交易合同，进行钱货两清的行为。外汇买卖的交割是指购买（出售）外汇者付出本国货币（外国货币），出售（购买）外汇者付出外汇（本币）。

即期外汇是指在外汇市场上，买卖双方成交后，原则上在两个营业日内办理交割完毕的外汇。即期外汇包括电汇、信汇和票汇三种。

远期外汇是指在外汇市场上，买卖双方事先约定的，据以在未来的一定时期内进行交割的外汇。交割的期限一般为一个月至六个月，最长的达一年。即期汇率是制定远期汇率的基础。在国际贸易中，买卖双方可以通过远期外汇交易来防范外汇风险。

【任务互动】

天宇的家人准备去澳大利亚旅游，2014 年 9 月 4 日，他在中国银行广州分行用人民币兑换了 5 000 澳元现钞，这些现钞属于即期外汇还是远期外汇？

分析：因为 5 000 澳元现钞是当日完成交割的，所以属于即期外汇。

5. 现钞和现汇

按外汇形式，可以分为现钞和现汇。现钞是指由境外携带入境或个人持有的可自由兑换的外国货币，是具体的、实在的外国纸币、硬币。当现钞持有者要把现钞转移出境时，可以采用携带方式或汇出方式。当现钞持有者计划汇出时，由于现钞有实物的形式，银行必须将其出运至国外，运输费用将由客户承担，表现为“钞卖汇买”（客户卖出现钞、买入现汇），现钞不能变成等额的现汇，如果要把现钞变成现汇，客户将在外汇金额上遭受一定的损失。

现汇是指国外汇入或境外携带入境的外币支付凭证和票据，是账面上的外汇，如境外汇款和旅行支票。现汇转移出境，不存在实物形式的转移，可以直接汇出，只是账面上的划转。现汇支取现钞时，由于汇入方已经承担了运输费，因此现汇可以支取等额的现钞。

【任务互动】

美国人朱莉准备在2014年圣诞假期去圣诞老人的故乡——芬兰旅游，她可以带美元现钞在芬兰使用吗？为什么？

分析：美元是世界上流通范围最大、使用最多的外汇，少数国家或地区的政府允许使用美元现钞，如塞班，但大部分国家或地区的法律规定只允许使用本国或本地区现钞。外汇现钞可以兑换为本国或本地区现钞在国内或本地区内使用。

讨论：出国旅行是带现钞还是旅行支票比较好？

项目4　主要国家和地区货币

【案例导入】

法国人比尔准备在2015年夏天和家人去英国旅游，参加苏格兰音乐节活动，英国为欧盟的成员国，比尔的欧元现钞可以直接在英国使用吗？为什么？

国际流通中常用的几种外汇包括美元、欧元、日元、英镑、瑞士法郎、澳元等。

表1-1　亚洲主要货币名称及ISO货币符号一览表

亚洲	货币名称		货币符号	
	中文	英文	原有旧符号	标准符号
中国香港	港元	HongKong Dollar	HK$	HKD
中国	人民币	Renminbi Yuan	RMB ¥	CNY
日本	日元	Japanese Yen	¥；J. ¥	JPY
新加坡	新加坡元	Singapore Dollar	S. $	SGD
泰国	泰铢	Thai Baht (Thai Tical)	BT.；TC.	THB
印度	印度卢比	Indian Rupee	Re.（复数：Rs.）	INR

表 1－2 欧洲主要货币名称及 ISO 货币符号一览表

欧洲	货币名称		货币符号	
	中文	英文	原有旧符号	标准符号
欧洲货币联盟	欧元	Euro	EUR	EUR
丹麦	丹麦克朗	Danish Krone（复数：Kroner）	D. Kr.	DKK
瑞典	瑞典克朗	Swedish Krona（复数：Kronor）	S. Kr.	SEK
挪威	挪威克朗	Norwegian Krone（复数：Kroner）	N. Kr.	NOK
俄罗斯	卢布	Russian Ruble（or Rouble）	Rbs. Rbl.	RUB
德国	马克	Deutsche Mark	DM.	DEM
英国	英镑	Pound，Sterling	£；£ Stg.	GBP
瑞士	瑞士法郎	Swiss Franc	SF.；SFr.	CHF
法国	法郎	French Franc	F. F.；Fr. FC.；F. FR.	FRF
西班牙	比塞塔	Spanish Peseta	Pts.；Pes.	ESP

注：上表显示的德国、法国、西班牙货币名称及 ISO 货币符号均为原国家货币名称或符号，现这三国均已使用欧元。

表 1－3 美洲主要货币名称及 ISO 货币符号一览表

美洲	货币名称		货币符号	
	中文	英文	原有旧符号	标准符号
加拿大	加元	Canadian Dollar	Can. $	CAD
美国	美元	U. S. Dollar	U. S. $	USD
墨西哥	墨西哥比索	Mexican Peso	Mex. $	MXN
古巴	古巴比索	Cuban Peso	Cu. Pes.	CUP
巴西	巴西雷亚尔	REAL	R. $	BRL
智利	智利比索	Chilean Peso	P.	CLP
阿根廷	阿根廷比索	Argentine Peso	Arg. P.	ARP

表1-4 非洲主要货币名称及ISO货币符号一览表

非洲	货币名称		货币符号	
	中文	英文	原有旧符号	标准符号
埃及	埃及镑	Egyptian Pound	£ E.; LF.	EGP
尼日利亚	奈拉	Nigerian Naira	N.	NGN
南非	兰特	South African Rand	R.	ZAR

表1-5 大洋洲主要货币名称及ISO货币符号一览表

大洋洲	货币名称		货币符号	
	中文	英文	原有旧符号	标准符号
澳大利亚	澳元	Australian Dollar	$ A.	AUD
新西兰	新西兰元	New Zealand Dollar	$ NZ.	NZD

根据不同国家和地区货币发行的有关法律规定，各国、各地区发行钞票的机构各有不同。目前大多数国家和地区的货币是由本国和本地区的中央银行发行，如英国的钞票是由英国中央银行——英格兰银行发行。但也有的是由政府授权的专门机构发行，如新加坡货币是由新加坡货币局发行，中国香港特别行政区的钞票是由香港上海汇丰银行、香港渣打银行和中国银行以及中国香港政府发行。发行机构的名称，通常印在钞票正面的显著位置。

讨论：人民币可以在中国香港使用吗?

一、亚洲主要国家和地区货币

亚洲主要国家和地区货币包括中国内地人民币、港元、澳门元、日元、新加坡元、韩元、印度卢比、泰铢、马来西亚林吉特、印度尼西亚卢比、阿联酋迪拉姆、沙特里亚尔、土耳其里拉等。

（一）中国内地

人民币是中华人民共和国的法定货币，是中国人民银行成立后于1948年12月1日首次发行的货币，新中国成立后为中华人民共和国法定货币。截至1999年10月1日启用新版人民币，中国共发行五套人民币，形成了包括纸币与金属币、普通纪念币与贵金属纪念币等多品种、多系列的货币体系。人民币的单位名称为“元”，辅币单位名称为“角”、“分”，1元等于10角，1角等于10分。人民币的发行机构是中国人民银行。目前流通的纸币有1元、2元、5元、10元、20元、50元、100元，1角、2角、5角；硬币有1角、5角和1元（新版人民币没有2元、1角、2角、5角，但它们仍在市面上流通）。人民币ISO货币符号是CNY，不过更常用的缩写是RMB；在数字前一般加上“¥”表示人民币的金额。人民币目前不是可自由兑换的货币。

讨论：目前人民币可以直接和英镑进行结算吗?

（二）中国香港

港元也称港币，是中国香港地区于 1861 年以银为本位设立的法定货币。港元的单位名称为“元”，辅币单位名称为“毫”、“仙”，1 元等于 10 毫，1 毫等于 10 仙。按照香港基本法和中英联合声明，香港的自治权包括自行发行货币的权利。现行流通的港元分别由香港金融管理局及渣打银行（香港）有限公司、香港汇丰银行有限公司、中国银行（香港）有限公司等三家香港发钞银行发行。香港建立了港元发行与美元挂钩的联系汇率制度。外汇基金所持的美元就为港元纸币的稳定提供了支持。港元纸币面额有 5 元、10 元、50 元、100 元、500 元及 1 000 元六种。流通的硬币有 1 元、2 元、5 元及 1 毫、2 毫、5 毫等。港元的 ISO 货币符号为 HKD，标志为 HK$ 。中国内地与香港的贸易在中国的外贸总额中所占的比重较大，使用港元汇兑支付的数额较大。

讨论：港元可以在中国澳门使用吗？港元可以在中国内地使用吗?

（三）中国澳门

澳门元作为澳门的法定货币，已经有将近一个世纪的历史。早在 1905 年，澳门政府将发行澳门元钞票的专有权赋予大西洋银行。1910 年 1 月 27 日，首批澳门币钞票即告面世。澳门元是中华人民共和国澳门特别行政区的法定流通货币，常用缩写用 MOP$ 表示，但正确缩写写法是 pts。目前，澳门元纸币由澳门金融管理局授权大西洋银行与中国银行澳门分行发行，硬币则由澳门金融管理局负责发行。澳门的货币政策由澳门金融管理局管理。澳门元的单位名称为“元”，辅币单位名称为“仙”，1 澳门元等于 100 仙 。纸币面值种类有 1 000 元、500 元、100 元、50 元、20 元、10 元，铸币面值种类有 10 元、5 元、2 元、1 元，50 分、20 分、10 分、5 分。澳门元的 ISO 货币符号为 MOP。

讨论：澳门元可以在中国内地使用吗?

（四）日本

日元是日本创立于1871年5月1日的法定货币，日元的单位名称为“元”，辅币单位名称为“钱”，1日元等于100钱。日本的货币名称为日元（日文为“円”）。日元发行机构是日本银行。目前，已经发行并流通的纸币面额有500日元、1 000日元、5 000日元、10 000日元，硬币有1日元、5日元、10日元、50日元、100日元、500日元。ISO货币符号是JPY。日元为国际储备货币。日元纸币的正面文字全部使用汉字，中间上方均印有“日本银行券”字样。背面则有拉丁文拼音的行名“日本银行”及单位名称“元”的字样。

20世纪80年代以来，日本的经济实力越来越强，日元的大幅度升值推进了日本经济国际化的发展势头。无论在海外的直接和间接投资方面还是在日元国际化和东京成为国际金融中心方面都取得令人瞩目的进展。日元已成为国际贸易结算的主要货币之一，它作为国际储备货币的地位呈上升趋势。

讨论：日元可以和人民币直接结算吗？

（五）新加坡

新加坡的法定货币名称为新加坡元，其发行机构是新加坡货币局。新加坡元的单位名称为“元”，辅币单位名称为“分”，1元等于100分，新加坡元以S.$标记。目前，新加坡货币分纸币和硬币，近期也开始发行塑胶币。已经发行并流通的纸币面额有1元、5元、10元、20元、50元、1 000元、10 000元；硬币有5分、10分、20分、50分及1元。新加坡元的ISO货币符号是SGD。

讨论：新加坡成为最年轻的发达国家之一的原因是什么？

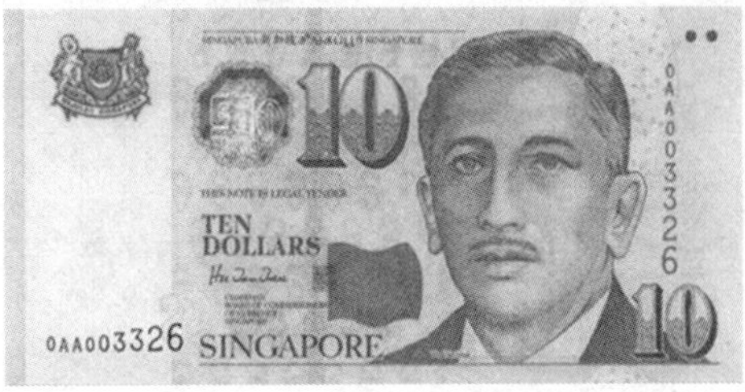

（六）韩国

韩国的法定货币名称为韩元，其发行机构是韩国中央银行——韩国银行。目前，已经发行并流通的韩国货币有纸币和硬币两种。纸币有 1 000 韩元、5 000韩元、10 000 韩元、50 000 韩元四种，易于根据纸币上面印的历史人物和颜色加以分辨。韩国硬币总共有 1 韩元、5 韩元、10 韩元、50 韩元、100 韩元、500 韩元六种币值，现流通的硬币有 10 韩元、50 韩元、100 韩元、500 韩元四种（10 韩元是最小单位）。由于韩元汇率高不值钱，故 1 韩元、5 韩元硬币于 2001 年 2 月起停止流通。韩元的 ISO 货币符号是 KRW。

讨论：“亚洲四小龙”是哪些国家与地区？

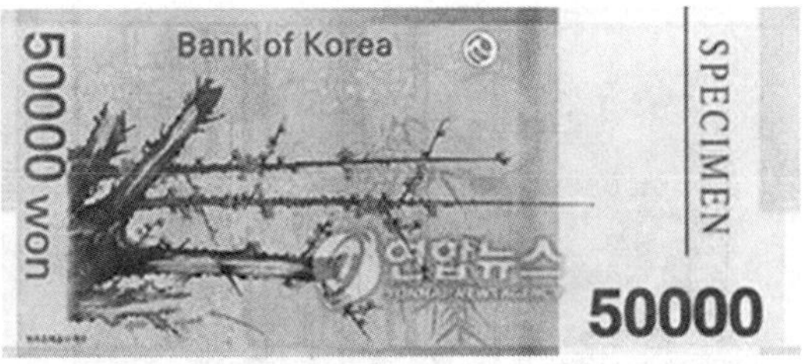

（七）印度

印度的法定货币名称为印度卢比，其发行机构是印度储备银行。印度卢比的单位名称为“卢比”，辅币单位名称为“派士”，1 卢比等于 100 派士。“卢比”一词意为“银币”。在 19 世纪，当时全球最强的经济体系以黄金作为标准，后来美国及欧洲殖民者发现不少银，银与金的相对价值也随之下跌，故印度不能以标准货币从外界采购，这事件被称为“卢比的衰落”（也就是说印度卢比不能自由兑换除美金、欧元以外的其他外国货币）。目前，印度已经发行并流通的纸币面额有 1 卢比、2 卢比、5 卢比、10 卢比、20 卢比、50 卢比、100 卢比、500 卢比、1 000 卢比；硬币有 1 派士、2 派士、5 派士、10 派士、20 派士、25 派士、50 派士。印度卢比的 ISO 货币符号是 INR。

讨论：什么是“金砖五国”？印度与中国的经济发展有什么不同之处？

（八）泰国

泰国的法定货币名称为泰铢，其发行机构是泰国国家银行。泰铢的单位名称为“铢”，辅币单位名称为“萨当”，1 泰铢等于 100 萨当，铢也是泰国珠宝业界量度金的单位，一铢相当于 15.244 克。目前，已经发行并流通的纸币面额有 10 泰铢、20 泰铢、50 泰铢、100 泰珠、500 泰铢、1 000 泰铢；硬币有 1 萨当、5 萨当、10 萨当、20 萨当、25 萨当、50 萨当和 1 泰铢、2 泰铢、5 泰铢、10 泰铢，每种铸币的正面均铸有泰王普密蓬·阿杜德的头像。泰铢的 ISO 货币符号是 THB。泰国旅游业发达，在泰国曼谷、普吉岛、芭提雅等有 2 000 多台商店 POS 机可以使用银联信用卡刷卡。因信用卡受信用额度限制，可能产生超出信用额度导致的高额费用，故大额消费时建议使用储蓄卡。

讨论：“亚洲四小虎”是指哪些国家？

【任务互动】

一个地区使用的货币可以成为能够用于国际结算的外汇吗？

分析：一个地区使用的货币可以成为能够用于国际结算的外汇，如港元和澳门元。

二、欧洲主要国家和地区货币

（一）欧元区

欧元是欧盟部分成员国使用的货币，前身为欧洲货币单位。欧元是自罗马帝国以来欧洲货币改革最为重大的结果。欧元不仅仅使欧洲单一市场得以完善，使欧元区国家间自由贸易更加方便，而且更是欧盟一体化进程的重要组成部分。

欧元管理和发行机构是欧洲中央银行和欧洲货币局。坐落于德国法兰克福的欧洲中央银行有独立制定货币政策的权力，欧元区国家的中央银行参与欧元纸币和欧元硬币的印刷、铸造与发行，并负责欧元区支付系统的运作。主辅币制是 1 欧元等于 100 欧分。目前，已经发行并流通的纸币面额有 5 欧元、10 欧元、20 欧元、50 欧元、100 欧元、200 欧元、500 欧元；硬币有 1 欧元、2 欧元和 1 欧分、2 欧分、5 欧分、10 欧分、20 欧分、50 欧分。欧元的 ISO 货币符号是 EUR。

1999 年 1 月 1 日，根据欧洲联盟的有关条约和欧洲货币一体化的时间表，欧元在欧洲联盟的 15 个成员国中的 11 个国家正式启动。2002 年 7 月 1 日，欧元成为欧元区的唯一法定货币，各国的货币不再具有交换价值，且彻底退出流通领域。2004 年 11 月国际外汇市场上 1 欧元 = 1. 317 8 美元。2014 年 4 月国际外汇市场上 1 欧元 = 1. 380 3 美元。各国中央银行在外汇储备中增加欧元，使欧元在全球货币储备结构中所占的份额大大增加。目前，欧元成为仅次于美元的重要结算货币。

欧元的图案是由欧洲货币局公开征集的，1996 年 12 月 13 日最终决定采用奥地利纸币设计家罗伯特的方案，纸币上没有任何国家的标志。欧元纸币的正面图案主要为门和窗，象征欧盟的开放、坦诚精神，12 颗五角星围成一个圆圈，象征欧盟充满了活力与和谐。纸币的反面图案为各种桥梁，象征欧盟各国紧密联系、合作与沟通的精神。图案上的门、窗和桥梁分别代表欧洲各个时期的建筑风格，币值从大到小依次为古典派、浪漫派、哥特式、文艺复兴式、巴洛克式、洛可可式、铁式和玻璃式、现代派建筑风格，颜色分别为灰色（5 欧元）、红色（10 欧元）、蓝色（20 欧元）、橘黄色（50 欧元）、绿色（100 欧元）、黄色（200 欧元）和紫红色（500 欧元）。欧元的硬币由欧元区各国自己铸造，硬币的正面为欧洲联盟的标志，反面为各国自己的图案。

欧元区共有 18 个成员国，包括奥地利、比利时、芬兰、法国、德国、爱尔兰、意大利、卢森堡、荷兰、葡萄牙、西班牙、希腊、斯洛文尼亚、塞浦路斯、马耳他、斯洛伐克、爱沙尼亚、拉脱维亚，人口超过 3 亿 3 千万。

受欧洲债务危机的影响，欧元区自 2008 年以来经济陷入持续衰退状态。2012 年 10 月 8 日，欧洲稳定机制（ESM）启动，向债务缠身的欧元区主权国家提供贷款。尽管摩纳哥、圣马力诺和梵蒂冈并不是欧盟国家，但是由于他们以前使用法国法郎或者意大利里拉作为货币，故也使用欧元并被授权铸造少量的属于他们自己的欧元硬币。一些非欧盟国家和地区，比如黑山、科索沃和安道尔，也使用欧元作为支付工具。

讨论：希腊债务危机严重，会不会退出欧元区？

【任务互动】

欧盟所有的国家都使用欧元吗?

分析：不是欧盟所有的国家都使用欧元，如英国、丹麦、瑞典都未加入欧元区。有的国家是因为国民反对，如英国；有的国家因为经济发展水平较低，不够资格，如后来加入欧盟的东欧国家。

（二）英国

英镑是英国的本位货币单位，英国虽然是欧盟的成员国，但尚未加入欧元区，仍然使用英镑。英镑的单位名称为"镑"，辅币的单位名称为"新便士"。1 英镑等于 100 新便士。英镑主要由英格兰银行发行，但亦有其他发行机构。最常用于表示英镑的符号是£；£Stg.。英镑的 ISO 货币符号是 GBP。除了英国，英国海外领地的货币也以"镑"作为单位，与英镑的汇率固定为 1:1。

第二次世界大战前，英镑曾经是最主要的国际储备货币，几乎垄断了各国外汇储备的绝大部分。第二次世界大战后，英镑的国际地位已大大削弱，但由于英国具有发达的国际金融市场，故其仍然是主要的国际储备货币和国际结算货币之一。我国对外贸易中，对英国及一些过去属于英镑区的国家，仍有一部分使用英镑计价、结算和支付。

讨论：英国为什么不加入欧元区？欧元将来可能取代美元成为世界上最强大的货币吗？

（三）瑞士

瑞士法郎是瑞士的本位货币单位，瑞士法郎是瑞士和列支敦士登的法定货币，其英文缩写为 SF. 或 SFr.，由瑞士的中央银行——瑞士国家银行发行。瑞士的大部分邻国使用欧元。瑞士境内亦有商铺、机构通行欧元。

其主辅制是 1 瑞士法郎等于 100 分。目前，已经发行并流通的纸币面额有 10 法郎、20 法郎、50 法郎、100 法郎、500 法郎、1 000 法郎；硬币有 1/2 法郎、1 法郎、2 法郎、5 法郎和 1 分、2 分、5 分、10 分、20 分。瑞士法郎的 ISO 货币符号为 CHF。

瑞士法郎纸币用色明快，设计与印工皆精。纸币图案采用竖式设计，正面人物是瑞士文化界的六位知名人士肖像，占整个票面的一半；背面是代表他们成就的若干个合成的图案。10 法郎纸币上为在瑞士出生的建筑师勒·柯布西耶的肖像，虽然他的重要建筑活动多发生在瑞士以外。100 法郎纸币的正面是雕塑家和绘画大师阿尔贝托·贾科梅蒂的肖像，背面是贾科梅蒂的代表作：塑像《前进的人》、自传《梦·司芬克斯与 T 之死》插图。

瑞士法郎是人们常认为的传统避险货币。由于瑞士奉行中立和不结盟政策，所以瑞士被认为是世界最安全的地方，瑞士法郎被称为传统避险货币，加之瑞士政府对金融、外汇采取的保护政策，使大量的外汇涌入瑞士。瑞士法郎也成为稳健、受欢迎的国际结算与外汇交易货币。

讨论：瑞士为什么可以在两次世界大战中都保持中立?

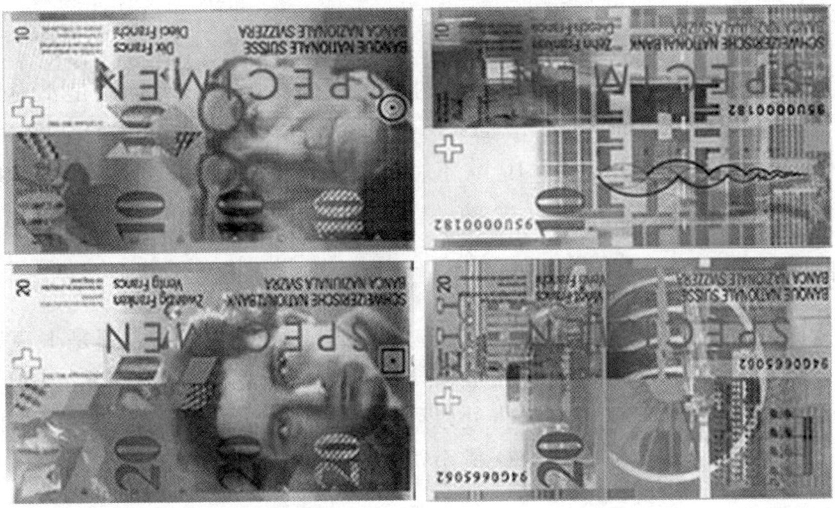

【知识链接】

严密的瑞士银行存款保密制度

长期以来，瑞士银行一直被认为是全球最令人信赖的银行，世界上约有三分之一的个人财富被存放在了这里，各国政要、商界巨子和演艺明星都对存在瑞士银行里的财富十分放心，这在很大程度上造就了瑞士闻名于世的金融业。据统计，瑞士全国有各种银行、金融公司以及外国银行的分行近600 家。它们在全国各地所设立的分支机构和营业部有4 000多处，平均每1 500 个瑞士人就有一个银行的业务所。

单靠银行众多并不能吸引大量的存款，瑞士银行的主要“法宝”是其独一无二的“银行保密法”。早在 1934 年，瑞士就制定了西方第一部银行保密法。该法规定，对违反保密原则的银行职员将处以 6 个月的有期徒刑以及高达 3.3 万美元的罚款。“为客户保密”是世界各国银行从业人员都要遵从的职业道德，但将其以法律形式明文规定并对违反该法的行为从严、从重处罚的国家却只有瑞士一个。

随着世界经济、政治和军事形势的不断变化，瑞士的“银行保密法”不仅保护了合法储户的隐私和利益，同时也保护了不少不义之财。各国的不法分子、贪官污吏和独裁暴君纷纷把瑞士银行当成了他们隐匿非法所得的“保险库”，世界不少国家也都对瑞士这种“包庇犯罪”，尤其是包庇偷税、洗钱和恐怖主义的行为大加声讨。

近年来，瑞士银行业已经开始主动加强和国际社会的合作，以改善"清浊不分"的不良形象。瑞士也在20世纪90年代修改了银行法规，要求各银行对任何可疑的洗钱迹象都要向中央监督机构进行汇报，一旦发现外国的大额银行账户有洗钱嫌疑，负责这一账户的管理人员将面临严格的审查和严厉的处罚。这些对银行保密原则的变通，也促成了马科斯、萨达姆和基地组织等非法账户纷纷大曝于天下。

（四）丹麦

丹麦的货币名称为丹麦克朗，其发行机构是丹麦国家银行。主辅制是1克朗等于100欧尔。目前，已经发行并流通的纸币面额有20克朗、50克朗、100克朗、500克朗、1 000克朗；硬币有1欧尔、5欧尔、10欧尔、20欧尔、50欧尔。丹麦克朗的ISO货币符号为DKK。

（五）瑞典

瑞典的货币名称为瑞典克朗，其发行机构是瑞典国家银行。主辅制是1克朗等于100欧尔。目前，已经发行并流通的纸币面额有10克朗、20克朗、50克朗、100克朗、500克朗、1 000克朗，币面印着"仿冒者将处以死刑"的警告；硬币有1欧尔、2欧尔、5欧尔、10欧尔、25欧尔。瑞典克朗的ISO货币符号为SEK。

（六）俄罗斯

俄罗斯联邦，简称俄罗斯，其法定货币名称为卢布。卢布发行机构是俄罗斯中央银行。主辅制是1卢布等于100戈比。目前，已经发行并流通的纸币面额有5卢布、10卢布、50卢布、100卢布、500卢布、1 000卢布、5 000卢布；硬币有1卢布、2卢布、5卢布、10卢布和1戈比、2戈比、5戈比、10戈比、50戈比。卢布的ISO货币符号为RUB。

俄罗斯卢布主要在俄罗斯以及自行宣布独立的阿布哈兹及南奥塞梯地区使用。2006年7月1日，卢布成为可自由兑换货币。俄罗斯央行于2013年12月11日确定俄罗斯法定货币——卢布的货币符号，其形状类似一个大写的字母P，不过在P的下半部分辅以一条水平线，这样字母P的中部就形成了一个"＝"，这两条平行线象征卢布的稳定地位。

讨论：2014年10月至11月石油价格狂跌对俄罗斯卢布有影响吗？

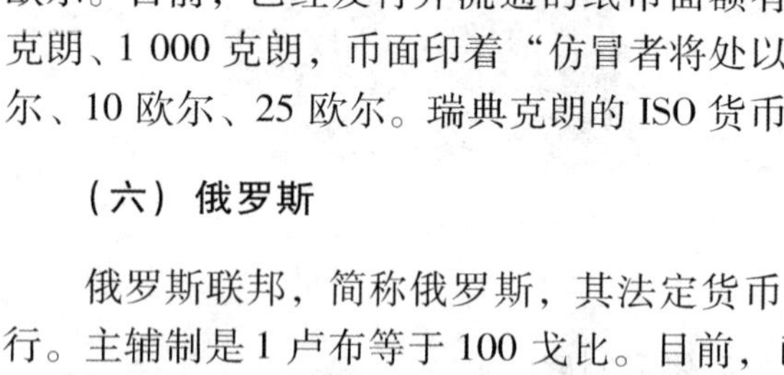

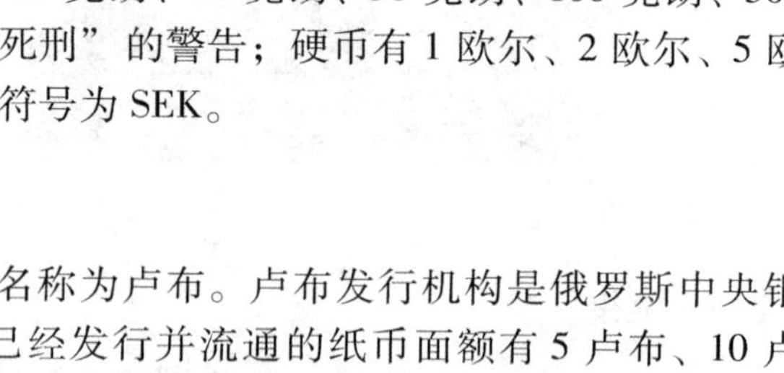

三、美洲主要国家和地区货币

（一）美国

美元是美国于1792年创立的本位货币单位，俗称“美金”。“$”是美元标志的一种符号，在书写时，$要摆在数字前面。如5美元应写成$ 5，100美元写成$ 100。美元同时也作为储备货币在美国以外的国家广泛使用。当前美元的发行是由美国联邦储备系统控制的。从1913年起美国建立联邦储备制度，发行联邦储备券。现行流通的钞票中99%以上为联邦储备券。美元的发行主管部门是国会，具体发行业务由联邦储备银行负责办理。美元是外汇交换中的基础货币，也是国际支付和外汇交易中的主要货币，在国际外汇市场中占有非常重要的地位。

美元的货币单位名称是“元”，辅币单位名称是“分”，1美元等于100美分。目前流通的美元纸币是自1929年以来发行的各版官方钞票。其纸币面额有1美元、2美元、5美元、10美元、20美元、50美元、100美元，以前曾发行过500美元和1 000美元面额的大面额钞票，现在已不再流通。铸币面额有1美分、5美分、10美分、25美分、50美分和1美元。美元的ISO货币符号为USD。

美元是世界上最主要的储备货币和结算货币。国际贸易中85%以上通过美元进行结算。布雷顿森林体系确立之后，世界进入浮动汇率时代。在牙买加体系下，依仗着美国雄厚的经济实力，美元的霸主地位仍得以保留。直至现在，美元仍是主要的国际计价单位和支付与储备手段。在世界经济中，使用美元所占比重很大。据统计，在当代世界商品与劳务贸易、国际银行贷款、各国中央银行外汇储备中，使用美元的比重均在60%左右。目前，中国3万多亿美元的外汇储备绝大部分是美元资产。

讨论：美元为什么能成为世界使用最多的结算货币？

（二）加拿大

加拿大的法定货币名称为加拿大元，简称加元，其发行机构是加拿大国家银行。主辅制是1加元等于100分。目前，已经发行并流通的纸币面额有2加元、5加元、10加元、20加元、50加元、100加元、1 000加元；硬币有1加元、2加元和1分、5分、10分、25分、50分。加元的ISO货币符号为CAD。

加拿大居民主要是英、法移民的后裔，分为英语区和法语区，因此钞票上均使用英语和法语两种文字。加拿大是英联邦国家，钞票上主要是以英国统治者的头像作为主要图案。

讨论：目前人民币可以与加元进行跨境结算吗？

（三）墨西哥

墨西哥的法定货币名称为墨西哥比索，其发行机构是墨西哥银行。主辅制是 1 比索等于 100 分。目前，已经发行并流通的纸币面额有 10 比索、20 比索、50 比索、100 比索、200 比索、500 比索；硬币有 1 比索、2 比索、5 比索、10 比索、20 比索、50 比索和 5 分、10 分、20 分、50 分。墨西哥比索的 ISO 货币符号为 MXN。

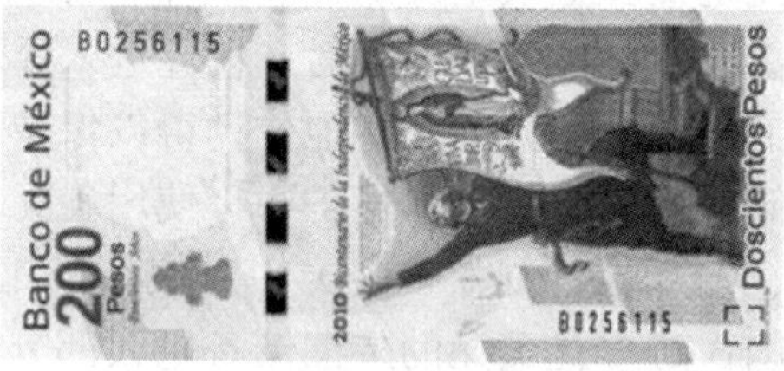

（四）古巴

古巴的货币名称为古巴比索。古巴比索是古巴共和国的法定货币，由古巴中央银行——古巴国家银行发行。主辅制是 1 比索等于 100 分。目前，已经发行并流通的纸币面额有 1 比索、3 比索、5 比索、10 比索、20 比索、50 比索、100 比索；硬币有 1 比索、3 比索和 1 分、2 分、5 分、20 分。

古巴有两套货币系统，一个是可兑换比索（Cuban Convertible Peso，CUC），另一个是古巴比索（Cuban Peso，原符号：Cu. Pes.，ISO 货币符号：CUP）。可兑换比索类似外汇券，现在是和美元绑定的。古巴政府于 2013 年 10 月 22 日宣布启动货币及汇率统一进程，以改变现存的双轨制货币政策。古巴经济学家分析，统一货币的进程大约需要 18 个月，其间可能会对可兑换比索贬值，同时将古巴比索升值，使得两者的汇率逐步趋于一致。

讨论：目前全世界实行社会主义制度的国家有哪些？

（五）巴西

巴西联邦共和国，简称巴西，其货币名称为雷亚尔，其发行机构是巴西中央银行。主辅制是1雷亚尔等于100分。目前，已经发行并流通的纸币面额有1雷亚尔、2雷亚尔、5雷亚尔、10雷亚尔、20雷亚尔、50雷亚尔、100雷亚尔；硬币有1雷亚尔和1分、5分、10分、25分、50分。巴西雷亚尔的ISO货币符号为BRL。

（六）阿根廷

阿根廷的货币名称为阿根廷比索，其发行机构是阿根廷国家银行。主辅制是1比索等于100分。目前，已经发行并流通的纸币面额有1比索、2比索、5比索、10比索、20比索、50比索、100比索；硬币有1比索和1分、5分、10分、25分、50分。阿根廷比索的ISO货币符号为ARP。

讨论：阿根廷与中国的贸易主要采用什么货币进行结算？

（七）委内瑞拉

委内瑞拉的货币名称为博利瓦，其发行机构是委内瑞拉国家银行。主辅制是1博利瓦等于100分。目前，已经发行并流通的纸币面额有1博利瓦、2博利瓦、5博利瓦、10博利瓦、20博利瓦、50博利瓦、100博利瓦、1 000博利瓦、5 000博利瓦；硬币有1博利瓦、2博利瓦、5博利瓦和5分、10分、25分、50分。博利瓦的ISO货币符号为VEB。

讨论：委内瑞拉的经济支柱产业是什么？美元波动对其有何影响？

（八）哥伦比亚

哥伦比亚的货币名称为哥伦比亚比索，其发行机构是哥伦比亚共和国银行。主辅制是1比索等于100分。目前，已经发行并流通的纸币面额有100比索、200比索、500比索、1 000比索、2 000比索、5 000比索、10 000比索、20 000比索；硬币有1比索、2比索、5比索、10比索、20比索、50比索、100比索、200比索和1分、2分、5分、10分、25分、50分。哥伦比亚比索的ISO货币符号为COP。

四、非洲主要国家和地区货币

（一）南非

南非的法定货币名称为兰特，其发行机构是南非储备银行。主辅币制为1兰特等于100分。目前，已经发行并流通的纸币面额有5兰特、10兰特、20兰特、50兰特、100兰特、200兰特；硬币有1兰特、2兰特、5兰特和1/2分、1分、2分、5分、10分、20

分、50 分。兰特的 ISO 货币符号是 ZAR。截至目前，兰特同时也是纳米比亚、津巴布韦、斯威士兰、莱索托的官方货币。

讨论：南非的经济支柱产业是什么？美元波动对其有何影响？

（二）埃及

阿拉伯埃及共和国，简称埃及，其法定货币名称为埃及镑，其发行机构是埃及中央银行。主辅币制为 1 埃及镑等于 100 皮阿斯特也等于 1 000 米利姆。目前，已经发行并流通的纸币面额有 5 埃及镑、10 埃及镑、20 埃及镑、50 埃及镑、100 埃及镑和 25 皮阿斯特、50 皮阿斯特；硬币有 1 米利姆、5 米利姆、10 米利姆和 1 皮阿斯特、2 皮阿斯特、5 皮阿斯特、10 皮阿斯特、20 皮阿斯特、25 皮阿斯特。埃及镑的 ISO 货币符号是 EGP。

（三）苏丹

苏丹共和国的法定货币名称为苏丹镑，其发行机构是苏丹银行。主辅币制为 1 苏丹镑等于 100 皮阿斯特，纸币面值分为六种：1 苏丹镑、2 苏丹镑、5 苏丹镑、10 苏丹镑、20 苏丹镑、50 苏丹镑；硬币面值分为三种：10 皮阿斯特、20 皮阿斯特、50 皮阿斯特。苏丹镑的 ISO 货币符号是 SDP。

（四）利比亚

利比亚，全称为大阿拉伯利比亚人民社会主义民众国，其法定货币名称为利比亚第纳尔，其发行机构是利比亚中央银行。主辅币制为 1 第纳尔等于 100 迪拉姆。目前，已经发行并流通的纸币面额有 1/4 第纳尔、1/2 第纳尔、1 第纳尔、5 第纳尔、10 第纳尔、20 第纳尔；硬币有 1 迪拉姆、5 迪拉姆、10 迪拉姆、20 迪拉姆、100 迪拉姆。利比亚第纳尔的

ISO 货币符号是 LYD。

（五）摩洛哥

摩洛哥王国的法定货币名称为摩洛哥迪拉姆。主辅币制为 1 迪拉姆等于 100 分。目前，已经发行并流通的纸币面额有 5 迪拉姆、10 迪拉姆、50 迪拉姆、100 迪拉姆、200 迪拉姆；硬币有 1/2 迪拉姆、2 迪拉姆、5 迪拉姆、10 迪拉姆。摩洛哥迪拉姆的 ISO 货币符号是 MAD。

（六）肯尼亚

肯尼亚的法定货币名称为肯尼亚先令，其发行机构是肯尼亚中央银行。主辅币制为 1 肯尼亚先令等于 100 分。目前，已经发行并流通的纸币面额有 10 肯尼亚先令、20 肯尼亚先令、50 肯尼亚先令、100 肯尼亚先令、200 肯尼亚先令、500 肯尼亚先令、1 000 肯尼亚先令；硬币有 1 肯尼亚先令、2 肯尼亚先令、5 肯尼亚先令、10 肯尼亚先令和 5 分、10 分、25 分、50 分。肯尼亚先令的 ISO 货币符号是 KES。

（七）坦桑尼亚

坦桑尼亚的法定货币名称为坦桑尼亚先令。主辅币制为 1 坦桑尼亚先令等于 100 分。目前，已经发行并流通的纸币面额有 10 坦桑尼亚先令、20 坦桑尼亚先令、50 坦桑尼亚先令、100 坦桑尼亚先令、200 坦桑尼亚先令、500 坦桑尼亚先令、1 000 坦桑尼亚先令、2 000 坦桑尼亚先令、5 000 坦桑尼亚先令、10 000 坦桑尼亚先令；硬币有 1 坦桑尼亚先令、5 坦桑尼亚先令、10 坦桑尼亚先令、20 坦桑尼亚先令、50 坦桑尼亚先令、100 坦桑尼亚先令和 5 分、10 分、20 分、50 分。坦桑尼亚先令的 ISO 货币符号是 TZS。

五、大洋洲主要国家和地区货币

（一）澳大利亚

澳大利亚联邦的法定货币名称为澳大利亚元，简称澳元，其发行机构是澳大利亚国家银行。主辅制是 1 澳元等于 100 分。目前，已经发行并流通的纸币面额有 5 澳元、10 澳元、20 澳元、50 澳元、100 澳元；硬币有 1 澳元、2 澳元和 1 分、2 分、5 分、10 分、20 分、50 分。澳元的 ISO 货币符号为 AUD。澳元在澳大利亚、基里巴斯、瑙鲁、图瓦卢、圣诞岛、科科斯（基林）群岛、诺福克岛等国家与地区使用。

目前，澳元已成为国际金融市场重要的硬通货和投资工具之一。在外汇市场上，澳元是世界第六大交易量的货币，居美元、欧元、日元、英镑和瑞士法郎之后，占总交易量的 6% 左右。

新版的澳元钞票采用塑料钞票，经过近 30 年的研制才投入使用。它以聚酯材料代替纸张，耐磨，不易折断，不怕揉洗，使用周期长而且手感强烈，具有良好的防伪特性。

讨论：澳元和人民币可以直接进行结算吗？

（二）新西兰

新西兰的法定货币名称为新西兰元，其发行机构是新西兰储备银行。主辅制是1新西兰元等于100分。目前，已经发行并流通的纸币面额有1新西兰元、2新西兰元、5新西兰元、10新西兰元、20新西兰元、50新西兰元、100新西兰元；硬币有1新西兰元、2新西兰元和1分、2分、5分、10分、20分、50分。新西兰元的ISO货币符号为NZD。

讨论：目前新西兰政府设置有总统职位吗？为什么？

【知识链接】

世界货币单位名称

世界各国的货币可谓名目繁多，目前市场上流通货币的单位名称据统计就有不下六十种，辅币名称更是五花八门。

★ 元：在多个国家采用同一货币单位名称中，要数"元"为最多了，有几十个国家，如中国、美国、日本的货币单位名称都叫作"元"。

★ 法郎：以"法郎"为货币名称的国家数目排其次，有30多个国家。但是，在亚洲还没有用"法郎"作为货币名称的国家。

★ 比索：用"比索"作货币单位名称的国家多在美洲。

★ 镑："镑"的货币名气虽大，但用作货币名称的国家并不多，大约有10个。

★ 卢比："卢比"只在亚洲和非洲国家采用。

★ 马克：欧元问世前，"马克"主要在欧洲，如芬兰和德国等使用。

★ 先令：欧洲的奥地利、非洲的肯尼亚等国使用"先令"。

★ 克朗：欧洲的捷克、丹麦、冰岛、挪威、瑞典和美洲的格陵兰岛则使用"克朗"。

★ 盾：货币称“盾”的有亚洲的越南，美洲的苏里南、阿鲁巴岛、安娜列斯群岛。

★ 第纳尔：货币称“第纳尔”的国家有亚洲的巴林、伊拉克、约旦、科威特、也门（南），非洲的阿尔及利亚、利比亚、突尼斯。

其他的货币单位还包括里亚尔、里拉、铢、图格里克、努尔特鲁姆等。以“里亚尔”为货币单位名称的国家全在亚洲，包括伊朗、阿曼、卡塔尔、沙特阿拉伯、也门（北）等。“里拉”是亚洲的土耳其与欧洲的意大利加入欧元区之前的货币名称。泰国的货币称“铢”；蒙古国的货币单位称“图格里克”；不丹的货币称“努尔特鲁姆”；阿富汗的货币称“尼”；孟加拉的货币称“塔卡”；老挝的货币称“解放基普”；马来西亚的货币则称为“林吉特”等。

【模块小结】

一、认识外汇

（一）外汇的含义

（二）外汇的构成要素

二、外汇的作用和表现形态

（一）外汇的作用

（二）外汇的表现形态

三、外汇的种类

四、主要国家和地区货币

【课后训练】

一、单项选择题

1. 目前全世界使用最多的外汇是（　　）

A. 欧元　　B. 美元

C. 英镑　　D. 日元

2. （　　）指外币及以外币所表示的用以进行国际结算的支付凭证和信用凭证

A. 动态外汇　　B. 国际汇兑行为

C. 静态外汇　　D. 狭义外汇

3. 如果一个国家的经济情况较差，国内通货膨胀加剧，国际收支持续逆差，则其货币可能为（　　）

A. 美元　　B. 欧元

C. 硬币　　D. 软币

4. （　　）虽然是欧盟的成员国，但尚未加入欧元区，仍然使用本国货币

A. 德国　　B. 法国

C. 英国　　D. 荷兰

5. (　　) 是人们常认为的传统避险货币

A. 英镑　　B. 瑞士法郎

C. 日元　　D. 加元

6. (　　) 是指以可兑换货币表示的外国钞票、铸币

A. 外汇现钞　　B. 外汇汇票

C. 外汇支票　　D. 外币信用卡

7. (　　) 也称现汇，是指可以自由兑换成任何一种外国货币的外汇

A. 记账外汇　　B. 贸易外汇

C. 自由兑换外汇　　D. 非贸易外汇

8. (　　) 是指汇率稳定并且趋于上升的外汇

A. 即期外汇　　B. 远期外汇

C. 软币　　D. 硬币

9. (　　) 是指在外汇市场上，买卖双方事先约定的，据以在未来的一定时期内进行外汇交割的外汇

A. 即期外汇　　B. 远期外汇

C. 贸易外汇　　D. 非贸易外汇

10. 样品费、运费、保险费、宣传费和推销费等属于 (　　)

A. 即期外汇　　B. 自由外汇

C. 贸易外汇　　D. 非贸易外汇

二、多项选择题

1. 外汇的主要形态包括 (　　)

A. 外汇现钞和外汇存款　　B. 外汇支付凭证（现汇）

C. 黄金　　D. 外汇有价证券

2. 国际结算支付凭证一般包括 (　　) 三项

A. 汇票　　B. 发票

C. 本票　　D. 支票

3. 巴黎外汇市场上，当汇率由 1 欧元 = 1.231 5 美元变为 1 欧元 = 1.259 6 美元时，说明 (　　)

A. 欧元升值，美元贬值　　B. 美元升值，欧元贬值

C. 外币升值，本币贬值　　D. 本币升值，外币贬值

4. 国际流通中常用的几种外币外汇包括 (　　) 等

A. 美元　　B. 欧元

C. 日元　　D. 英镑

5. 外汇根据外汇汇率的走势不同，可分为 (　　)

A. 硬币　　B. 软币

C. 贸易外汇　　D. 非贸易外汇

6. 即期外汇包括（　　）三种

A. 电汇　　B. 信汇

C. 信用卡　　D. 票汇

7. 外汇根据货币兑换的限制程度不同，可以分为（　　）

A. 自由兑换外汇　　B. 硬币

C. 记账外汇　　D. 软币

8.（　　）目前以欧元作为本国的本位货币

A. 英国　　B. 意大利

C. 西班牙　　D. 希腊

9. 外汇根据来源与用途不同，可分为（　　）

A. 贸易外汇　　B. 非贸易外汇

C. 硬币　　D. 软币

10. 外汇根据买卖交割期限，可以分成（　　）

A. 即期外汇　　B. 现汇

C. 远期外汇　　D. 现钞

三、判断题

1. 香港于1997年回归中华人民共和国，港币不是外国的货币，因此港币不是外汇。（　　）

2. 外汇是指所有的外国货币和外币有价证券。（　　）

3. 我国某驻美机构所购买的美国政府发行的美元国库券是外汇。（　　）

4. 外汇有价证券是指以可兑换外国货币表示的用以表明财产所有权或债权的凭证。（　　）

5. 中国公司出口一批服装给美国公司，美国公司支付时通常是采用美元现钞。（　　）

6. 贸易外汇是指一国进出口贸易所收入或支出的外汇，以及与进出口贸易有关的从属费用外汇。（　　）

7. 如果一个国家的经济情况较好，国际收支为顺差，黄金和外汇储备较多，则其货币可能为硬币，趋于上升阶段。（　　）

8. 欧元是欧盟所有成员国使用的货币，前身为欧洲货币单位。（　　）

9. 越南盾目前不能用于国际结算，不是外汇。（　　）

10. 中国公司从德国进口一批机械设备，可以使用人民币支付。（　　）

四、技能训练

紫薇的姑姑从加拿大回中国探亲，送给她一张100加元纸币。紫薇很开心，拿给同学看。有的同学说这是100元外币，有的同学说是100元外汇，同学晓君拿出自己的100港元也加入了讨论中，有同学说港元不是外国货币，所以不算外汇，有同学说港元虽然不是外国货币，但算是外汇。你认为他们的说法有哪些是正确的呢？外汇与外币的区别是什么？是不是所有的外币都是外汇呢？

模块二

外汇汇率

【知识目标】

1. 理解外汇汇率的含义
2. 重点掌握标价方法
3. 掌握外汇汇率的种类
4. 重点掌握外汇汇率的折算
5. 重点掌握汇率在进出口报价中的运用

【技能目标】

1. 能够准确判断汇率标价方法，看懂外汇牌价
2. 能够在实际生活和工作中灵活运用买入价和卖出价以及现钞价
3. 能够熟练进行汇率的折算
4. 能熟练运用合适的汇率进行进出口报价

【情境导入】

中国进出口商品交易会，又称广交会，创办于1957年春季，每年春秋两季在广州举办，迄今已有53年历史，是中国目前历史最久、层次最高、规模最大、商品种类最全、到会客商最多且分布国别地区最广、成交效果最好、信誉最佳的综合性国际贸易盛会。广交会出口展区有来自全国两万多家资信良好、实力雄厚的外贸公司、生产企业、科研院所、外商投资/独资企业、私营企业参展。广交会以进出口贸易为主，贸易方式灵活多样，除传统的看样成交外，还举办网上交易会，开展多种形式的经济技术合作与交流，以及商检、保险、运输、广告、咨询等业务活动。广州盛天贸易公司出口商品主要为毛绒玩具，每年都参加两季广交会，在广交会上通常以美元为计价货币对外报价。2014年4月，广州盛天贸易公司参加广交会，展会上的英国客户要求改报英镑价，荷兰客户要求改报欧元价，公司接单的业务员查询外汇市场的汇率，出现买入价、卖出价、中间价和现钞价，业务员采用哪种汇率来计算报价较为合理呢？

项目1　外汇汇率的含义与标价方法

【案例导入】

新华网纽约2014年4月4日报道，美国4日公布的就业数据向好，美元当天对欧元汇率上涨，对其他货币汇率涨跌互现。美国劳工部4日公布的数据显示，3月份美国非农业部门新增就业岗位19.2万个，失业率为6.7%，与前一月持平。分析人士指出，当月新增岗位稳步增加而失业率保持不变的主要原因是更多人加入劳动力大军，这是劳动力市场改善的积极信号。截至当天纽约汇市尾市，1欧元可兑换1.370 3美元，低于前一交易日的1.371 5美元；1英镑可兑换1.657 9美元，低于前一交易日的1.659 0美元；1澳元可兑换0.928 4美元，高于前一交易日的0.922 7美元。

讨论：如何理解1欧元兑换1.370 3美元？1澳元兑换0.928 4美元，高于前一交易日的0.922 7美元，意味着澳元对美元升值还是贬值？

一、外汇汇率的概念

外汇汇率（Foreign Exchange Rate）是指用一国货币表示另一国货币的价格，即一国的货币折算成另一国的货币的比率、比价或价格（两国货币的比价）。如2014年5月，美元对欧元的汇率为1美元兑换0.721 4欧元，即用欧元表示美元的价格，也可以说是美元兑换欧元的比率为0.721 4。通常人们习惯用货币标明某种商品的价格，外汇是一种特殊的商品，即将一种货币看成商品，用另一种货币标明其价格。

汇率上涨是指一种货币可以兑换相对多的另一种货币，即货币升值了。汇率下跌是指一种货币只能兑换相对少的另一种货币，即货币贬值了。一种货币升值的同时就对应另一种货币的贬值。

【任务互动1】

假设2014年8月28日，美元汇率由上个月的1美元=0.868 9瑞士法郎变成1美元=0.880 9瑞士法郎，汇率变动说明美元升值还是贬值呢？

分析：1美元=0.868 9瑞士法郎变成1美元=0.880 9瑞士法郎，说明1美元可以兑换的瑞士法郎增加了，说明美元升值了，而瑞士法郎贬值了。

讨论：请举例说明，什么情况下是美元贬值、瑞士法郎升值。

国际外汇市场上，通常汇率都标至小数点后四位数，小数点后第四位数习惯称为点，

10 000 点即 1，1 000 点即 0.1，100 点即 0.01，10 点即 0.001，1 点即 0.000 1。个别货币较为特殊，如日元因为票面面值较大，可能表示为 1 美元 = 102.518 0 日元或 1 美元 = 102.52 日元。外汇汇率在正常情况下每天的升跌在 100 点之内较多。

讨论：某日上午，港元对人民币汇率为 1 港元 = 0.781 3 人民币，下午收市时港元升了 100 点，港元对人民币汇率应该是多少？

通过汇率，我们可以把不同地区同种商品不同货币的标价折算为同种货币进行比较。

【任务互动 2】

在中国香港地区，一瓶雅诗兰黛的保湿精华霜价格为 950 港元，在中国内地广州市场，该商品的单价为 850 人民币，哪一个市场的价格比较优惠（假设汇率为 1 港元 = 0.798 6 人民币）？

分析：因为 1 港元 = 0.798 6 人民币，950 港元折成人民币为 758.67 人民币（950 × 0.798 6 = 758.67 人民币），所以在香港市场购买雅诗兰黛的保湿精华霜比较优惠。

二、汇率变化幅度的表示方法与计算

（一）用点表示汇率变化幅度

外汇市场上，通常用某种货币上升或下跌一定的点来表示汇率变化幅度，常见的说法是一种货币兑换另一种货币升或跌了多少点。如香港外汇市场，原来 1 美元 = 7.769 8 港元，报道美元对港元下跌了 80 点，指美元变化幅度为 − 80 个点，美元贬值了 0.008 0 港元，其汇率变为 1 美元 = 7.761 8 港元（7.769 8 − 0.008 0 = 7.761 8 港元）。

【任务互动】

2014 年 4 月 26 日，中国新闻网报道，中国外汇交易中心的最新数据显示，人民币对美元汇率中间价报 6.157 6，较前一交易日继续上涨 13 个点。请问前一交易日，人民币对美元汇率中间价报多少？

分析：13 个点为 0.001 3，6.157 6 + 0.001 3 = 6.158 9，前一交易日，人民币对美元汇率中间价报 6.158 9。

（二）用百分比表示汇率变化幅度

除了用点表示汇率变化幅度之外，还可以用百分比表示汇率变化幅度，常见的说法是某种货币对另一种货币升值或贬值一定的百分比，如报道某日美元对日元较前一交易日升值 0.85%。通过以下公式可以计算汇率变化幅度的百分比：

（1）基准货币/标价货币的变化幅度 =（新汇率/旧汇率 -1）×100%；
（2）标价货币/基准货币的变化幅度 =（旧汇率/新汇率 -1）×100%。

【任务互动】

2014 年 5 月 16 日纽约汇市尾市，1 欧元兑换 1.369 7 美元，低于前一交易日的 1.371 6 美元，问欧元对美元是升值还是贬值，变化幅度是多少？

分析：（1）1 欧元兑换 1.369 7 美元，低于前一交易日的 1.371 6 美元，说明欧元对美元贬值。

贬值幅度为：

基准货币/标价货币的变化幅度 =（新汇率/旧汇率 -1）× 100%
= (1.369 7/1.371 6 -1) × 100%
= -0.14%

即欧元对美元的贬值幅度为 0.14%。

（2）1 欧元兑换 1.369 7 美元，低于前一交易日的 1.371 6 美元，说明美元对欧元升值。

升值幅度为：

标价货币/基准货币的变化幅度 =（旧汇率/新汇率 -1）× 100%
= (1.371 6/1.369 7 -1) ×100%
= 0.14%

即美元对欧元的升值幅度为 0.14%。

【知识链接】

人民币汇率近期贬值

2014 年以来，无论离岸、在岸还是人民币中间价，都处于贬值状态。在短短一个多月时间里，人民币对美元中间价已经下跌了 223 个点。2 月 17 日起即期汇率于 6.06 附近迅速贬值超过 700 点。周二更是单日大跌 260 个点，创下 2011 年 1 月 28 日以来最大单日跌幅。

中国人民银行授权中国外汇交易中心公布，2014 年 2 月 27 日银行间外汇市场人民币汇率中间价为：1 美元对 6.122 4 人民币，1 欧元对 8.378 5 人民币，100 日元对 5.981 5 人民币，1 港元对 0.788 87 人民币，1 英镑对 10.204 2 人民币，1 澳元对 5.467 6 人民币，1 加元对 5.498 3 人民币，1 人民币对 0.535 93 林吉特，1 人民币对 5.871 9 俄罗斯卢布。本周人民币除对泰铢、韩元略有升值外，对欧元等其他主要货币均出现了不同程度的贬值，导致人民币名义有效汇率周末值继续下跌，由前周的 113.7 降至 113.5。对于人民币汇率近期贬值走势，专家认为，中国央行在此战中大获全胜。其改变了市场人民币单边升值预期，让使用高杠杆购买人民币结构性产品的投资者损失惨重，并且经此一役，央行收回人民币价格主导权。

（资料来源：http：//www.qdjierui.com，2014年2月27日）

三、外汇汇率的标价方法

确定两种货币的比价，应确定以哪个国家的货币作为标准。根据作为标准的货币不同，汇率的标价方法可以分为直接标价法、间接标价法、美元标价法和非美元标价法。

各种标价法下数量固定不变的货币叫基准货币，如1美元=6.215 8人民币中的美元。各种标价法下数量变化的货币叫标价货币，如1欧元=8.468 3人民币中的人民币。

（一）直接标价法（Direct Quotation）

直接标价法是指用一定单位的外国货币作为标准，折算成若干单位的本国货币的标价方法，即以本币表示外币的价格。直接标价法也可以理解为以外国货币为标准，来计算应付多少本国货币，因此也叫作应付标价法。在直接标价法下，外币是基准货币，本币是标价货币。目前，我国和世界上绝大多数国家都采用这种标价方法。在国际外汇市场上，常用的外汇如日元、瑞士法郎、加元等均采用直接标价法，如东京外汇市场1美元=109.053 6日元。

表2-1 人民币市场汇率表（2014年5月13日）

单位：元

货币	单位	中间价	货币	单位	中间价
美元	1	6.163 6	欧元	1	8.484 5
日元	100	6.044 5	英镑	1	10.403 8
港元	1	0.795 13	澳元	1	5.779 1
新西兰元	1	5.329 2	加元	1	5.655 7
林吉特	1	0.522 38	卢布	1	5.630 9

资料来源：中国人民银行授权中国外汇交易中心。

在直接标价法下，左边是外币，右边是本币，外币前面是常数（1、100、1 000、10 000），本币前面是变数。汇率的升跌都随本币数额变化而变动（简称外币不动本币动）。如果本币数额变大，说明单位外币兑换的本币增加，即外币升值，本币贬值，外汇汇率上涨；反之，说明单位外币兑换的本币减少，即外币贬值，本币升值，外汇汇率下跌。

【任务互动】

在中国外汇市场上，某日外汇银行报价为 1 美元 =6.235 6 人民币，三日后汇率变动，银行报价为 1 美元 =6.239 6 人民币，这说明外币升值还是贬值？

分析：在中国外汇市场上美元是外币，1 美元 =6.235 6 人民币变成 1 美元 =6.239 6 人民币，本币数额变大了，美元可以兑换的人民币增加了，说明外币升值了。

讨论：如果 1 美元 =6.235 6 人民币变成 1 美元 =6.217 3 人民币，则说明什么？

（二）间接标价法（Indirect Quotation）

间接标价法是指用一定单位的本国货币作为标准，折合成若干单位的外国货币的标价方法，即以外币表示本币的价格。间接标价法也可以理解为以本国货币为标准，来计算应收多少外国货币，因此也叫作应收标价法。在间接标价法下，本币是基准货币，外币是标价货币。在国际外汇市场上，欧元、英镑、澳元和新西兰元等少数货币采用这种标价法。美元除了与欧元、英镑、新西兰元等少数币种兑换时用直接标价法，其他情况都采取间接标价法，即一单位美元可兑换多少单位外币。

在间接标价法下，左边是本币，右边是外币，本币前面是常数（1、100、1 000、10 000），外币前面是变数。汇率的升跌都随外币数额变化而变动（简称本币不动外币动）。如果外币数额变大，说明单位本币兑换的外币增加，即本币升值，外币贬值，外汇汇率下跌；反之，说明单位本币兑换的外币减少，即本币贬值，外币升值，外汇汇率上涨。

【任务互动】

在纽约外汇市场上，某日外汇银行报价 1 美元 =7.563 8 港元，三日后汇率变动，银行报价为 1 美元 =7.578 6 港元，说明外币升值还是贬值？

分析：在纽约外汇市场上，港元是外币，1 美元 =7.563 8 港元变成 1 美元 =7.578 6 港元，说明本币数额变大了，美元可以兑换的港元增加了，说明外币贬值了。

因为直接标价法与间接标价法之下汇率的升跌的含义正好相反，所以，在运用某种外汇汇率时，一定要弄清楚其属于哪个外汇市场，采用什么标价方法，以免混淆。如 1 美元 =7.676 8 港元在纽约外汇市场属于间接标价法，若在香港外汇市场则属于直接标价法。

直接标价与间接标价实际上互为倒数关系。一般说来，一个国家在一定时期内，其外币的折算方法只能采用其中一种。世界上大部分国家都用直接标价法，只有少数发达国家用间接标价法，如英国、美国（1978 年 9 月 1 日开始改用间接标价法），但美元对欧元、英镑等少数货币采用直接标价法。

（三）美元标价法（US Dollar Quotation）与非美元标价法

美元标价法与非美元标价法是国际外汇市场买卖外汇报价的习惯做法，已形成国际惯例。在国际外汇市场上，有时交易涉及的货币可能没有一种属于本币。如在巴黎外汇市场上，法国外汇银行与新加坡外汇银行进行美元与加元的外汇交易，这时很难用直接标价法或间接标价法进行报价，习惯上采用美元标价法与非美元标价法。

美元标价法是以美元作为基准货币，其他货币是标价货币的标价方法。非美元标价法是指欧元、英镑、澳元、新西兰元和兰特等几种货币以本身作为基准货币，以美元作为标价货币的标价方法。

【任务互动1】

在瑞士苏黎世外汇市场上，如何理解外汇银行的报价？

（1）美元对港元的汇率为7.756 9；

（2）美元对英镑的汇率为0.637 9。

分析：（1）美元对港元的汇率为7.756 9，表示1美元=7.756 9港元；

（2）美元对英镑的汇率为0.637 9，表示1英镑=1.567 6美元。

注意，直接标价法和间接标价法通常用于国内的客户市场中本币与外币的兑换，美元标价法与非美元标价法通常用于国际外汇市场的外汇交易。

讨论：为什么澳大利亚设有总督职位，却没有总统职位？什么是英联邦国家？

【任务互动2】

请看中国建设银行外汇买卖参考牌价，找出美元对欧元的汇率和美元对港元的汇率。

表2-2　中国建设银行外汇买卖参考牌价

发布日期：2014-04-29

币种	买入价	卖出价
欧元对美元	1.380 0	1.393 8
美元对日元	102.15	103.17
英镑对美元	1.671 9	1.688 7
澳元对美元	0.921 2	0.930 4
美元对瑞士法郎	0.875 3	0.884 1
美元对加元	1.094 1	1.105 1
美元对港元	7.714 5	7.792 1
美元对新加坡元	1.249 9	1.262 5

注：此牌价为中国建设银行参考报价，成交价以各地分行实际交易价为准。

项目2 外汇汇率的种类

【案例导入】

中国广州飞翔进出口公司出口一批电视机到墨西哥，合同金额为60万美元，按照2014年4月29日中国建设银行的外汇牌价进行结汇，公司能收到多少人民币？

中国建设银行外汇牌价是由中国建设银行根据前一日银行间外汇交易市场形成的价格，每日公布人民币对其他主要国家汇率的中间价。这种价格在同一天中不变，不同日期则价格可有变动。中国建设银行外汇牌价采取以人民币直接标价方法，即以一定数量的外币折合多少人民币挂牌公布。每一种外币都公布三种牌价，即外汇买入价、外汇卖出价、现钞买入价。

表2-3 中国建设银行外汇牌价

发布日期：2014-04-29

币种	买入价	卖出价
美元	6.244 3	6.269 3
欧元	8.645 0	8.712 6
英镑	10.473 7	10.557 9
日元	0.060 709	0.061 185
港元	0.805 5	0.808 5
澳元	5.770 0	5.816 4
加元	5.666 8	5.712 4
瑞士法郎	7.084 0	7.140 8
新加坡元	4.960 8	5.000 6
丹麦克朗	1.157 9	1.167 2
瑞典克朗	0.954 9	0.962 5
挪威克朗	1.041 9	1.050 3
韩元	0.005 922	0.006 293

注：此牌价为现汇参考牌价。

表 2-4　中国建设银行外汇牌价

发布日期：2014-04-29

币种	买入价	卖出价
美元	6.194 2	6.269 3
欧元	8.366 4	8.714 4
英镑	10.137 2	10.557 9
日元	0.058 753	0.061 197
港元	0.798 9	0.808 5
澳元	5.584 6	5.816 4
加元	5.484 8	5.712 4
瑞士法郎	6.856 4	7.140 8
新加坡元	4.801 4	5.000 6
丹麦克朗	1.120 7	1.167 2
瑞典克朗	0.924 2	0.962 5
挪威克朗	1.008 4	1.050 3
韩元	0.005 855	0.006 293

注：此牌价为现钞参考牌价。

外汇汇率的种类是多种多样的，根据分类的标准不同，汇率可以分为不同类型。

1. 买入汇率、卖出汇率、中间汇率和现钞汇率

根据银行买卖外汇价格的不同，可划分为买入汇率、卖出汇率、中间汇率和现钞汇率。外汇买卖一般都在商业银行等金融机构之间、商业银行与客户之间进行，它们买卖外汇的目的是追求利润，卖出价和买入价中间的差价就是银行赚取的利润，原则上是贱买贵卖，赚取差价。通常买入价与卖出价的相差幅度一般为1‰到5‰之间，各个银行不尽相同，通常大银行的买卖差价较小，小银行的买卖差价较大。

讨论：中国哪些银行算大银行？举出五家世界知名度较高的外资银行。

（1）买入汇率（Buying Rate）。买入汇率又称买入价，是指银行购买外汇时所使用的汇率。现汇买入价是指银行买入外币现汇、客户卖出外币现汇的价格，如中国某贸易公司出口商品获得外汇按国家规定到银行结汇时所采用的汇率就是现汇买入汇率。

【任务互动】

中国A公司出口一批服装到美国，合同金额为30万美元，按照2014年4月29日中国建设银行的外汇牌价进行结汇，公司能收到多少人民币？

分析：公司到中国建设银行结汇，即将30万美元卖给银行，银行为买入外汇，应查找美元的现汇买入价，1美元=6.194 2人民币，公司能收到1 858 26 0人民币。

讨论：个人什么情况下会使用银行的买入汇率？

（2）卖出汇率（Selling Rate）。卖出汇率又称卖出价，是指银行卖出外汇时所使用的汇率。现汇卖出价是指银行将外币卖给客户的价格，在客户购汇时使用，如中国居民个人出外旅游需要从外汇银行买入美元支票时，使用银行的卖出汇率。

【任务互动】

中国C公司从德国进口一批机器设备，合同金额为100万欧元，按照2014年4月29日中国建设银行的外汇牌价进行结汇，公司需要多少人民币才可以换汇100万欧元进行支付？

分析：公司向中国建设银行买入欧元，银行为卖出外汇，应查找欧元的现汇卖出价，1欧元=8.712 6人民币，公司需要871.26万人民币才可以换汇100万欧元进行支付。

外汇银行通常采用双向报价，左边是基准货币，右边是标价货币，有两栏价格表示买卖价格，买卖价格之间习惯用“-”或者“/”间隔，第一个数字较小，第二个数字较大，买卖汇率的差价即银行赚取的利润。有时外汇银行采取简便报价，如1美元=7.653 8/58港元，即表示1美元=7.653 8/7.655 8港元。

讨论：不同银行的买卖汇率差价会很大吗？公司每次结汇时会寻找价高的银行吗？

不同标价方法的买卖价格的位置不同，直接标价法中为前买后卖，即买入价在前面，卖出价在后面；间接标价法为前卖后买，即卖出价在前面，买入价在后面。不论是直接标价法还是间接标价法，其数字的排列都是前一个数字的数额小，后一个数字的数额大，只有这样才能保证银行买卖外汇获得利润。

【案例分析】

在中国市场，某日外汇银行报价1美元=6.233 6-6.239 6人民币，其含义为：银行买入1美元，需支付6.233 6人民币，银行卖出1美元，可获得6.239 6人民币，银行买卖1美元所赚取的利润为0.006 0人民币。

在英国外汇市场，某日外汇银行报价为1英镑=1.335 9-1.337 8欧元，其含义为：银行买入1.337 8欧元，只需支付1英镑，银行卖出1.335 9欧元，就可换回1英镑，银行可赚取0.001 9欧元。

（3）中间汇率（Middle Rate）。中间汇率又称中间价，是买卖汇率的算术平均数。国际货币基金组织所公布的各国汇率表中，均采用中间汇率，西方报刊公布汇率时，也常采用中间汇率，多用于分析、预测、比较和参考。

如中国人民银行授权中国外汇交易中心公布，2014年3月4日银行间外汇市场人民币汇率中间价为：1美元对6.123 6人民币，1欧元对8.410 5人民币，100日元对6.033 4人民币，1 港元对 0.789 07 人民币，1 英镑对 10.204 7 人民币，1 澳元对 5.474 3 人民币，1 加元对 5.528 2 人民币，1 人民币对 0.535 33 林吉特，1 人民币对 5.943 1 卢布。

（4）现钞汇率（Bank Notes Rate）。现钞汇率又称现钞价，是指银行买卖外币现钞的价格。外币现钞的价格又分为现钞买入价和现钞卖出价。现钞买入价是指银行买入客户手中的外币现钞的价格。因为银行买入现钞，要积累到一定数额后才能将其运送并存入外国银行调拨使用，这就涉及为运送外币现钞而产生的运费、保险费、包装费等费用的支出，因此银行要扣除调入现钞时所支付的系列费用。所以现钞买入价一般低于外汇牌价的买入价，而现钞卖出价一般等于外汇牌价的卖出价。

讨论：出外旅行时需要带一定数额的外币现钞吗（以泰国为例）？

【任务互动 1】

晓霞准备在 2014 年 5 月 3 日到南欧的希腊和意大利旅游，计划带 1 000 欧元现钞，按照 2014 年 4 月 29 日中国建设银行的外汇牌价，需要准备多少人民币才可以兑换 1 000 欧元现钞？

分析：晓霞向中国建设银行买入 1 000 欧元现钞，银行为卖出 1 000 欧元现钞，应查找欧元的现钞卖出价，1 欧元 =8.714 4 人民币，晓霞需要 8 714.4 人民币才可以换到 1 000 欧元现钞。

【任务互动 2】

伟凡从 2014 年 4 月中旬到法国、德国、瑞士三国旅游，因为使用欧元信用卡较多，携带的欧元现钞剩余 1 000 欧元，回国后他兑换为人民币，按照 2014 年 4 月 29 日中国建设银行的外汇牌价，伟凡可以兑换成多少人民币？

分析：伟凡回国后将 1 000 欧元现钞兑换为人民币，即将 1 000 欧元现钞卖给银行，银行为买入外汇现钞，应查找欧元的现钞买入价，1 欧元 =8.366 4 人民币，伟凡能收到8 366.4人民币。

2. 基本汇率和套算汇率

根据汇率制定的角度的不同，可划分为基本汇率和套算汇率。

（1）基本汇率（Basic Rate）是指本国货币（Local Currency）对某一关键货币（Key Currency）的汇率。关键货币是指国际普遍接受的、国际流通中使用较多的可自由兑换的外汇，如美元、欧元、日元、英镑、瑞士法郎、加元等。

（2）套算汇率（Cross Rate）是指通过基本汇率套算得的两种货币的汇率。

【任务互动1】

已知基本汇率为1美元=7.752 8港元，1美元=5.937 0丹麦克朗，求套算汇率1港元等于多少丹麦克朗？

分析：因为1美元=7.752 8港元，1美元=5.937 0丹麦克朗，

所以7.752 8港元=5.937 0丹麦克朗，

1港元=5.937 0/7.752 8=0.765 8丹麦克朗，

即套算汇率为1港元=0.765 8丹麦克朗。

【任务互动2】

已知基本汇率为1英镑=1.678 3美元，1美元= 30.219 7台币，求套算汇率1英镑等于多少台币？

分析：因为1英镑=1.678 3美元，1美元=30.219 7台币，

所以1英镑=1.678 3 × 30.219 7=50.717 7台币，

即套算汇率为1英镑=50.717 7台币。

3. 官方汇率和市场汇率

根据外汇管制程度的不同，可划分为官方汇率和市场汇率。实行外汇管制较严的国家，存在着两种汇率，一是官方汇率，二是市场汇率。而外汇管制较松的国家和名义上取消了外汇管制的国家，只存在一种汇率，即市场汇率。

（1）官方汇率（Official Rate）。官方汇率又称官价，是指一国货币当局规定并予以公布的汇率，是外汇管制较严格的国家授权其外汇管理当局制定并公布的本国货币与其他各种货币之间的外汇牌价。

官方汇率由于具有法定性质，所以又称为法定汇率，通常是指由国家的货币金融机构（如中央银行、外汇管理局、财政部）公布的汇率，它规定了凡是进行外汇交易都要以官方公布的汇率为准。在外汇管制严格的国家，一切外汇收入须按官方汇率结售给外汇银行，所需外汇须向国家或其指定的银行申请批准。政府颁布的官方汇率，往往跟反映市场供求的黑市价有所不同，官方汇率比较稳定，一般偏向于高估本国货币的价值，如俄罗斯的卢布、目前的朝鲜圆。

讨论：目前有哪些国家使用官方汇率？

【知识链接】

被高估的朝鲜圆

朝鲜货币的主币单位为圆，辅币单位为分。1朝鲜圆=100朝鲜分。朝鲜圆与美元兑换比率曾长期固定于1美元=2.15朝鲜圆。从2002年8月开始，朝鲜调整了朝

鲜圆与美元的兑换比率。朝鲜货币的正式汇率曾经为1美元比141朝鲜圆。但是外国调查机构对朝鲜国内物价的调查显示，朝鲜市场上的汇率为1美元比3 000朝鲜圆，1人民币比360朝鲜圆。欧元是朝鲜指定的国家公认交易外币，它的汇率为1欧元比170朝鲜圆，但实际上到了1欧元比4 000朝鲜圆的程度。

2009年11月30日，朝鲜宣布旧货币停止流通，新发行的朝鲜圆从2009年12月1日开始使用，新旧币兑换率为1∶100，兑换时间为12月1—6日，每人最多只能兑换15万旧币。这项币制改革导致了市场混乱、物价飞涨，人民表现出极大恐慌与不满。币制改革以失败告终。

（2）市场汇率（Market Rate）。市场汇率是外汇市场上进行外汇买卖的实际汇率，它随市场的外汇供求关系而自由浮动。在外汇管理较松的国家，官方宣布的汇率往往只起中心汇率作用，实际外汇交易则按市场汇率进行。市场汇率是外汇市场上自由买卖外汇的实际汇率。但是各国货币金融管理当局对市场汇率的动态并不采取完全放任的政策，而是利用各种手段进行干预，使之不过于偏离官方汇率。市场汇率的高低取决于外汇的实际供求状况，市场汇率一般高于官方汇率，能客观地反映本国货币的对外比值。在外汇管制较松的国家，外汇交易一般按市场汇率进行；在外汇管制较严的国家，则往往会出现高于官价的黑市汇率。

外汇黑市（Black - Bourse）是指非法进行外汇买卖的市场。外汇黑市是在政府限制或法律禁止外汇交易的条件下产生的，交易过程具有非公开性。由于发展中国家大多执行严格的外汇管制政策，不允许自由外汇市场存在，所以这些国家的外汇黑市比较普遍。

黑市汇率是在外汇黑市上买卖外汇的汇率。在严格实行外汇管制的国家，外汇交易一律按官方汇率进行。外汇黑市上的供给者是指一些持有外汇者以高于官方汇率的价格在黑市上出售外汇，从而换回更多的本国货币；外汇黑市上的需求者是指一些不能以官方汇率获得或获得不足够者以高于官方汇率的价格从黑市上购买外汇。

讨论：中国外汇市场上什么时间段的外汇黑市最为活跃？

外汇黑市的表现形式一般有两种：一种是街面上零散的“黄牛”。主要是在外汇指定银行附近或涉外活动比较频繁的场所，如旅游地区、涉外酒店附近等，交易形式也日趋隐蔽，如通过互换银行存单，或者在街上谈妥之后到其他地方交易。另一种是地下钱庄、黑窝点，这是一种非法组织，替代了银行的部分功能，成为地下银行。

讨论：什么是半官方汇率？现实中存在吗？

【知识链接】

地下钱庄

地下钱庄是中国内地对从事地下非法金融业务的一类组织的俗称，是地下经济的一种表现形态。根据地区的不同，地下钱庄从事的非法业务有很多，比如非法吸收公众存款、非法借贷拆借、非法高利转贷、非法买卖外汇以及非法典当、私募基金等。其中，又以非法买卖外汇和充当洗钱工具最为人熟知。地下钱庄属非法金融机构。

地下钱庄在国外也有多种表现形态。在美国、加拿大、日本等地的华人区称为“地下银行”，主要从事社区华人的汇款、收款业务。类似地下钱庄的组织机构在亚洲还有很多，一些地下钱庄在印度、巴基斯坦已发展成为网络化、专业化的地下银行系统。

地下钱庄主要分布在广东、福建、浙江、江苏、山东等经济发达的沿海地区，并且由于不同的地理环境和市场需求，地下钱庄在各地的“经营”形态也不同，主要有三种：

（1）以非法买卖外汇为主要业务的地下钱庄。这类钱庄主要分布在广东、福建、山东等沿海地区，在广东、福建以非法买卖港元为主，在山东等地以非法买卖韩元和美元为主。

（2）以非法吸存、非法放贷为主要业务的地下钱庄。这类钱庄在全国大多数省份均有，尤以浙江、江苏、福建、云南等表现突出，在各地分别以标会、台会、互助会等形式出现。

（3）以非法典押、非法高利转贷为主要业务的地下钱庄。这类钱庄分布在湖南、江西等内地一些省份，包括一些已被国家清理整顿的典当行也转为地下钱庄继续经营。不少地方的此类钱庄有黑恶势力渗透。

广东南海梁建辉地下钱庄在2001年2月至6月间非法买卖约15.7亿港元，广东汕头许鹏展地下钱庄仅2001年3月至8月间就非法买卖外汇近5.4亿港元。

4. 电汇汇率、信汇汇率和票汇汇率

根据汇兑方式的不同，可划分为电汇汇率、信汇汇率和票汇汇率。

（1）电汇汇率（Telegraphic Transfer Rate，简称T/T Rate）。电汇汇率也称电汇价，是指以电报解付方式买卖外汇时所用的汇率。经营外汇业务的本国银行在卖出外汇后，立即以电报委托的方式，通知其国外分支机构或者代理机构付款给受款人。

电汇是国际资产转移中最为迅速的一种国际汇兑方式，因在国内收进汇款与在国外付出外汇的时间相隔只有一两日，银行不能利用汇款资金，所以电汇汇率最高。现在国际支付绝大多数用电讯传递，银行同业之间买卖外汇或划拨资金也使用电汇方式。电汇在外汇交易中占有极大比重，因而电汇汇率成为基础汇率，计算其他各种汇率都以电汇汇率为基准。一般外汇市场上所公布的汇率，多为银行的电汇汇率。

（2）信汇汇率（Mail Transfer Rate，简称M/T Rate）。信汇汇率也称信汇价，是指银行用信函方式买卖外汇时所用的汇率。信汇是银行开具付款委托书，用信函方式通过邮局寄到付款地银行转付给收款人的一种汇款方式。银行卖出外汇后，通过信函通知国外分支行或代理行将款项解付给收款人。由于这种付款方式所需的邮程较长，银行可以利用顾客的汇款资金，因此信汇汇率比电汇汇率低。由于通信业的发展，电讯费用已极大降低，而信汇由于手工操作较多，反而显示出内部成本较高的弊端。为此，一般情况下银行已不再受理信汇。信汇这种汇款方式已是名存实亡，汇率的差别也随之消失。

（3）票汇汇率（Demand Draft Rate，简称D/D Rate）。票汇汇率是指银行买卖外汇汇票、支票和其他票据时所使用的汇率。票汇汇率和信汇汇率一样，因汇票从银行售出到其国外分支机构或代理行付款有段时间，银行可以利用在途资金的时间长，因而较电汇汇率要低。

5. 开盘汇率和收盘汇率

根据外汇市场开、收盘时间的不同，可划分为开盘汇率和收盘汇率。

（1）开盘汇率（Opening Rate）。开盘汇率也称开盘价，是指外汇银行每个营业日外汇市场第一笔交易的汇率，一般根据前一个交易日的收盘价确定。

（2）收盘汇率（Closing Rate）。收盘汇率也称收盘价，是指每个营业日外汇市场最后一笔交易的汇率。

开盘汇率和收盘汇率可以大致反映当天外汇汇率涨跌变化的趋势。

【案例导入】

人民币对美元汇率开盘报6.156 2 大跌97 点

新浪财经讯　2014 年3 月4 日上午消息，人民币对美元即期汇率今日开盘报6.156 2，较上一个交易日收盘价6.146 5 大幅贬值97 点。稍早公布的美元对人民币汇率中间价报6.123 6，贬值46 点。受昨日美元指数走高影响，人民币对美元即期汇率和中间价双双走低。

6. 即期汇率和远期汇率

根据外汇买卖交割期限的不同，可划分为即期汇率和远期汇率。交割是买卖双方履行交易合同、进行钱货两清的行为。外汇买卖的交割是指购买（出售）外汇者付出本国货币（外国货币），出售（购买）外汇者付出外汇（本币）。由于交割的日期不同，汇率就有差异。

（1）即期汇率（Spot Exchange Rate），也叫现汇汇率，是指在外汇市场上，买卖双方成交后，原则上在两个营业日内办理交割所使用的汇率。电汇汇率、信汇汇率和票汇汇率都属于即期汇率的范围。即期汇率是由当场交货时货币的供求关系情况决定的，就是现时外汇市场的汇率水平。

表2－5　中国工商银行人民币即期外汇牌价

日期：2014 年11 月16 日　星期日　　　　单位：人民币/100 外币

币种	汇买、汇卖中间价	现汇买入价	现钞买入价	卖出价	基准价
美元（USD）	827.67	826.43	821.46	828.91	827.67
港元（HKD）	106.91	106.75	106.11	107.07	106.81
日元（JPY）	7.61	7.59	7.53	7.62	7.55
欧元（EUR）	970.94	969	961.23	972.88	961.64
英镑（GBP）	1 383.12	1 380.63	1 348.54	1 385.89	—

（续上表）

币种	汇买、汇卖中间价	现汇买入价	现钞买入价	卖出价	基准价
瑞士法郎（CHF）	628.36	627.23	612.65	629.62	—
加元（CAD）	625.41	624.16	609.77	626.66	—
澳元（AUD）	570.76	569.62	556.49	571.9	—
新加坡元（SGD）	477.59	476.63	465.65	478.55	—
丹麦克朗（DKK）	130.72	130.46	127.45	130.98	—
挪威克朗（NOK）	117.49	117.26	114.55	117.72	—
瑞典克朗（SEK）	108.39	108.17	105.68	108.61	—
澳门元（MOP）	103.73	103.52	102.95	103.94	—
新西兰元（NZD）	492.3	491.32	479.99	493.28	—

注：此汇率表供参考，以实际交易汇率为准。

【任务互动】

中国A公司从法国进口10万欧元的商品，按照上面的2014年11月16日中国工商银行人民币即期外汇牌价，需要多少人民币才能购买10万欧元外汇？

分析：在表中查出欧元的卖出价为972.88，A公司购买10万欧元外汇需要97.288万人民币。

（2）远期汇率（Forward Exchange Rate），也叫期汇汇率，是指在外汇市场上，买卖双方事先约定的，据以在未来的一定时期内进行外汇交割的汇率。远期汇率到了交割日期，由协议双方按预定的汇率、金额进行交割。远期外汇买卖是一种预约性交易，是由于外汇购买者对外汇资金需要的时间不同，以及为了避免外汇风险而引进的。交割的期限一般为一个月至六个月，最长的达一年，期满后还可展期。即期汇率是制定远期汇率的基础。

表2－6　中国工商银行人民币远期外汇牌价

日期：2014年11月16日　星期日　　　　单位：人民币/100外币

期限	美元对人民币			
	中间价	现汇买入价	现汇卖出价	起息日
7天（7D）	827.71	825.64	829.78	2003－10－23
20天（20D）	827.79	825.72	829.86	2003－11－05
1个月（1M）	827.85	825.78	829.92	2003－11－17
2个月（2M）	828	825.93	830.07	2003－12－16

（续上表）

期限	美元对人民币			
	中间价	现汇买入价	现汇卖出价	起息日
3个月（3M）	828.13	826.06	830.2	2004－01－16
4个月（4M）	828.26	826.18	830.33	2004－02－16
5个月（5M）	828.36	826.29	830.43	2004－03－16
6个月（6M）	828.44	826.36	830.51	2004－04－16
7个月（7M）	828.46	826.19	830.74	2004－05－17
8个月（8M）	828.48	825.99	830.96	2004－06－16
9个月（9M）	828.40	825.71	831.1	2004－07－16
10个月（10M）	828.24	825.35	831.14	2004－08－16
11个月（11M）	828	824.89	831.1	2004－09－16
12个月（1Y）	827.69	824.38	831	2004－10－18

注：此汇率表供参考，以实际交易汇率为准。

【任务互动】

中国B公司向美国进口100万美元的商品，三个月后收款，按照上面的2014年11月16日中国工商银行人民币远期外汇牌价，公司与银行签订了三个月的远期交易合同，需要多少人民币才能购买100万美元外汇？

分析：在表中查出三个月美元的现汇买入价为826.06，B公司购买100万美元外汇需要826.06万人民币。

讨论：如果C公司作出口结汇，签订远期合约，三个月后卖出100万美元外汇，可以得到多少人民币？

7. 单一汇率和复汇率

根据适用于不同来源用途，可划分为单一汇率和复汇率。

（1）单一汇率。单一汇率指一国货币对某种外国货币只有一种汇率，该国的各种对外经济交易的收支都按照这一汇率进行结算。大部分国家都使用单一汇率。凡是一国对外仅有一个汇率，各种不同来源与用途的收付均按此计算的，或本币对各种外币的即期外汇交易的买卖价不超过2%的，都称为单一汇率。

（2）复汇率。复汇率是指一国货币对某种外国货币有两种或两种以上汇率，不同的汇率用于不同的国际经贸活动。复汇率是外汇管制的一种产物。较典型的复汇率是一国实行贸易汇率和金融汇率，贸易汇率用于进出口贸易及其从属费用的支付结算，金融汇率用于资本流动、非贸易收支（如保险、旅游等）的结算。

讨论：目前有哪些国家和地区采用复汇率？

一国在外汇管制情况下，对同一外国货币，因其目的不同而规定不同的汇率。设置复汇率的主要目的在于：①鼓励或限制某些商品出口；②鼓励或限制某些货物进口；③鼓励某些商品在国内生产；④借高价卖出或低价买入以充实国库。比如德国在20世纪30年代曾对战备物资的进口给予较优惠的汇率，对其他物品进口则以较高的汇率来兑换。

表2-7 汇率分类一览表

分类方式	汇率种类
根据银行买卖外汇价格的不同划分	买入汇率 卖出汇率 中间汇率 现钞汇率
根据汇率制定的角度的不同划分	基本汇率 套算汇率
根据外汇管制程度的不同划分	官方汇率 市场汇率
根据汇兑方式的不同划分	电汇汇率 信汇汇率 票汇汇率
根据外汇市场开、收盘时间的不同划分	开盘汇率 收盘汇率
根据外汇买卖交割期限的不同划分	即期汇率 远期汇率
根据适用于不同来源用途划分	单一汇率 复汇率

项目3 外汇汇率的折算

【案例导入】

中国江苏天宇进出口公司出口洗衣机到美国，国内总成本价格为2 375人民币/台，对外报价应该报每台多少美元（假设上海外汇市场中的汇率为1美元=6.251 8人民币）?

分析： 因为1美元=6.251 8人民币，可以折算出1人民币=0.160 0美元，237 5人民币=237 5 × 0.160 0=380美元，应该对外报价380美元/台。

外汇交易涉及不同货币，在不同时期，以不同方式进行买卖交割。掌握不同货币的折算方法，不仅对顺利进行外汇交易、减少外汇风险有重要意义，而且对国际商务活动的顺利进行，尤其对提供准确的进出口商品报价有重要意义。

一、外币/本币折成本币/外币

外币/本币是指1单位的外币等于多少单位的本币，本币/外币是指1单位的本币等于多少单位的外币。目前，除了美国、英国、澳大利亚等少数国家，大多数国家采用直接标价法，即用1个或100个外币表示本币的价格。我国也采用直接标价法，如USD 1/CNY 6.253 7表示人民币对美元的汇率为1美元=6.253 7人民币。

国外的进口商一般都要求报出外币价格，因此必须掌握外币/本币折算成本币/外币的方法。

计算原则为：用1除以本币的具体数字，即可得出1个本币折合多少外币。

【任务互动1】

已知阿姆斯特丹外汇市场某日的外汇汇率为1美元=0.719 2欧元，求1欧元等于多少美元？

分析：1÷0.719 2=1.390 4，

即1欧元=1.3904美元。

【任务互动2】

假设在香港外汇市场，某日美元对港元的汇率为1美元=7.763 5港元，香港迅达公司出口货物本币总成本为每件950港元，若进口商要求改报美元价，应该报多少？

分析：因为1美元=7.763 5港元，

1÷7.763 5=0.128 8，

即1港元=0.128 8美元，

950港元=950 × 0.128 8=122.36美元，

所以香港迅达公司应该报每件122.36美元。

二、外币/本币的买入价和卖出价折成本币/外币的买入价和卖出价

外币/本币的买入价和卖出价折成本币/外币的买入价和卖出价，是指由直接标价法到间接标价法的折算。银行对客户的外汇交易要使用买入价和卖出价进行折算，需要算出单位本币折算为外币的买入价和卖出价的数额。

计算原则为：

（1）本币/外币买入价等于1除以外币/本币卖出价；

（2）本币/外币卖出价等于1除以外币/本币买入价。

【任务互动】

已知巴黎外汇市场某日的外汇汇率为 1 美元 =0.731 5 -0.739 8 欧元，求 1 欧元等于多少美元？

分析：因为 1 美元 =0.731 5 -0.739 8 欧元，

买入价为 1 ÷0.739 8 =1.351 7，

卖出价为 1 ÷0.731 5 =1.367 1，

即 1 欧元 =1.351 7 -1.367 1 美元。

三、未挂牌外币/本币与本币/未挂牌外币的套算

外汇交易中最常使用的货币只有几种，包括美元、欧元、英镑、日元、瑞士法郎和澳元等。有的外汇市场公布的外汇牌价较少，如果想获得某种较少使用的货币汇率，则需要借助于较大的外汇市场，查找出主要的货币与这种货币的比价，进行套算，计算原则为：

（1）先列出本币对已挂牌某种主要储备货币的中间汇率；

（2）查阅像纽约、伦敦等主要外汇市场上这种主要储备货币对未挂牌货币的中间汇率（纽约或伦敦外汇市场都会公布美元或英镑对所有可兑换货币的价格）；

（3）以上面所列的两个中间汇率进行套算：

①本币/未挂牌外币汇率 = （2）/（1）；

②未挂牌外币/本币汇率 = （1）/（2）。

【任务互动】

中国香港某出口商接到泰国进口商要求，需报出港元和泰铢两种货币的报价的询盘，假设香港外汇市场不公布港元对泰铢的汇率，则可按上述的计算原则进行推算。

分析：（1）先查出港元对美元的中间汇率，1 美元 =7.753 8 港元；

（2）查当天纽约外汇市场美元对泰铢的中间汇率：1 美元 =32.470 3 泰铢；

（3）港元/泰铢 = （2）/（1） =32.470 3 ÷7.753 8 =4.187 7，

即 1 港元 =4.187 7 泰铢，

泰铢/港元 = （1）/（2） =7.753 8 ÷32.470 3 =0.238 8，

即 1 泰铢 =0.238 8 港元。

根据以上的汇率，中国香港某出口商就可以将出口商品的美元报价套算为港元和泰铢的对外报价。

讨论：采用其他方式进行换算（7.753 8 港元 =32.470 3 泰铢）。

四、本币/甲种外币与本币/乙种外币折算成为甲种外币/乙种外币与乙种外币/甲种外币

一种出口商品对外报价常涉及许多国家、多种货币，所以要掌握不同外币之间的套算方法，以便扩大报价的范围，开拓世界市场。现将套算方法和程序举例说明如下：

【任务互动】

已知：美国纽约市场某日汇率为

美元/英镑　0.581 2/0.589 8

美元/欧元　0.721 6/0.729 6

求：英镑/欧元与欧元/英镑的汇率。

分析：因为纽约外汇市场采用间接标价法，所以是前卖后买，

先求英镑/美元的汇率，将买入价和卖出价互换位置：

1 英镑 =1/0.589 8 美元　1 英镑 =1/0.581 2 美元

(1) 英镑/欧元的汇率为：

卖出价　1 英镑 =1/0.589 8 × 0.721 6 =1.223 5 欧元

买入价　1 英镑 =1/0.581 2 × 0.729 6 =1.255 3 欧元

即英镑/欧元汇率为 1.223 5/1.255 3。

(2) 欧元/英镑的汇率为：

卖出价　1 欧元 =1 ÷1.255 3 =0.796 6 英镑

买入价　1 欧元 =1 ÷1.223 5 =0.817 3 英镑

即欧元/英镑汇率为 0.796 6/ 0.817 3。

项目 4　汇率在进出口报价中的运用

【案例导入】

晓宇在中国香港某公司从事出口业务，公司出口商品为箱包，以港元对外报价。2014 年 5 月，晓宇参加中国香港的箱包展览会，展会上的印度客户要求晓宇改报美元价，法国客户要求改报欧元价，晓宇查询香港外汇市场的汇率，出现买入价、卖出价、中间价和现钞价，晓宇应该采用哪种汇率计算报价呢？

国际商务活动尤其是进出口贸易中，必然会涉及商品的对外报价，外汇汇率的买入价与卖出价之间的差额一般在 1‰到 5‰之间，进出口商如果在报价折算与支付时考虑不周

全，计算不准确，合同条款订立不明确，就可能遭受不必要的损失。

一、即期汇率下的出口报价

合理运用汇率的买入价和卖出价基本原则如下：

（一）本币折成外币时，应用买入价

因为出口商出口收入外汇，通常是将外汇卖给外汇银行收回本币，外汇银行买入出口商的外汇是按买入价计算的。所以，出口商将本币报价改作外币报价时，应采用买入价折算，若采用卖出价折算，就会在报价上吃亏。

【任务互动】

2014年某日，在香港外汇市场上，美元对港元的汇率为1美元=7.751 3－7.772 5港元，假设中国香港某出口商向美国公司出口商品1 000件，原来的出口报价为10 000港元/件，现进口商要求改报美元价，应报多少美元合适？

分析：因为香港外汇市场采用直接标价法，所以其汇率是前买后卖，用买入价将原港元报价折算成美元报价为1 290美元/件（10 000÷7.751 3=1 290）；如果采用卖出价，则仅报1 287美元/件（10 000÷7.772 5=1 287），每件损失3美元，1 000件损失3 000美元。所以中国香港某出口商应该采用买入价折算，报1 290美元/件。

（二）外币折成本币时，应用卖出价

因为出口商原来收取外币，现改收本币，若出口商需要外币，则需以本币向外汇银行购买外币，外汇银行卖出外币是用卖出价计算的。所以，出口商将外币报价折算成本币报价时，应采用卖出价折算，若采用买入价折算，就会在报价上吃亏。

【任务互动】

2014年某日，在香港外汇市场上，欧元对港元的汇率为1欧元=10.632 8－10.642 8港元，假设中国香港某出口商向法国公司出口商品1 000件，原来的出口报价为1 000欧元/件，现在国外的进口商要求改报港元价格，应报多少港元合适？

分析：因为香港外汇市场采用直接标价法，所以其汇率是前买后卖，用卖出价将原欧元报价折算成港元报价为10 642.8港元/件（1 000 ×10.642 8=10 642.8）；如果采用买入价，则仅报10 632.8港元/件（1 000×10.632 8=10 632.8），每件损失10港元，1 000件损失10 000港元。所以中国香港某出口商应该采用卖出价折算，报10 642.8港元/件。

（三）一种外币折成另一种外币，按国际外汇市场牌价折算

折算的方法无论是用直接标价市场的汇率牌价，还是用间接标价市场的汇率牌价，都要把外汇市场所在国的货币看作本币。如将本币折算成外币时，均用买入价；将外币折算成本币时，用卖出价。

【任务互动】

中国某进出口公司向法国出口商品，原来报价为每件10 000欧元，现在法国公司要求改报美元价，中方应报价多少？

分析：先查阅巴黎外汇市场和纽约外汇市场的汇率，可知：

巴黎外汇市场汇率为1欧元＝1.371 9－1.380 9美元

纽约外汇市场汇率为1欧元＝1.371 9－1.380 9美元

（1）若按巴黎外汇市场汇率折算，应该将欧元视为本币，根据本币折成外币时，应用买入价原则，1.380 9是买入价，计算报价：

$10\ 000 \times 1.380\ 9 = 13\ 809$ 美元

中方应该报价每件13 809美元。

（2）若按纽约外汇市场汇率计算，应该将美元视为本币，根据外币折成本币时，应用卖出价原则，1.380 9是卖出价，计算报价：

$10\ 000 \times 1.380\ 9 = 13\ 809$ 美元

中方应该报价每件13 809美元。

由此可以看出，一种外币报价改为另一种外币报价，不论按照哪一外汇市场的牌价进行折算，只要两个外汇市场所公布的汇率相同，折算的结果都是一样的。

如果两个外汇市场的汇率不相同，建议采用报价高的一个进行计算。

二、选择适当的进口报价

进口商主要是询盘问价，如果约定用本币报价，直接用本币支付，不涉及汇率折算问题；如果是外币报价，则需要用本币购买外币支付，银行卖出外币，用卖出价进行计算。

在进口贸易中，如果一种商品出现了两种外币报价，则需要进行比较，看哪一种货币的报价较为优惠。方法有两种，第一种：可以将两种外币的报价都折算为本币进行比较；第二种：可以将两种外币折算为同一种外币进行比较。

【任务互动】

中国上海A公司从英国进口某种商品1 000件，英国公司的英镑报价为每件100英镑，美元报价为每件165美元。中国A公司应该选择哪种报价较为合适？

分析：查阅当日上海外汇市场的外汇牌价为：

1英镑=10.486 0－10.495 0人民币

1美元=6.230 2－6.241 2人民币

（1）把两种外币的报价都折算为本币进行比较。

外币折本币用卖出价进行折算：

100 × 10.495 0=1 049.50人民币

165 × 6.241 2=1 029.80人民币

把两种货币报价折算为人民币，可以直观地判断出哪种报价更合理。

1 049.50 － 1 029.80=19.70人民币　1 000 × 19.70=19 700人民币

应该选择美元报价，总共可以少支付约19 700人民币。

（2）把两种外币折算为同一种外币进行比较。

因为1英镑=10.486 0－10.495 0人民币，1美元=6.230 2－6.241 2人民币，

所以1英镑=1/6.241 2 × 10.486 0=1.680 1美元，

1英镑=1/6.230 2 × 10.495 0=1.684 5美元，

即1英镑=1.680 1－1.684 5美元。

原报价为100英镑，改报美元则为100 × 1.684 5=168.45美元，与165美元的美元报价相比较高，所以应该采用美元报价。

原来报价为165美元，改报英镑则为165÷1.680 1=98.21英镑，与100英镑的英镑报价相比较低，所以应该采用美元报价。

目前全世界大部分国家都采用浮动汇率制度，如果在进出口贸易中采取延期支付货款的方式，那么汇率波动对进出口双方都意味着存在一定程度的外汇风险，外汇汇率升值可能对买方不利，对卖方有利，买方将需要更多的本币才能换取相应的外汇进行支付，卖方获得的外汇可以换取更多的本币；外汇汇率贬值可能对买方有利，对卖方不利，买方只需要更少的本币就能换取相应的外汇进行支付，卖方获得的外汇只能换取更少的本币。因此，延期付款方式下的进出口报价要考虑使用远期汇率进行折算，以减少外汇汇率变动带来的损失。如果进口商采用延期汇款，要求出口商改报价，出口商应该查询两种货币的即期汇率和远期汇率，根据远期汇率，运用在即期汇率下同样的买入价和卖出价原则进行折算，得出合理的报价。

【模块小结】

一、外汇汇率的含义与标价方法

（一）外汇汇率的概念

（二）汇率变化幅度的表示方法与计算
（三）外汇汇率的标价方法
二、外汇汇率的种类
三、外汇汇率的计算
（一）外币/本币折成本币/外币
（二）外币/本币的买入价和卖出价折成本币/外币的买入价和卖出价
（三）未挂牌外币/本币与本币/未挂牌外币的套算
四、汇率在进出口报价中的运用
（一）即期汇率下的出口报价
（二）选择适当的进口报价

【课后训练】

一、单项选择题

1. 出口商将外汇卖给外汇银行时应该用（　　）进行折算
A. 买入价　　B. 卖出价
C. 中间价　　D. 现钞价
2. 直接标价法下，外汇贬值表现为（　　）
A. 外币数量的增加　　B. 本币数量的增加
C. 外币数量的减少　　D. 本币数量的减少
3. 银行在外汇牌价表中公布的现钞价一般是（　　）
A. 现钞买卖中间价　　B. 现钞买入价
C. 现钞卖出价　　D. 现汇买入价
4. 1美元兑换0.723 6欧元，即表示美元兑换欧元的比率为0.723 6，可以计算出1欧元兑换（　　）美元
A. 1.282 5　　B. 1.383 6
C. 1.382 0　　D. 1.381 6
5. 原来1美元=7.756 5港元，报道美元对港元上涨了100点，说明1美元可以兑换（　　）港元
A. 7.766 5　　B. 7.746 5
C. 7.755 5　　D. 7.765 5
6. （　　）指用一定单位的本国货币作为标准，折合成若干单位的外国货币的标价方法
A. 直接标价法　　B. 间接标价法
C. 美元标价法　　D. 非美元标价法
7. 1美元=7.676 8港元在香港外汇市场属于（　　）
A. 间接标价法　　B. 美元标价法
C. 直接标价法　　D. 非美元标价法

8. 当中国居民个人出外旅游需要从外汇银行买入欧元时，使用银行的（　　）

A. 买入价　　B. 卖出价

C. 中间价　　D. 现钞价

9. 当中国居民个人出外旅游回到中国，将剩余的加元现钞拿到外汇银行兑换人民币时，银行使用（　　）

A. 买入价　　B. 卖出价

C. 中间价　　D. 现钞价

10.（　　）在外汇交易中占有极大比重，因而成为基础汇率，计算其他各种汇率都以它为基准

A. 即期汇率　　B. 信汇汇率

C. 电汇汇率　　D. 票汇汇率

二、多项选择题

1. 汇率根据银行买卖外汇价格的不同，可划分为（　　）

A. 买入汇率　　B. 卖出汇率

C. 中间汇率　　D. 现钞汇率

2. 汇率根据制定的角度的不同，可划分为（　　）

A. 基本汇率　　B. 买入汇率

C. 套算汇率　　D. 卖出汇率

3. 汇率根据外汇管制程度的不同，可划分为（　　）

A. 即期汇率　　B. 远期汇率

C. 官方汇率　　D. 市场汇率

4. 汇率根据汇兑方式的不同，可划分为（　　）

A. 市场汇率　　B. 电汇汇率

C. 信汇汇率　　D. 票汇汇率

5. 汇率根据外汇市场开、收盘时间的不同，可划分为（　　）

A. 电汇汇率　　B. 信汇汇率

C. 开盘汇率　　D. 收盘汇率

6. 汇率根据外汇买卖交割期限的不同，可划分为（　　）

A. 电汇汇率　　B. 即期汇率

C. 信汇汇率　　D. 远期汇率

7. 汇率根据适用于不同来源用途，可划分为（　　）

A. 单一汇率　　B. 复汇率

C. 买入汇率　　D. 卖出汇率

8. 1 欧元兑换 1.354 7 美元，低于前一交易日的 1.368 2 美元，说明（　　）

A. 欧元升值　　B. 欧元贬值

C. 美元升值　　D. 美元贬值

9. 目前，(　　) 以及世界上绝大多数国家都采用直接标价法

A. 美国　　B. 中国

C. 日本　　D. 新加坡

10. 目前，(　　) 等少数国家采用间接标价法

A. 英国　　B. 新西兰

C. 澳大利亚　　D. 瑞士

三、判断题

1. 目前英国、日本和新西兰等国均采用间接标价法。(　　)
2. 目前中国、瑞士、新加坡等国家采用直接标价法。(　　)
3. 1 美元 =0.862 5 瑞士法郎变成 1 美元 =0.853 2 瑞士法郎，汇率变动说明美元升值。(　　)
4. 直接标价法与间接标价法是国际外汇市场买卖外汇报价的习惯做法。(　　)
5. 直接标价法下，外币是基准货币，本币是标价货币。(　　)
6. 买入汇率是进口商买进外汇时所依据的汇率。(　　)
7. 即期汇率中，银行不能利用汇款资金，所以电汇汇率最高。(　　)
8. 远期汇率到了交割日期，由协议双方按预订的汇率、金额进行交割。(　　)
9. 复汇率是外汇管制的一种产物，日前大部分国家都使用复汇率。(　　)
10. 出口报价，本币折成外币时，应用卖出价进行折算。(　　)

四、技能训练

1. 已知法兰克福外汇市场某日的外汇价格为 1 欧元 =1.315 8 美元，求 1 美元等于多少欧元？

2. 已知香港外汇市场某日的外汇价格为 1 美元 =7.753 9 –7.778 5 港元，求 1 港元等于多少美元？

3. 假设中国香港某出口商接到泰国进口商要求报港元和泰铢两种货币的报价询盘，已知香港外汇市场港元对美元的中间汇率为 1 美元 =7.761 2 港元，当天纽约外汇市场美元对泰铢的中间汇率为 1 美元 =33.257 6 泰铢，若原港元报价为每件 1 000 港元，应报泰铢价格是多少？

4. 已知某外汇市场 1 美元 =0.576 3 –0.588 8 英镑，1 美元 =0.731 2 –0.746 3 欧元，求英镑/欧元和欧元/英镑的汇率。

5. 中国某进出口公司从德国进口商品，出口商同时用美元和欧元报价，分别为 100 万美元和 75 万欧元，到货后三个月付款，三个月远期美元汇率为 1 美元 =0.738 6 欧元，中方是接受美元报价还是接受欧元报价会比较有利，为什么？

模块二

外汇汇率的决定与影响

【知识目标】

1. 理解外汇决定的基础
2. 掌握影响外汇汇率变动的因素
3. 了解汇率制度
4. 掌握汇率变动产生的影响

【技能目标】

1. 能够判断外汇汇率如何受到相关因素的影响
2. 能够准确分析汇率变动对经济活动的影响

【情境导入】

人民币对美元大贬值成钢材出口最强优势

人民币对美元汇率持续走低叠加美元指数明显下跌，使我国以人民币为计价货币的钢材出口价格在国际市场拥有了较强的优势，对出口形成良好的支撑优势。人民币对美元汇率持续下降，截至发稿时，贬值力度达到了1.79%，而期间的最大贬值幅度一度达到了3.47%。同时，美元相对于“一篮子货币”也在2月份保持了明显的贬值态势，美元指数从2月初的81.32一路下跌至4月底的79.59，下跌2.13%，而5月5日更是创下了17个月来新低——79.06，下跌力度达到了2.78%。

海关统计数据显示，4月份我国钢材出口量754万吨，环比增加78万吨，增幅11.56%，同比大幅增长35.86%，创下历年次新高水平，仅低于2008年8月出口量768万吨。

整个4月份，人民币对美元即期汇率大幅贬值0.66%，月末触及了6.267 6人民币的逾18个月低位，而整个4月份，美元指数下跌1.54%。这样一来，人民币除本身对美元大幅贬值外，还相对于“一篮子货币”出现了更大幅度的贬值，意即相对于欧元、英镑、瑞士法郎、瑞典克朗、加元等货币，我国以人民币为计价货币的出口商品出口上述国家将具有较大的优势。而我国钢材的主要出口市场——韩国，则面临了自身币种对美元的大幅升值，截至4月底，韩元对美元汇率是1 030.6∶1，该汇率创下了2008年8月份以来新高。而印度卢比虽在4月份对美元出现贬值，但是近几个月对美元升值也近10%。因此，从币种上看，人民币相对于韩元、印度卢比都处于贬值的趋势。人民币的大幅贬值以及美元相对于“一篮子货币”的升值双向作用，使我国出口商品的计价币值出现较强的优势，成为钢材出口大幅走高的因素之一。

（资料来源：中国钢铁现货网，2014年5月19日）

项目1 汇率决定的基础

【案例导入】

1993年以前，津巴布韦纸币的最大面额是20元，对美元汇率一直维持在6.8。为了应对通货膨胀，津巴布韦开始疯狂印刷纸币，纸币面额越来越大，开始出现50元、100元、500元、1 000元，甚至后来发行更离谱的“1 000万”、“100兆”面额的货币，于是其对美元的汇率一落千丈，变成1:3 000 000 000 000 000。虽然津巴布韦每个人都是“亿万富翁”，富得可以用纸币垫瘸腿的桌子，但生活却每况愈下，因为这个时候的津巴布韦纸币可以说一文不值了。

讨论：津巴布韦货币的汇率由1:6.8变成1:3 000 000 000 000 000，是由什么决定的呢?

汇率作为两种货币之间的交换比率，其本质是两国货币各自所代表或所具有的价值的比率，因此各国货币所代表或所具有的价值是决定汇率的基础，但由于在不同货币制度下，货币发行基础、货币的种类和形态各异，因而决定汇率的基础——各国货币价值的具体表现形式也很不一样。

一、金本位制下汇率决定的基础

金本位制（Gold Standard System）是以一定成色及重量的黄金为本位货币的一种货币制度，黄金是整个货币体系的基础。国际金本位制是世界上最早出现的国际货币制度，从1816年英国政府颁布条例、发行金币开始，一直到第二次世界大战爆发前夕。在历史上，曾有过三种形式的金本位制：金币本位制、金块本位制、金汇兑本位制。其中金币本位制是最典型的形式，就狭义来说，金本位制即指该种货币制度。

（一）金币本位制下汇率决定的基础

1．铸币平价是汇率决定的基础

金币本位制，又称金铸币本位制，其特点有：金币的形状、重量和成色由国家法律规定；可以自由铸造和自由熔化；辅币和银行券的发行需要以等量的黄金作为准备金，并可以自由兑换成金币；黄金是国际结算的手段，可以自由地输出、输入国境。那么，在金币本位制下，两种不同货币的汇率是如何决定的呢?

在金币本位制下，一国货币所含的一定重量和成色的黄金称为含金量。两种货币的含金量之比称为铸币平价，它是汇率决定的基础。用公式表示为：

甲国货币与乙国货币之间汇率 = 甲国货币的含金量/乙国货币的含金量

例如，英国实行金本位制时期，1 英镑金币的含金量为 113.001 6 格令，当时美国货币 1 美元金币的含金量为 23.22 格令，两国货币的含金量之比为：113.001 6/23.22 = 4.866 6，即当时英镑与美元的汇率为 1:4.866 6。

2. 汇率波动的幅度是黄金点

在金币本位制下，汇率的下跌或上涨是以铸币平价为中心的，在一定幅度内上下波动，波动幅度的界限是黄金输送点，也叫黄金点。铸币平价只是汇率决定的基础，市场上的实际外汇汇率还要受到经济发展情况、国际收支、外汇供求状况等因素的影响。当一国经济发展迅速、国际收支存在顺差、某种外汇供大于求时，其汇率就会下浮；反之，其汇率就会上浮。但浮动的区间不会是无限大，而是以铸币平价为中心，理论上以黄金输出点和黄金输入点为极限上下浮动。黄金输出点是铸币平价加上运输黄金费用，是汇率波动的最高界限，而黄金输入点是铸币平价减去运输黄金费用，是汇率波动的最低界限。

还以英国实行金木位制时期的英镑和美元为例，英镑与美元的汇率为 1:4.866 6，假如当时英美两国之间运送 1 英镑黄金的各项费用约为 0.03 美元，那么金本位制度下英镑与美元汇率浮动的区间为 4.836 6 ~ 4.896 6，为什么呢？我们还假定在美国外汇市场上，英镑的供给大于需求，则英镑汇率必然下浮。如果 1 英镑兑换美元数低于 4.836 6 美元（即铸币平价 4.866 6 减去运送 1 英镑黄金的费用 0.03 美元）时，假设为 4.834 6 美元，向英国出口商品的美国人就不会选择用汇票来收回货款，而会选择从英国直接输入黄金，以收回债权。因为，如果他接受一张金额为 1 英镑的汇票，在美国外汇市场卖出后，只能获得 4.834 6 美元，而输入 1 英镑黄金，则可以得到 4.836 6 美元，显然后者比前者收入更多。在追逐最大收益的情况下，英镑的汇率不会低于 4.836 6 美元。由此可见，1 英镑兑换 4.836 6 美元是英镑汇率下跌的最低限度。同理，1 英镑兑换 4.896 6 美元是英镑汇率上升的最高限度。

【任务互动】

假设一个美国客户从英国进口一批工业品，用英镑支付，而从美国运输黄金到英国的费用是 0.03 美元。如果规定 1 英镑的含金量为 2 克黄金，1 美元的含金量为 1 克黄金。那么请问：

（1）在金本位制下，英镑与美元的铸币平价是多少？

（2）在金本位制下，英镑与美元的汇率浮动范围是多少？

（3）如果英国市场上，英镑对美元的汇率是 1:2.05，那么美国客户是用英镑支付货款划算还是运输黄金到英国支付货款划算呢？

分析：（1）英镑与美元铸币平价 = 英镑的含金量/美元的含金量 = 2

即英镑与美元的汇率是 1:2；

（2）黄金输出点 = 铸币平价 + 黄金运送费用 = 2 + 0.03 = 2.03 美元

黄金输入点 = 铸币平价 − 黄金运送费用 = 2 − 0.03 = 1.97 美元

所以英镑与美元的汇率浮动范围为：1.97 ~ 2.03；

(3) 如果英国市场上英镑对美元的汇率是1:2.05，支付1英镑的货款需要2.05美元来兑换，那么这个时候用黄金支付的话，支付1英镑的货款需要2克黄金，再加上运输黄金的0.03美元的费用，总共需要2.03美元，显然这个时候用黄金支付货款要比用英镑更划算。

讨论：黄金现在还可以作为货币使用吗？为何各国的国家储备中都有黄金储备？

（二）金块本位制和金汇兑本位制下的汇率决定

第一次世界大战后，许多国家通货膨胀严重，国家整体经济陷入衰退，银行券的自由兑换和黄金的自由流动遭到破坏，为防止黄金外流，最终各国相继放弃金币本位制，传统的金币本位制陷入崩溃，被金块本位制取代。金块本位制，亦称生金本位制，是以黄金作为准备金，以有法定含金量的价值符号作为流通手段的一种货币制度。黄金只作为货币发行的准备金集中于中央银行，而不再铸造金币和实行金币流通。流通中的货币完全由银行券等价值符号代替，一定数额的银行券可以根据含金量兑换成黄金。中央银行保持一定数量的黄金储备，以维持黄金与货币之间的联系。在金块本位制下，金币的铸造和流通以及黄金的自由输出输入不再存在，黄金已不可能发挥自动调节货币供求和稳定汇率的作用。

20世纪20年代，有些国家如德国、意大利、奥地利等，不仅无力恢复金币本位制，就连金块本位制也无力实行，只好实行金汇兑本位制，又称虚金本位制。实行金汇兑本位制的国家，对货币只规定法定含金量，禁止金币的铸造和流通。国内实行纸币流通，但纸币不能与黄金兑换，而只能兑换成外汇，外汇可以在国外兑换黄金。本国货币与某一实行金块本位制或金币本位制国家的货币保持固定汇价。

在这两种货币制度下，国家用法律规定货币的含金量，货币的发行以黄金或外汇作为准备金，并允许在一定限额内与黄金、外汇兑换。一国单位货币所代表的含金量称为该货币的黄金平价。此阶段黄金平价是汇率决定的基础，但汇率的波动幅度不再受黄金输入点和黄金输出点的限制，而由政府来规定和维护。

二、纸币流通下汇率决定的基础

随着布雷顿森林货币制度的崩溃，资本主义各国纷纷放弃了与美元的固定比价，普遍实行浮动汇率制。在这种汇率制度下，各国货币基本与黄金脱钩，不再在法律上规定货币的法定含金量。汇率决定的基础不再是各国货币的含金量，而是货币购买力平价。

简单来说，购买力平价是国家间综合价格之比，即两种或多种货币在不同国家购买相同数量和质量的商品或服务时的价格比率。例如，购买相同数量、品质、种类的商品，在中国用了120人民币，在美国用了20美元，对于这些商品来说，人民币对美元的购买力平价是6:1，也就是说，在这些商品上，6人民币购买力相当于1美元购买力。通过比较两国纸币的购买力平价就能得出两国纸币相互间交换的比例，即汇率。所以，在现行纸币制度下两国货币汇率决定的基础是购买力平价。

【知识链接】

布雷顿森林货币制度

“二战”前和战争期间，由于国际货币制度的不统一，各国国际收支危机严重，外汇管制普遍加强，各国货币汇率极不稳定，各货币集团之间的矛盾与斗争也非常尖锐，加上接连不断的货币战，国际货币关系处于严重的混乱状况。为了克服混乱的国际货币关系同国际贸易发展之间的矛盾，1944 年 7 月，西方主要国家的代表在联合国国际货币金融会议上确立了“布雷顿森林货币制度”。

项目 2　影响外汇汇率变动的因素

【案例导入】

泰国金融危机

20 世纪 90 年代初期，泰国积极实施鼓励外商投资政策，大力开放金融业，积极推进利率自由化。在 1990—1995 年，泰国经济高速增长，房价及股市大幅上扬，泡沫经济逐步形成，劳工价格也逐年攀升，最终提高了企业的生产成本，投资环境趋于恶化，出口产品逐渐失去国际竞争力。随后外资开始撤离，国际收支出现逆差，泰铢也开始面临贬值的压力。1997 年 7 月初，嗅觉灵敏的境外投机力量利用开放的金融市场和衍生工具的放大作用对股市、汇市发起了猛烈的攻击，致使股市大幅下挫，泰国央行被迫放弃固定汇率，泰铢对美元汇率随即大幅贬值 56.7%。当年的经济危机给泰国金融体系造成的损失高达泰国国内生产总值的 30%，并使泰国经济在随后几年陷入衰退。

现行纸币制度下，购买力平价是汇率决定的基础。但是从下面的美元汇率分时走势图可以看出，美元对人民币的汇率每天、每分钟、每秒钟都在变化。到底是什么因素影响了汇率而使得其分分秒秒都可能产生变动呢？总体上说，影响汇率变动的因素有经济层面的，也有非经济层面的。经济层面的因素主要有：国际收支状况、通货膨胀程度、利率的高低、货币供给量、财政收支状况等。非经济层面的因素主要有：政府干预、外汇投机、政治和新闻事件、心理预期等。需要说明的是，我们分析单一因素对汇率的影响的前提条件是其他影响汇率的因素不变。

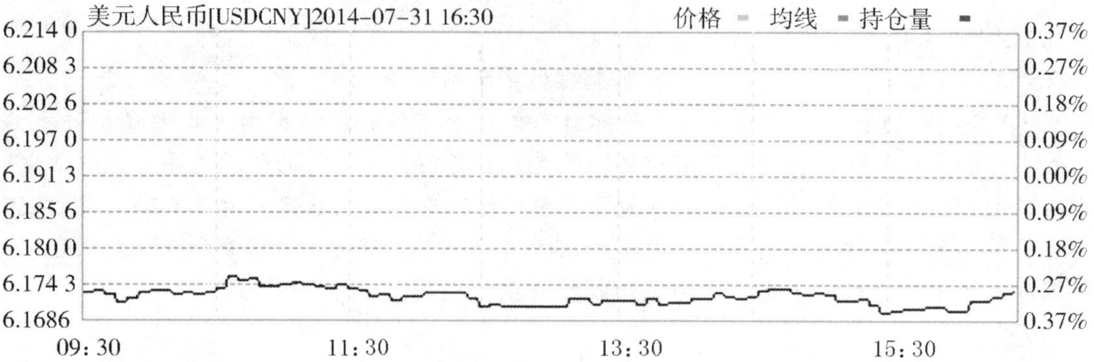

美元汇率分时走势图

一、影响外汇汇率变动的经济因素

（一）国际收支与外汇储备状况

国际收支状况是决定汇率趋势的主要因素。所谓国际收支是指一国对外经济活动中的各种收支的总和。一般情况下，国际收支顺差，外汇收入增加，过多的外汇追逐相对固定数量的本币，会造成本币供不应求，本币会有升值压力；相反，国际收支逆差，本币会有贬值趋势。2005 年以来，我国国际收支每年都有数千亿美元顺差，人民币对美元汇率也由2005 年7 月的1∶8. 11 升到2013 年7 月的1∶6. 17。同时，国际收支项目里的短期资本流动带有很大的投机性，短期资本所占比例越大，对汇率波动影响也越大。

当汇率发生剧烈变动时，中央银行根据外汇储备情况进行公开市场操作，进而影响汇率波动的幅度和趋势，使之符合国际收支基本平衡的政策目标。在国际金融发生动荡时，外汇储备可以应付国际收支的暂时性不平衡，还可以防止发生因信心动摇而导致的货币投机风。所以外汇储备的规模对保持汇率的稳定起到“定海神针”的作用。

【案例导入】

“泰国金融危机”前的外汇储备

1997 年7 月，泰国发生金融危机，进而席卷整个东南亚。发生这次危机的原因虽然是多方面的，但有关国家的国际储备尤其是外汇储备的相对不足，是其中的主要原因之一。以泰国为例，从1990 年起，泰国的贸易逆差逐年递增，外汇储备每年只减不增。到了1996 年的2 月，泰国的外汇储备只有387 亿美元，而且这些外汇储备还是泰国通过采取高利率政策吸引外资流入而形成的。而事实上，自1994 年以来，东南亚国家的经常项目赤字状况一直在恶化，已无法再用流入这个地区的长期资本来弥补。由于外汇储备的普遍不足，当倾向危机来临、本币受到外汇投机力量的打击时，政府当局就没有足够的能力捍卫本国的货币。再加上货币危机发生后，面对投机攻势，泰国中央银行又不顾实力，不当地动用了外汇储备来干预外汇市场，结果是由于外汇储备的不足而最终干预无效。泰国政府不仅没有达到维持倾向汇率稳定的目的，反而使储备资产遭受严重的损失。

（二）通货膨胀程度

通货膨胀是用来描述货币供应量超过商品流通所需货币量而引起的货币购买力下降、物价上涨的现象。一个国家出现通货膨胀时，本币表示的商品价格会上涨，会使出口商品成本增加、国际竞争力减弱，而进口商品的利润会增加，进口量会增大。反映到外汇市场上，外汇需求增加，本币需求下降，从而会引起外汇汇率上升，本国货币贬值。同时，通货膨胀严重时，国内生产利润下降，会导致国际资本外流，也会加大外汇需求，从而导致外汇汇率上升。

需要注意的是，通货膨胀不一定会导致外汇升值。适度通货膨胀有利于提高企业利润、增加就业，有利于扩大再生产、降低规模成本，此时也能提高产品国际价格竞争力，促进出口，增加国民收入，国际资本也会加大流入，本币也有升值动力，外汇汇率也会下降。

所以，通货膨胀对汇率的影响是双向的。通货膨胀严重时，外汇汇率会上升；适度的通货膨胀也有可能造成外汇汇率下降。

（三）利率的高低

一般来说，利率在一定条件下对汇率的影响主要体现在短期方面，它从两个方面影响汇率的变动。

一方面，利率通过影响经常项目对汇率产生影响。当利率上升时，国家整体信用紧缩，贷款减少，投资和消费减少，物价下降，在一定程度上抑制进口，促进出口，减少外汇需求，增加外汇供给，促使外汇汇率下降；而当利率下降时，国家整体信用扩张，货币供应量增加，刺激投资和消费，促使物价上涨，不利于出口，有利于进口。在这种情况下会加大对外汇的需求，促使外汇汇率上升。

另一方面，利率通过影响国际资本流动间接地对汇率产生影响。当一国利率上升时，就会吸引国际资本流入，从而增加对本币的需求和对外汇的供给，使外汇汇率下降。而且，一国利率的提高，能促进国际资本流入增加、流出减少，使国际收支逆差减少，能支持本币汇率升高。相反，当利率下降时，可能导致国际资本流出，增加对外汇的需求，减少国际收支顺差，促使外汇汇率上升。截至 2014 年 7 月，我国一年期存款基准利率为 3.25%，而美国联邦基金利率一直维持在 0～0.25% 的超低区间，与我国的利差为 3% 左右。相比世界上其他低利率甚至是零利率的国家，我国的高利率自然吸引了国际上的短期资本投资，导致外汇市场上外汇相对过剩，人民币相对稀缺，从而使人民币逐步升值。

（四）货币供给量

货币供给是决定货币价值、货币购买力的一个重要因素。在其他条件不变的情况下，如果本国货币供给减少，则本币由于量少而显得更有价值。而一个时期的货币供给减少通常与整个社会的信贷紧缩、消极的财政政策相伴，从而造成社会总投资不足、社会总产量下降以及就业质量下滑。居民收入下降，商品价格也下降，本币购买力提高，而外汇汇率将下跌。相反，如果货币供给的增加超过货币需求，就会导致社会通货膨胀，以本币表示的本国商品价格上涨，而国外商品价格相对下降，同时由于通货膨胀而造成货币购买力下降，这会促进价格相对低廉的外国商品大量进口，外汇需求增加，从而导致外汇汇率上涨。

（五）财政收支状况

一个国家的财政收支状况对国际收支也有很大影响，进而影响外汇汇率的变动。当一国为了刺激经济而实施积极财政政策时，其会增加财政赤字，相应增加社会总需求。进口增加又常常导致国际收支逆差及通货膨胀加剧，结果本币购买力下降，外汇需求增加，进而推动外汇汇率上涨。当然，如果财政赤字扩大时，中央银行采用严格控制货币量、提高利率的举措，反而会吸引外资流入，使本币升值，外汇汇率下跌。所以财政收支状况对汇率的影响属于间接影响，其影响效果大小，需要综合分析一国的财政政策和货币政策共同作用后的结果来判定。

【任务互动】

请思考什么是紧缩性财政政策，紧缩性财政政策如何影响汇率。

分析：紧缩性财政政策是宏观财政政策的类型之一，是指通过增加财政收入或减少财政支出以抑制社会总需求增长的政策。在财政紧缩的情况下，企业税后利润减少，生产积极性下降，经济发展减缓，人们收入减少，消费减少，进口减少，国际市场对外币需求减少，外币贬值，本国货币升值。当然，如果财政紧缩时，中央银行采用扩张性的货币政策，降低利率，反而会引起资本外流，使得本币贬值，外币升值，所以紧缩性货币政策对外汇汇率影响的程度还要综合当时货币政策的作用效果来判定。

二、影响外汇汇率变动的非经济因素

（一）政府外汇干预

一方面，为了维持外汇市场的稳定，各国央行在外汇市场的价格出现异常大的波动，或是朝同一方向连续几天剧烈波动时，往往会直接介入市场，通过商业银行进行外汇买卖，以缓解外汇市场的剧烈波动，从而避免对经济造成伤害。另一方面，一国政府为了促进商品出口，会在本国货币持续坚挺时直接干预外汇市场。他们往往会通过抛售本国货币，买入他国货币的方法来干预汇率，从而使得本币贬值，外汇汇率升值。中央银行影响外汇市场的主要手段有：调整国内财政或货币政策、直接干预外汇市场、央行口头劝告、对资本流动实行外汇管制等。

【案例导入】

美国的“QE”与美元汇率

2008 年 11 月，为应对美国次贷危机导致的经济衰退，美联储开始施行量化宽松政策（QE）。在经济不景气的情况下推出 QE 可以向市场投放流动性，增加资本供应量，从而刺激内需，带动经济的发展。外汇市场对 QE 作出了激烈反应，美元指数大幅走弱。当第一轮 QE 宣布推出时，美元指数在一个月内走低 12%，而各非美货币走势趋强。随着美国经济形势改善，失业率逐渐向正常水平靠拢，美联储从 2013 年 12 月后开始退出 QE，市场流动性逐步趋紧，美元开始步入升值周期。

【知识链接】

美国的“QE”是什么

“QE”英文全称为 Quantitative Easing，即量化宽松，主要是指中央银行在实行零利率或近似零利率政策后，通过公开市场购买国债等中长期债券，增加基础货币供给，向市场注入大量流动性资金的干预方式，以鼓励开支和借贷，也被简化地形容为间接增印钞票。“量化”指的是扩大一定数量的货币发行，“宽松”是指减小银行的资金压力。当银行和金融机构的有价证券被央行收购时，新发行的钱币便被成功地投入私有银行体系。

（二）外汇投机活动

外汇投机是指以赚取利润为目的的外汇交易，投机者利用汇率差异，贱买贵卖，从中赚取差价。自 1973 年实行浮动汇率制以来，外汇市场的投机活动愈演愈烈，投机者往往拥有雄厚的实力，可以在外汇市场上推波助澜，使汇率的变动远远偏离其均衡水平。当市场预期某种货币趋跌时，投机者会大量抛售该货币，造成该货币汇率下浮；相反，当市场预期某种货币趋于坚挺时，投机者又会大量买进该种货币，使该货币汇率上扬。由于外汇交易者的预期具有投机性和分散性的特点，交易金额又足够影响外汇市场，所以往往会使得汇率在短期内频繁波动。

【案例导入】

著名投机家乔治·索罗斯

乔治·索罗斯（George Soros），本名是捷尔吉·施瓦茨（Gyoumlrgy Schwartz），在匈牙利出生的美国籍犹太裔商人，著名的货币投机家。

1997 年，面对经济过热的东南亚，索罗斯及其他套利基金经理开始大量抛售泰铢，泰国汇市立刻波涛汹涌、动荡不宁。泰铢一路下滑，泰国政府动用了300亿美元的外汇储备和150亿美元的国际贷款企图力挽狂澜。但这区区450亿美元的资金相对于无量级的国际游资来说，犹如杯水车薪，无济于事。索罗斯飓风很快就扫荡到了印度尼西亚、菲律宾、缅甸、马来西亚等国家。印尼盾、菲律宾比索、缅甸元、马来西亚林吉特纷纷大幅贬值，从而出现工厂倒闭、银行破产、物价上涨等一片惨不忍睹的景象。这场扫荡东南亚的索罗斯飓风一举刮去了百亿美元之巨的财富，使这些国家几十年的经济增长化为灰烬。所有的亚洲人都记住了这个恐怖的日子，记住了这个可怕的人，人们开始叫他“金融大鳄”。在一些亚洲人的心目中，索罗斯甚至是一个十恶不赦、道德败坏的家伙！

（三）政治和新闻事件

任何突发事件和重要的经济统计数据等信息的公布都会在外汇市场上引起剧烈的波动，按信息的性质来分，可以分为政治事件和新闻报道。

影响外汇汇率变动的政治因素包括政变、选举、战争、罢工、恐怖袭击、重大政策的改变等。由于政治事件的出现多带有突发性，来得猛，去得快，事前无征兆，难以预测，所以对汇市的破坏力极大，易造成外汇汇率短时间的大起大落。例如“9·11恐怖袭击事件”，恐怖分子劫持的4架民航客机撞击美国纽约世界贸易中心，造成了数千人死亡，逝去的多数是美国经济界和金融界的精英，这对于美国经济的损失是不可估量的。当时引发了美元汇率的大幅下降，人们纷纷抛售美元，买入瑞士法郎、欧元等避险货币来逃避风险，半个小时内瑞士法郎的涨幅接近5%。因此作为一个外汇投资者，不但要留意各国经济的变化，而且必须经常了解、分析世界政治格局的变化及地区性热点问题的动态，对有关信息作出迅速的反应，否则很容易产生损失。

除了政治事件外，一些出乎意料的新闻报道也会对汇率波动造成影响，比如经济统计数字的发表、自然灾害、谣言及其他突发事件。

（四）心理预期

心理预期是人们对客观社会、经济现象的发展趋势作出的提前反应。预期因素对汇率的影响是短期性的，但其影响结果却是非常大的。外汇市场参与者常根据其所掌握的信息作出预期，并事先作出反应。当消息公布时，市场首先并不对消息本身作出反应，而是通过将事实与市场原来的预期相比较，并对原来的预期进行调整。当市场预计某种货币趋跌时，交易者会大量抛售该货币，造成该货币汇率下浮的事实；反之，当市场预计某种货币趋于坚挺时，人们又会大量买进该种货币，使其汇率上扬。由于公众预期具有投机性和分散性的特点，因此也加剧了汇率短期波动的振荡。

综上所述，影响汇率变动的因素有很多，任何单一因素都会对外汇汇率造成一定程度的影响，但其影响方向不尽相同，影响的力度也迥异。很多时候这些因素对外汇汇率的变动会共同产生影响，所以分析外汇汇率变动情况时就需要综合考虑各种因素的影响情况。

项目3　汇率变动的影响

【案例导入】

“广场协议”导致日本美元资产大缩水

1985年9月，在美国的策划下，美、日、英、法、德等5个发达工业国家的财政部长及五国央行行长在纽约广场饭店举行会议，达成五国政府联合干预外汇市场，使美元对日元、马克等主要货币有秩序地下调，以解决美国巨额贸易赤字的协议，这就是有名的“广场协议”。根据日本银行的统计数据，1985年，日本对外长期直接投资额为440亿美元；对外长期证券投资额为1 457亿美元。1985年“广场协议”后，由于美元的大幅度贬值，日本所持有的美元资产也随之大幅度贬值。1985年9月至1987年底，美元对日元就从1:250下跌到1:121，贬值达50%。也就是说，短短两年时间内，日本人所持有的美元资产贬值了50%。而据日本机构的统计，“广场协议”导致日本对外净资产的汇率损失累计约为3.5万亿日元，包括日本许多保险公司在内的机构投资者损失惨重。

浮动汇率制度下，由于各个方面的影响，汇率波动成为常态。而各国央行会采用各种措施保持汇率的稳定，降低汇率波动带来的各种影响。汇率变动的影响一般体现在以下几个方面：

一、汇率变动对国际收支的影响

汇率变动会对国际贸易收支和非贸易收支产生影响，从而影响国际收支状况。首先，从贸易收支方面来看，如果一国本币贬值、外币升值，则会降低本国产品在国际市场上的价格，诱发国外居民增加对本国产品的需求，减少本国居民对外国产品的需求，从而会扩大该国的出口，减少进口，增加外汇收入，改善国际收支状况。其次，从非贸易收支方面来看，如果一国本币贬值、外币升值，那么该国的商品、交通、导游和住宿等会变得相对便宜，能增加该国的旅游等外汇收入，对国际收支也会产生影响。

由于汇率变动对国际收支有影响，一国外汇管理机构可以采用变动外汇汇率的方式改善国际收支状况。当一国发生国际收支逆差时，政府可以实行本币贬值的汇率政策，这样可以增强出口商品的国际竞争力并削弱进口商品的竞争力，从而改善该国的贸易收支；相反，当一国长期存在国际收支顺差时，政府可以通过本币升值来促使国际收支平衡。

讨论：为什么美国政府要求中国政府提高人民币对美元的汇率？

【案例分析】

某商品报价100人民币、美元对人民币汇率为1:6时，该商品换的美元报价为16.6美元；而美元对人民币汇率为1:8时，该商品美元报价为12.5美元。同样是100人民币的商品，当人民币贬值后的报价对外商来说更有吸引力。

某商品出口赚了100美元，美元对人民币汇率为1:6时，等于你赚了600人民币；而美元对人民币汇率为1:8时，等于你赚了800人民币。同样是100美元，人民币贬值后的美元对出口商来说更有吸引力。

二、汇率变动对国内经济的影响

汇率变动对国内经济的影响，主要是通过影响国内商品物价水平来实现的。汇率变动会直接对进出口商品价格产生影响，进而对整个社会的物价水平产生影响。若一国汇率变动使得本币升值、外币贬值，那么以本币表示的出口商品价格将上升，而进口商品价格将下降，并使得出口商品数量减少，进口商品数量增加。同时，本来用于出口的商品由于出口受阻就留在国内市场，这就使国内产品供给量增加、商品价格下降。另外，由于进口商品价格降低，消费者会增加对进口商品的需求，而商品总需求数量不变，其对国内商品的需求部分被进口商品所替代，这就将造成国内商品的需求量减少，从而总体上会出现供过于求的现象，国内物价水平也会下降；相反，如果一国汇率变动使得本币贬值、外币升值，国内物价水平会趋于上升。

【任务互动】

请思考一国货币贬值、外币升值是如何直接对进出口商品价格产生影响的。

分析：若一国汇率变动使得本币贬值、外币升值，那么以本币表示的出口商品价格将下降，而进口商品价格将上升，并使得出口商品数量增加，进口商品数量减少。同时，本来用于国内消费的商品转向大量出口，这就使国内产品供给量减少、商品价格上升。另外，由于进口商品价格上升，消费者会减少对进口商品的需求，而商品总需求数量不变，其对国外商品的需求部分被国内商品所替代，这就将造成国内商品的需求量增加，从而总体上会出现供不应求的现象，国内物价水平也会上升。

汇率变动虽然对物价有影响，但只是其中的一个因素，而且商品价格变动趋势从根本上说还是由国内的总供给和总需求来决定的。当供给大于需求时，商品价格就会下降；同时，汇率对于商品价格的传导机制主要对进出口产生影响。我国多年来保持贸易顺差，因此，汇率对于商品价格的影响效果不明显。另外，加上汇率的传导存在时滞，所以短期内汇率变化并不会产生明显的效果；且汇率变化对于输入型通胀的作用较为明显，而我国目前主要是结构型通胀，因此，单纯靠改变汇率来影响我国的物价水平、缓解我国的通胀程度不仅不可能，而且可能会带来严重的危害。

汇率变动对一国负有外债的企业来说影响也比较大。企业发展要做大做强，自身的资金难免有限，会举债经营。如果债务来自国外资金，当本国货币贬值时，偿还同等数量的外汇需要动用更多数量的本币，对企业来说，债务明显增加。同样，汇率变动对一国拥有对外债权的企业来说影响正好相反。如果企业在另一国进行投资，拥有债权，当本国货币贬值时，同样金额的外汇债权变现时可以换回更多的本币，这种情况对企业来说算是一大利好。

汇率变动对一国的利率也有影响。如果一国货币贬值，那么出口商品价格会降低，出口会增加，而进口会减少，对外贸易产生顺差，外汇供应增加，在国家强制结汇的制度下，需要向社会投放更多的货币。货币供给增加会导致利率下降。同时，如果一国货币贬值，出口有利可图，外部资本就会增加流入而减少流出。资本的向内流动也会增加货币供应量，使利率下降。

汇率的变动对经济增长、劳动就业、国民收入也会产生影响。如果一国货币汇率下降，出口增加，将会扩大本国商品的国际市场，有利于本国经济增长，增加就业，增加企业、国家和个人的收入。所以，多数国家面临经济危机时，会主动干预汇率市场，使得本币贬值来扩大商品出口以缓解经济危机。

【任务互动】

试分析一国货币是如何影响该国利率的。

分析：如果一国货币升值，那么出口商品价格会上涨，出口会减少，而进口会增加，对外贸易会产生逆差，外汇供应会减少，在国家强制结汇的制度下，需要向社会投放的货币会减少，货币供给量减少会导致利率上升。同时，如果一国货币升值，出口利润下降，外部资本会减少流入而增加流出。资本的向外流动也会减少货币供应量，使利率上升。

三、汇率变动对国际经济的影响

汇率变动对国际经济的影响主要源于巨额国际资本的流动。国际长期资本主要追求稳定的收益，汇率稳定有利于长期资本的输出和输入，使资金的供求能在世界范围内得到调节，从而提高资金的使用效率，促进一国乃至世界经济的增长；相反，如果汇率不稳定，就会阻碍长期资本的国际流动，对世界经济发展不利，而投机性的短期资本会利用此机会在国际频繁流动，给有关国家的金融市场带来动荡。汇率波动如何影响投机资本的流动呢？如果本币贬值、外币升值，那么将会引起资金外流或资本外逃，企业融资困难，利率上升，投资规模锐减，生产力下降，失业率增加，从而经济陷入低迷状态；如果本币升值、外币贬值，那么将会使外国资本大量流入，利率下降，投资规模扩大，进而引起国内通货膨胀，造成虚假繁荣，一旦外资抽逃，经济就会陷入泡沫破裂局面。

同时，汇率的频繁波动，加大了各国对进出口商品的定价难度，损害了稳定开展贸易的国际环境。另外，汇率的频繁变动，给外汇投机者提供了投机的机会，使外汇投机活动增加，汇率波动变得愈加频繁和剧烈，从而造成外汇风险增加，加剧了国际金融市场的动荡。

汇率的变动，直接给各国外汇储备造成很大风险。外汇储备是一国政府保有的以外币表示的债权。其中多数国家的外汇储备是以美元、英镑、欧元、日元等纸币为主，而外汇储备的规模很大，一旦发生汇率变动，很可能会给外汇储备带来损失。根据国家外汇管理局公布的数据，2014 年第一季度末，我国外汇储备总额增至 3.94 万亿美元。如此大规模的外汇储备，如果美元汇率下跌，给我国造成的损失是相当大的。当某一外汇储备货币发生大的汇率波动时，其会改变一国外汇储备结构，这势必也会影响到该国储备货币的国际地位和作用。各国为了降低单一外汇储备货币带来的风险，会促进外汇储备货币的多元化，从而影响到有关国家的货币地位。

【知识链接】

美元贬值促使欧元产生

20 世纪 80 年代以前，美元汇率急剧下跌，日元与联邦德国马克的汇率日益上升，资本主义世界货币十分动荡。美国政府对美元汇率日趋下降的现象放任不管，其目的就在于扩大本国的出口，迫使日本及西欧工业发达国家采取刺激本国经济发展的措施，以扩大从美国进口的规模。美元汇率的一再下降，加深了西欧共同体国家的困难，使这些国家陷入经济增长缓慢、失业现象严重，以及手中持有的美元价值日益下跌的困难处境。就是在这种情况下，当时欧洲共同体九国决定建立"欧洲货币体系"，确定成员国之间的汇率波动界限，建立欧洲货币基金，并创设欧洲货币单位。"欧洲货币体系"的建立，固然是共同体实现财政经济联合，最终走向货币一体化的必然过程，但美元日益贬值、美元汇率急剧下降则是促进"欧洲货币体系"加速建立的一个直接原因。

项目 4 汇率制度

【案例导入】

香港联系汇率制度

为了稳定港元汇率，中国香港于1983年10月15日公布稳定港元的新汇率政策，即按7.8港元对1美元的固定汇率与美元挂钩的联系汇率制度。香港联系汇率制度自施行以来，港元汇率经历了1987年全球股灾、1990年波斯湾战争、1992年欧洲汇率机制危机、1995年墨西哥比索危机、1997年亚洲金融风暴、2003年“非典”风波仍能保持稳定。而1997年东南亚金融危机迫使许多东南亚国家放弃了原来的与美元挂钩的汇率政策，转而实行了浮动汇率制。这主要是因为香港是小型开放经济体，香港的这一经济特点决定了它比较适合采用联系汇率制度。在开放条件下，香港因为空间狭小，缺乏足够的回旋余地来应对各种国际金融冲击，也就不一定要求有独立的货币政策。同时，由于美元在香港对外贸易和清算中的地位无可替代，故港元更适合与美元挂钩的联系汇率制度。

汇率制度，是用来描述一国货币当局对本国汇率变动的基本方式所作的一系列安排或规定。传统上，按照汇率变动的幅度，汇率制度分为两大类型：固定汇率制和浮动汇率制。

一、固定汇率制度

固定汇率制是在金本位制度下和布雷顿森林货币制度下通行的汇率制度，这种制度规定本国货币与其他国家货币之间维持一个固定比率，汇率波动只能限制在一定幅度内，由官方机构干预来维持汇率的稳定，因而汇率具有相对稳定性。

在固定汇率制度下，汇率波动的不确定性降低，风险减少；固定汇率可以维持物价水平和通货膨胀预期的稳定；固定汇率一定程度上抑制了外汇市场的投机活动。但固定汇率制度也存在一些缺陷，如容易导致本币币值高估，削弱本地出口商品竞争力，引起难以维系的长期经常项目收支失衡；同时，僵化的汇率安排可能被认为是暗含的汇率担保，从而鼓励短期资本流入和没有套期保值的对外借债，损害本地金融体系的健康。在固定汇率制度下，一国必须要么牺牲本国货币政策的独立性，要么限制资本的自由流动，否则易引发货币和金融危机，如1992年至1993年的欧洲汇率机制危机、1994年的墨西哥比索危机、1997年的亚洲金融风景、1998年的俄罗斯卢布危机。这些发生危机的国家都是采用了固定汇率制度，同时又不同程度地放宽了对资本项目的管制。

布雷顿森林货币制度崩溃于20世纪50年代末期，那时美元开始过剩，美国的黄金储备大量外流，对外短期债务激增，美元信用基础发生动摇。1960年10月，美国爆发了战后第一次大规模抛售美元、抢购黄金的美元危机。美元危机动摇了美元信誉，使布雷顿森林货币制度迈出了走向崩溃的第一步。1968 年 3 月，美国黄金储备已降到只够偿付其 1/3 对外短期负债的水平，美国被迫实行"黄金双价制"，即美国只与各国中央银行买卖黄金，维持每盎司黄金 35 美元的官价，私人黄金市场的价格由供求自发决定。美元实际贬值，布雷顿森林货币制度的黄金基础开始瓦解。1971 年，美国首次出现了经济账户和商品贸易的巨额逆差，从而使国际收支进一步恶化，黄金储备继续下降，导致第三次美元危机。1971 年 8 月 15 日，美国被迫宣布实行"新经济政策"。至此，美元完全与黄金脱钩，建立在黄金基础上的布雷顿森林货币制度的一根支柱倒塌了。1973 年 1 月下旬，国际金融市场又出现第四次美元危机。1973 年 2 月 12 日，美元第二次贬值。美元的再次贬值仍不能平息这场危机的风暴，于是，各主要国家普遍实行浮动汇率制，不再承担维持美元汇率的义务，美元也不再成为各国货币所围绕的中心。固定汇率制度的垮台使布雷顿森林货币制度的另一根支柱倒塌了，至此，布雷顿森林货币制度崩溃。

二、浮动汇率制度

浮动汇率制是指一国货币的汇率并非固定，而是由外汇自由市场的供求关系决定的制度。按照政府是否干预来分，可分为自由浮动和管理浮动。自由浮动，又称为清洁浮动，是指货币当局对外汇市场不加任何干预，汇率随市场供求状况的变动而自由变动。管理浮动，又称为肮脏浮动，是指货币当局对外汇市场进行干预，以使外汇市场朝着有利于自己目标的方向浮动。依照干预程度的大小，又可分为较大灵活性管理浮动汇率和较小灵活性管理浮动汇率。实际上，今天没有哪个国家实行完全的自由浮动，而世界上大多数国家都对外汇市场进行不同程度的干预。

在浮动汇率制度下，汇率的自由波动可以消除一国国际收支的失衡。同时，各国不再承担维持汇率稳定的义务，而是独立自主采取有利于本国的货币政策，避免国际通胀传导到国内。实行浮动汇率制度的国家无义务动用巨额外汇储备维持汇率稳定，因而不必持有大量外汇储备，从而节约了外汇资金。

然而浮动汇率制度也存在缺陷。首先，汇率不稳定给国际贸易的进出口双方增加了成本核算和国际结算的困难，在一定程度上阻碍了国际贸易的正常发展。同时，汇率的自由浮动，给国际投机分子创造了投机的机会和空间，对整个国家经济造成负面影响。所以，各国货币当局经常对外汇市场进行直接或间接干预，使市场汇率朝对本国有利的方向浮动，或维持在对本国有利的水平上。

三、汇率制度选择

固定汇率制度和浮动汇率制度，各有优缺点，到底孰优孰劣，一直存在争论，但谁也没有足够的证据来证明哪个制度更完美。至于选择什么样的汇率制度，关键是看它是否适合一国当时的国情。汇率制度的选择一般要考虑到以下几个因素：

（一）经济规模的大小

一般来讲，经济规模大的国家拥有更强的经济独立性，且不愿意维持固定汇率，从而使国内的经济政策受制于其他国家，这时浮动汇率制度就是其最优选择；而经济规模小的国家则正好相反，倾向于选择固定汇率制度。

（二）本币的国际化程度

在国际贸易、国际结算、国际投资、国际借贷等国际经济活动中使用本国货币的比率越大，本币的国际化程度就越高。本币的国际化程度是实行浮动汇率制的条件。美元、英镑、日元等发达国家货币的国际化程度较高，主要发达国家倾向于浮动汇率制度。

（三）进出口贸易的地区结构

一国与某一个国家发生贸易关系，通常选择使本国货币与该国货币钉住的钉住汇率制度；而一国与多个国家发生贸易关系，则多采用别的汇率制度。

（四）大国的经济政治影响程度

如果一国的经济、政治甚至军事受某一个大国的影响程度较大，则出于维护本国经济稳定发展的考虑，该国会采取本国货币与该大国货币相挂钩的钉住汇率制度；如果一国的经济、政治、军事不是单单受某一个大国影响，而是受若干个发达国家的影响，则该国往往采取让本国货币钉住这几个国家的“一篮子货币”的汇率制度。

影响汇率制度选择的因素还有很多，比如对外开放程度、相对的通货膨胀程度、经济市场化程度、经济法律健全程度等。

【模块小结】

一、汇率决定的基础

（一）金本位制下汇率决定的基础

（二）纸币流通下汇率决定的基础

二、影响外汇汇率变动的因素

（一）影响外汇汇率变动的经济因素

（二）影响外汇汇率变动的非经济因素

三、汇率变动的影响

（一）汇率变动对国际收支的影响

（二）汇率变动对国内经济的影响

（三）汇率变动对国际经济的影响

四、汇率制度

（一）固定汇率制度

（二）浮动汇率制度

（三）汇率制度选择

【课后训练】

一、单项选择题

1. 铸币平价是指两种货币的（　　）的对比

A. 黄金的重量　　B. 黄金的成色

C. 含金量　　D. 白银的重量

2. 纸币制度下汇率决定的基础是（　　）

A. 两国货币所代表的实际价值量　　B. 两国货币的人民币发行数量

C. 人民币代表的含金量　　D. 人民币本身的价值量

3. 汇率波动受黄金输送费用的限制，各国国际收支能够自动调节，这种货币制度是（　　）

A. 浮动汇率制　　B. 国际金本位制

C. 布雷顿森林货币制度　　D. 混合本位制

4. 第二次世界大战前为了恢复国际货币秩序达成的（　　），对战后国际货币体系的建立有启示作用

A. 自由贸易协定　　B. 三国货币协定

C. 布雷顿森林协定　　D. 君子协定

5. 金本位的特点是黄金可以（　　）

A. 自由买卖、自由铸造、自由兑换　　B. 自由铸造、自由兑换、自由输出输入

C. 自由买卖、自由铸造、自由输出输入　　D. 自由流通、自由兑换、自由输出输入

6.（　　）汇率制度是我国香港特别行政区实行的一种独特的汇率制度

A. 自由浮动　　B. 管理浮动

C. 联系　　D. 联合浮动

7. 目前，我国人民币实施的汇率制度是（　　）

A. 固定汇率制　　B. 弹性汇率制

C. 有管理浮动汇率制　　D. 钉住汇率制

8. 根据购买力平价理论，一国国内的通货膨胀将会导致该国货币汇率（　　）

A. 上涨　　B. 下跌

C. 平价　　D. 无法判定

9. 一国外汇市场的汇率完全由外汇市场的供求关系决定，这种汇率制度称为（　　）

A. 固定汇率制　　B. 自由浮动汇率制

C. 管理浮动汇率制　　D. 肮脏浮动汇率制

10. 在金本位制下，（　　）是决定汇率的基础

A. 金平价　　B. 铸币平价

C. 黄金输送点　　D. 购买力平价

二、多项选择题

1. 金本位制度下，两国货币的铸币平价在数量上等于（　　）
A. 两国货币之间含金量之比
B. 两国货币之间的汇率
C. 黄金输入点和黄金输出点的中点
D. 黄金输出点的汇率加上对外支付黄金的成本
2. 下列因素中有可能引起一国货币贬值的因素有（　　）
A. 国际收支逆差　　B. 通货膨胀率高于其他国家
C. 国内利率上升　　D. 国内总需求增长速度快于总供给
3. 影响汇率变动的因素有（　　）
A. 物价　　B. 利率
C. 心理预期　　D. 经济增长
4. 纸币流通制度下，影响一国货币汇率变化的因素有（　　）
A. 财政经济状况　　B. 国际收支状况
C. 利率水平　　D. 预期与投机因素
5. 浮动汇率制的主要种类有（　　）
A. 自由浮动　　B. 管理浮动
C. 钉住一种货币并随之浮动　　D. 钉住一篮子货币并随之浮动
6. 属固定汇率制的国际货币体系有（　　）
A. 国际金本位制　　B. 布雷顿森林体系
C. 牙买加体系　　D. 以上都是
7. 传统上，按汇率波动的幅度，汇率分为两大类型是（　　）
A. 固定汇率制度　　B. 联系汇率制度
C. 浮动汇率制度　　D. 盯住汇率制度
8. 金币本位制的特点有（　　）
A. 金币的形状、重量和成色由国家法律规定
B. 可以自由铸造和自由熔化
C. 黄金是国际结算的手段，可以自由地输出、输入国境
D. 黄金在国际不能自由流动

三、判断题

1. 纸币之所以能够流通使用，是因为纸币本身有内在价值。（　　）

2. 固定汇率制度是外汇汇率完全固定，汇率不得作任何变动的汇率制度。（　　）

3. "二战"后，国际货币基金组织的成员国货币汇率的确定，是其货币与黄金直接挂钩，再确定与美元的汇率。（　　）

4. 黄金输送点指的是外汇汇率上涨到铸币平价之上，会引起黄金流出；反之，会引起黄金流入。（　　）

5. 自由浮动又称清洁浮动，这种汇率制度的灵活性最大，目前实行浮动汇率制度的国家大多属于该种汇率制度。 （　　）

6. 金币本位制下的汇率不是随着外汇市场的供求而发生波动的，所以它是固定汇率制。(　　)

7. 在纸币制度下，黄金平价是决定汇率的基础。(　　)

8. 布雷顿森林体系解体后，固定汇率制代替了浮动汇率制。(　　)

9. 铸币平价即两国货币的含金量之比，是金本位时期决定汇率的基础。(　　)

10. 管理浮动是指货币当局对外汇市场进行直接或间接干预，使市场汇率朝对本国有利的方向浮动，或维持在对本国有利的水平上。(　　)

四、技能训练

材料：始于2013年底的乌克兰政治危机持续恶化，总统亚努科维奇逃亡至俄罗斯，随后亲俄武装占领乌克兰的克里米亚，俄罗斯同意克里米亚加入俄罗斯联邦，俄乌关系彻底破裂。不久，与俄罗斯接壤的乌克兰东部地区也开始发生内乱，政府和反政府武装频频采取军事行动，冲突逐步升级。

以美国为首的西方发达国家开始为乌克兰“伸张正义”，向俄罗斯实施制裁，制裁措施逐步升级。由于石油出口受阻，加上国际油价“跌跌不休”，俄罗斯经济每况愈下，俄罗斯货币显示出颓势，步入贬值趋势。尽管俄罗斯央行大举干预汇市，动用外汇储备用于在市场上购入本币，以稳定币值，然而仍无法挽回卢布的颓势。截至2014年10月，卢布对美元跌破40卢布，而卢布对欧元—美元“一篮子货币”则一度跌至44.74卢布，年内卢布贬值已超过20%。

卢布大幅贬值并不出人意料。虽然舆论第一时间将之归罪于乌克兰军事冲突引发的美国、欧盟对俄罗斯的经济制裁，然而造成卢布币值一路下滑的主犯还是油价。

俄罗斯经济严重依赖大宗商品出口，其财政预算的一半来自原油和天然气出口收入，因此对石油价格十分敏感。自2014年7月开始，一方面全球经济增长放缓导致各国对原油的需求预期降低，另一方面美国和欧佩克组织石油产量均创历史新高，因此国际油价持续走低。

虽然俄罗斯央行还在努力支撑卢布，但贬值的结果已经出现。那些负有美元计价债务的俄企正承受更严重的债务压力。俄罗斯的债市和股市风险增大，资金正外逃。俄央行为了阻止资金外逃将基础利率提高至8%，然而这无论对于政府还是企业，都算不得好消息：俄罗斯政府发行的OFZ债券收益率提高了110个点至9.5%，而企业的借贷成本也提高了。

请根据以上材料分析：

1. 影响汇率变动的因素都有哪些？并分析2014年俄罗斯货币为什么步入了贬值趋势。

2. 请举例分析，卢布贬值后，负有美元计价债务的俄企为什么会承受更严重的债务压力。

模块四

国际收支

【知识目标】

1. 理解国际收支的概念
2. 掌握国际收支平衡表的内容
3. 了解国际收支平衡表的编制和分析方法
4. 了解国际收支失衡的原因及调节方式

【技能目标】

1. 能读懂国际收支平衡表
2. 能对一国国际收支平衡表进行基本分析
3. 能对当前各国的国际收支状况进行基本分析

【情境导入】

2014年2月7日，小陈在国家外汇管理局网站上看到一则报告：国家外汇管理局公布的2013年四季度我国国际收支平衡表初步数据显示，2013年第四季度，我国经常项目顺差3 054亿人民币（折合498亿美元），资本与金融项目（含净误差与遗漏）顺差4 963亿人民币（折合810亿美元），国际收支继续呈现双顺差格局。这也是我国国际收支自2012年第四季度以来连续第五个季度呈现“双顺差”。

按照国际收支统计口径计算，经常项目中，货物贸易顺差7 088亿人民币，服务贸易逆差1 481亿人民币，收益逆差2 334亿人民币，经常转移逆差218亿人民币。资本与金融项目中，直接投资净流入3 621亿人民币。

2013年第四季度，国际储备资产增加8 017亿人民币（折合1 308亿美元）。其中，外汇储备资产（不含汇率、价格等非交易价值变动影响）增加8 030亿人民币（折合1 310亿美元），特别提款权及在基金组织的储备头寸减少13亿人民币。

根据初步统计数据，2013年，我国国际收支经常项目顺差11 688亿人民币（折合1 886亿美元），资本与金融项目顺差15 061亿人民币（折合2 427亿美元），国际储备资产增加26 749亿人民币（折合4 314亿美元）。

看完报告，小陈进行了一系列的思考：什么是国际收支？一国的国际收支情况是怎么反映出来的？逆差、顺差、双顺差是什么意思？持续、大规模顺差会对经济产生不利影响吗？如何调节国际收支失衡？

项目1　国际收支

一、国际收支的概念

国际收支（International Balance of Payment）的概念产生于17世纪，并随着国际经济交易的发展变化而发展。资本原始积累时期，主要的国际经济交易是对外贸易，因而早期的国际收支概念是指一国一定时期的对外贸易差额。金本位货币制度崩溃后便演化为狭义的国际收支概念。"二战"后，国际经济交易的内容和范围进一步增加与扩大，并发展为被各国普遍接受的广义的国际收支概念。

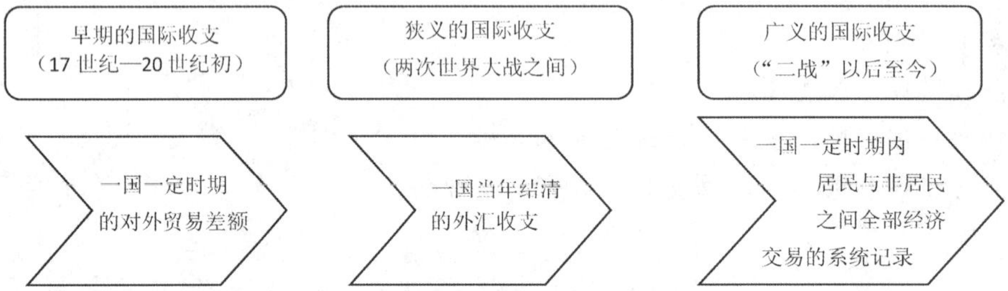

图4－1　国际收支概念的发展历程

1. 狭义的国际收支

狭义的国际收支是指一个国家或地区在一定时期内，由于经济、文化等各种对外交往而产生的、必须立即结清的外汇收入与支出。狭义的国际收支概念是建立在现金收付的基础之上的，基本上等同于一国的外汇收支。

2. 广义的国际收支

广义的国际收支是一个国家或地区在一定时期内，居民与非居民之间发生的全部经济交易的货币价值总和。广义的国际收支是以交易为基础，将全部对外经济交易都包括在内，而无论其是否有外汇收支。目前各国普遍采用的是广义的国际收支概念。

国际货币基金组织（International Monetary Fund，简称IMF）自1945年成立后，为了统一认识，根据广义的国际收支概念对国际收支作了解释，认为国际收支是在一定时期内（通常为一年），一个经济体（一个国家或地区）居民与非居民之间进行的全部对外经济交易的系统记录。它既包括清偿债权债务所发生的货币收支，也包括无偿的对外援助、其他单方面转移及以货易货等不发生货币收支的行为。

二、正确理解广义的国际收支概念

（一）国际收支是一个流量概念，而不是存量概念

流量（Flow）是指一定时期内发生变动的变量的数值，如一定时期内的存款变动数、人口出生数等。存量（Stock）是指一定时点上存在的变量的数值，如某一时点上存款的总数、人口总数等。

国际收支是指一定时期内（可以是一个月、一个季度或半年，通常为一年）经济交易的总和，因而是一个流量的概念。当提及国际收支时，一般都需要指明是属于哪一段时期，一般为一年，也可以是一个季度或一个月。

（二）国际收支包括以货币记录的全部经济交易

经济交易是指经济价值从一个经济单位向另一个经济单位转移。全部经济交易包括五类：

（1）金融资产与商品和劳务的交换，即商品和劳务的买卖；

（2）商品和劳务与商品和劳务之间的交换，即物物交换；

（3）金融资产和金融资产之间的交换，即资本借贷；

（4）无偿的单向的商品和劳务的转移，如国际实物捐赠；

（5）无偿的单向的金融资产转移，如国际赠款。

（三）国际收支记载的是居民和非居民之间的交易

判断一项交易是否应计入国际收支中，依据的标准不是交易双方的国籍，而是交易双方中是否有其中一方是该国的居民。居民与居民之间的经济交易属于国内交易，只有居民（Residents）与非居民（Nonresidents）之间的经济交易才能计入国际收支中。

居民是指在一个国家的经济领土内具有经济利益的经济单位，包括自然人居民和法人居民。法人居民是指在本国从事经济活动的各级政府机构、非营利性团体和企业。按照国际货币基金组织的规定，具体为：

（1）凡是在某个国家或地区居住期满一年和一年以上的个人，不论其国籍如何，都是这个国家的居民。但是，一个国家的外交使节、驻外军事人员仍然是其所代表国的居民；

（2）凡在一国领土上从事经营活动的企业，不管是公有还是私有，也不管是本国的还是外国的，或者是本国与外国合资、合作的，都是这个国家的居民；

（3）一个企业的国外子公司不是其所在国居民，而是其母公司所在国的非居民；

（4）一个国家的各级政府，包括中央政府和地方政府，以及坐落在别国领土上的使馆、领事馆、军事机构和其他的政府驻外机构都是这个国家的居民；

（5）凡在一个国家领土上的外国使馆、领事馆等外交机构，都是这个国家的非居民；

（6）国际性机构如联合国、国际货币基金组织、世界银行等不是某一个国家的居民，而是所有国家的非居民。

居民与公民的概念不同，公民是指具有本国国籍，并依据宪法和法律规定，享有权利和承担义务的人。而居民是以居住地为标准划分的，凡是在某个国家或地区居住满一年和一年以上的个人，不论其国籍如何，在统计国际收支交易时都被认为是该国的居民。居住在该国的外国使节和驻外军事人员除外。

【任务互动】

中国银行在英国伦敦开设的伦敦分行是中国的居民还是非居民？是英国的居民还是非居民？中国银行总行与伦敦分行的业务往来构成我国的国际收支内容吗？

分析：中国银行伦敦分行是英国的居民，中国的非居民；伦敦分行与中国银行总行的业务往来因而构成中国和英国的国际收支内容。相反，中国银行总行与在华的各外国公司之间的资金往来，只构成中国的国内收支。

项目2　国际收支平衡表

一、国际收支平衡表的概念

一个国家或地区的国际收支状况，具体是通过该国或地区编制的国际收支平衡表（Balance of Payments Statement）来反映的。

国际收支平衡表，就是一个国家或地区居民与非居民在一定时期（一年、一个季度或一个月）内所有经济交易项目及其金额的综合收支记录。它集中反映了一国国际收支的具体构成和全貌。

二、国际收支平衡表的编制原理

国际收支平衡表按照现代会计学的复式簿记原理编制，即以借（Debit）、贷（Credit）作为符号，以“有借必有贷，借贷必相等”来记录每笔国际经济交易，即每笔交易的账户都分为借方和贷方，每笔交易都会产生一定金额的一项借方记录和一项贷方记录。

（1）引起本国外汇支出的项目，记入借方，记为“-”，亦称负号项目（Minus Items），表示资产的增加和负债的减少。

（2）引起本国外汇收入的项目，记入贷方，记为“+”，通常省略，亦称正号项目（Plus Items），表示资产的减少和负债的增加。

如表4－1所示：

表4－1 国际收支平衡表的编制原理

借（－）	贷（＋）
资产增加 负债减少	资产减少 负债增加

三、国际收支平衡表的内容结构

国际收支平衡表的内容甚为广泛，为了在世界范围内进行汇总和比较，国际货币基金组织出版的《国际收支手册》（第5版）提供了国际收支平衡表的账户分类标准，即分为经常项目、资本与金融项目、储备与相关项目、错误与遗漏项目。

（一）经常项目（Current Account）

经常项目是国际收支平衡表中最基本、最重要的项目，它反映一国同其他国家之间真实资源的转移，主要包括货物、服务、收益和经常转移四个子项目。

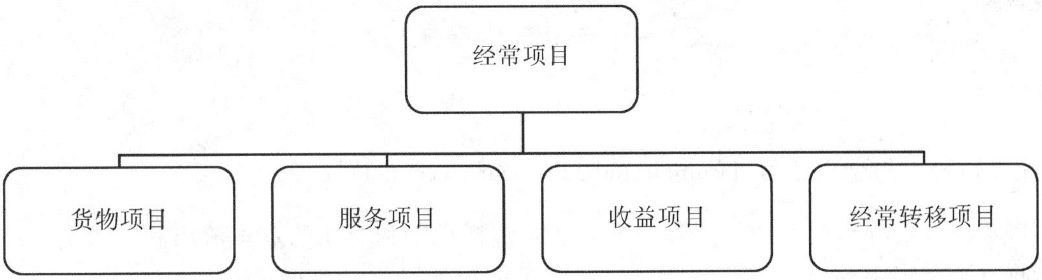

图4－2 经常项目的内容结构

1. 货物

货物包括商品的进口、出口，也称商品贸易或有形贸易，是经常项目的核心。它包括居民向非居民出口或从非居民进口的大多数可移动货物、用于加工的货物、货物的修缮、运输工具、在港口购买的货物、非货币黄金。

2. 服务

服务包括服务的输出和输入，也称无形贸易。它所涉及的是看不见、摸不着的服务，包括居民与非居民之间的运输、旅游、通信、建筑、金融、保险服务，计算机信息服务，专利费和特许费，各种商业服务，个人文化娱乐服务及政府服务。

服务项目收支的重要性日趋突出，不少国家的服务收支在国际收支中占有举足轻重的地位，有的甚至还超出了有形贸易收支。

3. 收益

收益指生产要素在居民与非居民之间的流动引起的报酬的收支。生产要素包括劳动力与资本，因此收益分为两大类，即职工报酬和投资收益。

职工报酬，即支付给非居民职工的工资、薪金和其他福利。投资收益包括直接投资、证券投资和其他投资所产生的利润、股息、利息。

4. 经常转移

经常转移属于单方面转移的一类，是指商品、劳务和金融资产在居民与非居民之间转移之后，并未得到补偿与回报。根据经常转移的主题和对象不同，又可分为政府转移和私人转移两类。政府转移收支主要包括政府间的无偿援助、捐赠、战争赔款、外债豁免等。私人转移主要有海外汇款、养老金、捐赠、财产继承、私人赠予等。

【任务互动】

以下业务内容各属于经常项目中的哪个项目？

（1）我国某企业向美国出口一批价值100万美元的货物；

（2）我国某企业租用日本一家运输公司经营的轮船运输设备，支付租金4万美元；

（3）一批中国居民到加拿大旅游，在饮食、住宿、乘车等方面共花费13万美元；

（4）某公司在英国进行证券投资，将自己的投资所得股息与红利20万欧元汇回国内；

（5）我国政府向菲律宾政府赠送价值50万美元的玉米。

（二）资本与金融项目（Capital and Financial Account）

资本与金融项目反映的是国际资本流动，包括长期和短期的资本流出和资本流入，是国际收支平衡表中的第二大类项目。

1. 资本项目

长期资本项目是指期限在一年以上的资本转移，包括直接投资、证券投资、居民官方长期借贷、商业银行长期借贷等项目。

短期资本项目指在一年或一年以下的资本转移，包括居民官方短期借贷、商业银行短期借贷等项目。

2. 金融项目

金融项目反映居民与非居民之间的投资和借贷的变化，具体分为：

（1）直接投资。一国居民以获得外国企业经营权为目的而进行的投资，包括本国居民在外国投资建厂、本国的国外企业获得的利润在当地再投资、跨国公司在国外设立子公司等。

（2）证券投资。指购买外国公司股票和长期债券，以获得经营收益。但当拥有外国企业的股权达到一定的比例时，就作为直接投资。

（3）其他投资。包括贸易信贷、贷款、货币和存款以及应收应付款等。

【任务互动】

以下业务内容各属于资本与金融项目中的哪个项目?

(1) 某企业在南非投资1 000万美元建立工厂;

(2) 某公司在美国发行股票,募得资金4亿美元;

(3) 我国某跨国企业用90万欧元买进一家德国公司30%的股份。

(三) 储备与相关项目 (Reserves and Related Items)

储备与相关项目又称储备资产或国际储备、官方储备。储备资产往往是一国货币当局持有的可以用来平衡国际收支的对外资产,包括外汇、黄金、特别提款权和在国际货币基金组织中的储备头寸等。其中,外汇在国际储备资产中占有最大比重,也是储备资产中最重要的部分。

当经常项目和资本与金融项目相抵仍有差额时,往往通过储备资产的增减变化来加以调节,以达到平衡。因此,储备与相关项目实际上也是平衡项目(Balancing Items),储备资产的增减变化是为了平衡上述两个项目的差额。

储备资产的增加记在借方(负号项目"-"),反之,官方储备的减少记在贷方(正号项目"+")。即在解读时,储备资产差额为"+",表示储备资产的减少;储备资产差额为"-",表示储备资产的增加。

(四) 错误与遗漏项目 (Errors and Omissions Account)

国际收支平衡表是按照会计学的复式簿记原理编制的,按此原理记账,经常项目、资本与金融项目、储备与相关项目三个账户可形成一个借贷金额相抵之后的总净值为零的报表。实际上,一国国际收支平衡表会不可避免地出现净的借方余额或净的贷方余额。这个金额是统计资料有误差、遗漏而形成的。为使国际收支的借方总额和贷方总额相等,编表时就人为地在平衡表中设立"错误与遗漏"这个单独的项目,来抵销净的借方余额或净的贷方余额。

如果借方总额大于贷方总额,其差额记入此项目的贷方;反之,则记入借方。

也就是说,如果国际收支平衡表前三项(经常账户差额+资本与金融账户差额+储备资产变化)加起来,结果为正值,就表示贷方大于借方,则错误与遗漏项目就要记入借方"-";反之,则记入贷方"+"。

一国的对外经济交易往往很复杂,一定时期内各类对外经济交易成千上万,各国经济情况也有很大的区别。因此,在编制国际收支平衡表时,一般在IMF推荐的标准组成部分的基础上,各国(地区)可以结合本国(地区)的具体情况进行必要的调整。

表4-2是我国的国际收支平衡表的主要结构。可以看出,我国的国际收支平衡表分为经常项目、资本与金融项目、储备资产及净误差与遗漏四个部分。

表4-2　中国国际收支平衡表

单位：亿美元

项目	差额	贷方（+）	借方（-）
一、经常项目		（经常项目收入）	（经常项目支出）
A. 货物和服务		出口	进口
a. 货物			
b. 服务			
B. 收益		收进	支出
C. 经常转移		转进	转出
二、资本与金融项目		（资本流入）	（资本流出）
A. 资本项目			
B. 金融项目			
a. 直接投资			
b. 证券投资			
c. 其他投资			
三、储备资产		（储备资产减少）	（储备资产增加）
A. 货币黄金			
B. 特别提款权			
C. 在基金组织的储备头寸			
D. 外汇			
E. 其他债权			
四、净误差与遗漏		反向记录	

【任务互动】

为了正确理解国际收支平衡表的记账原理以及各项目之间的关系，大家想一想、做一做，看看下面这六笔对外经济交易该如何记入我国某时期的国际收支平衡表。

（1）某企业向美国出口价值100万美元的货物，该企业在海外银行的存款相应增加；

（2）某居民到欧洲旅游花销30万美元，动用了该居民的海外存款；

（3）某企业在海外投资所得利润150万美元，其中75万美元用于当地的再投资，50万美元购买当地商品运回国内，25万美元调回国内结售给政府以换取本国货币；

（4）我国政府动用外汇储备40万美元向国外提供无偿援助，另提供相当于60万美元的粮食援助；

（5）某外商以价值1 000万美元的设备投入我国，在国内兴办合资企业；

（6）某居民动用其海外存款40万美元，用以购买外国某公司的股票。

请将以上六笔对外经济交易列入我国这一时期的国际收支平衡表，并将表内项目填写完整：

表4－3 我国某时期的国际收支平衡表（空）

单位：万美元

项目	差额	贷方（＋）	借方（－）
一、经常项目			
A. 货物和服务			
a. 货物			
b. 服务			
B. 收益			
C. 经常转移			
二、资本与金融项目			
A. 直接投资			
B. 证券投资			
C. 其他投资			
三、储备资产			
总计			

分析：（1）借：国外银行存款（增加） 100万美元
贷：货物出口 100万美元

（2）借：服务进口 30万美元
贷：国外银行存款（减少） 30万美元

（3）借：货物进口 50万美元
外汇储备 25万美元
直接投资 75万美元
贷：投资收入 150万美元

（4）借：经常转移 100万美元
贷：外汇储备 40万美元
货物出口 60万美元

（5）借：货物进口 1 000万美元
贷：直接投资 1 000万美元

（6）借：证券投资 40万美元
贷：在海外银行的存款 40万美元

填表如下：

表4-4　我国某时期的国际收支平衡表

单位：万美元

项目	差额	贷方（+）	借方（-）
一、经常项目	-870	310	1 180
A. 货物和服务	-920	160	1 080
a. 货物	-890	100+60	50+1 000
b. 服务	-30		30
B. 收益	150	150	
C. 经常转移	-100		100
二、资本与金融项目	855	1 070	215
A. 直接投资	925	1 000	75
B. 证券投资	-40		40
C. 其他投资	-30	30+40	100
三、储备资产	15	40	25
总计	0	1 420	1 420

项目3　国际收支差额

一、国际收支平衡表的具体分析方法

国际收支平衡表的具体分析方法有静态分析、动态分析和比较分析三种。在对一国国际收支平衡表进行分析时，只有把这三种方法结合起来综合运用，才能对一国经济进行全面、正确、深入的分析。

（一）静态分析法

静态分析法是指对一国某一特定时期（一年、一个季度或一个月）的国际收支平衡表进行的分析。

静态分析就是要计算和分析平衡表中的各个项目数据及其差额，分析各个项目差额形成的原因及其对国际收支平衡的影响。在分析各个项目差额形成的原因时，还应结合一国经济政治变化的其他有关因素进行综合判断，以便找出一定规律。

（二）动态分析法

要研究一国的国际经济地位、国际金融状况，必须遵循动态性原则，连续分析不同时期的国际收支平衡表，掌握其长期变化情况。动态分析是对某一个国家若干连续时期的国际收支平衡表进行的分析。它是一种纵向分析方法，通过对一国的国际收支进行的动态分析可以看出该国的国际收支是否达到动态平衡。

动态平衡是一国宏观调控的目标之一，它是指在较长的计划期内，经过努力，实现期末国际收支的大体平衡。

一国某一时期的国际收支往往同以前的发展过程密切相关，因此在分析一国的国际收支时，需要将动态分析与静态分析结合起来。

（三）比较分析法

比较分析包括纵向比较和横向比较。

纵向比较是指分析一国若干连续时期的国际收支平衡表，即上述动态分析。

横向比较是指对不同国家在相同时期的国际收支平衡表进行比较分析，从而找出本国与其他国家的差距或是其与国际经济领域的互补性，为缩小差距或是寻求国际合作提供依据。

横向比较分析比较困难，因为不同的国家编制的国际收支平衡表在账户分类和差额的统计上存在差异，可比性差。利用联合国或国际货币基金组织的资料有助于克服这一困难，因为这两个机构公布的若干重要资料都是经过重新整理后编制的，可以互相比较。

二、国际收支平衡表的几个差额

如前所述，国际收支平衡表的每个项目都有借方、贷方和差额三栏数字，分别反映一定时期内各项对外经济活动的发生额。由于国际收支平衡表采用复式簿记法记账，因此，借贷双方总额总是相等的，但其中的某些项目或账户可能出现盈余或赤字，需由其他项目或账户的赤字或盈余来抵销，这就形成了不同的项目差额。

按照传统习惯和国际货币基金组织的做法，项目差额主要有以下几种：

（一）贸易收支差额

贸易收支差额是指一国进出口收支差额。尽管贸易项目仅仅是国际收支的一个组成部分，不能代表全部的国际收支，但是对于某些国家来说，贸易收支在全部国际收支中所占比重相当大，以至于经常性地把贸易收支作为国际收支的近似代表。商品和服务的进出口情况综合反映了一国的产业结构、产品质量和劳动生产率状况，反映了该国产业国际竞争力，因此，即使是资本项目比重相当大的发达国家，仍然非常重视贸易收支差额。

公式：

贸易收支差额＝出口贸易额－进口贸易额

出口贸易额大于进口贸易额，则贷方金额大于借方金额，形成外贸顺差；相反，则形成外贸逆差，或称外贸赤字。

（二）经常项目差额

经常项目差额是国际收支平衡表中最重要的差额，反映该项目下货物、服务、收益和经常转移的差额。

经常项目的收支虽不能代表全部国际收支，但它综合反映了一国的商品进出口状况和服务贸易的发展状况，因此一般为一国国际收支调节目标，用以反映该国的国际竞争力的强弱。国际经济协调组织也经常采用这一指标对成员国经济进行衡量，例如，国际货币基金组织就特别重视各成员国经常项目的收支状况。

公式：

经常项目差额 = 货物贸易差额 + 服务贸易差额 + 收益差额 + 经常转移差额

（三）资本与金融项目差额

按 IMF 国际收支手册，资本与金融账户包括储备资产，那么，资本与金融项目差额就是反映该项目下直接投资、证券投资和其他投资及储备资产交易的差额，它记录了其他国家对本国的投资净额或借、贷款净额。

通过资本与金融项目规模可以看出一个国家资本市场的开放程度和金融市场的发达程度。一般而言，资本市场越开放，金融市场越发达，资本与金融的流量总额就越大。

资本与金融项目和经常项目之间具有融资关系，资本与金融项目的余额可以折射出一国经常项目的状况。根据复式簿记法原则，在国际收支中一笔贸易流量通常对应一笔金融流量，可以说，经常项目中实际资源的流动和资本与金融项目中金融资本的流动是一个活动的两个方面。

这里特别要提到的是，储备资产的增减变化不仅在会计上作为平衡国际收支账户使用，而且储备资产的差额也能反映一国国际收支的顺、逆差的数额。但要注意，储备资产的记账符号与国际收支的顺、逆差方向正好相反。

（四）总差额

总差额是上述经常项目差额、资本与金融项目差额，以及错误与遗漏差额三大项目金额的总和。对于开放国家而言，国际收支平衡是一国宏观调控的主要目标之一，但实际上经常出现国际收支的差额。人们通常称某国国际收支出现顺差或逆差，就是指总差额的顺差或逆差。

公式：

总差额 = 经常项目差额 + 资本与金融项目差额 + 错误与遗漏差额 = 储备资产增（减）额

总差额反映的是一定时期内一国国际收支状况对该国国际储备的影响，总差额为顺差，储备资产增加；总差额为逆差，储备资产减少。国际收支出现持续、大规模的差额说明国际收支失衡，失衡将会对一国经济产生很多不利影响。

【任务互动】

以下是我国2013年第三季度的国际收支平衡表，为了便于理解，对表中的一些分列项进行了删减，但并不影响整体收支的数据结果。请分析该国际收支平衡表，并回答下面问题。

表4－5 中国国际收支平衡表（2013年第三季度）

单位：亿美元

项目	行次	差额	贷方	借方
一、经常项目	1	404	6 831	6 427
A. 货物和服务	2	442	6 150	5 708
a. 货物	3	867	5 641	4 774
b. 服务	4	－425	508	934
B. 收益	18	－25	536	561
C. 经常转移	21	－13	145	158
二、资本与金融项目	24	805	4 834	4 029
A. 资本项目	25	5	9	4
B. 金融项目	26	800	4 825	4 025
a. 直接投资	27	342	740	398
b. 证券投资	30	100	179	79
c. 其他投资	41	358	3 906	3 548
三、储备资产	64	－971	5	976
A. 货币黄金	65	0	0	0
B. 特别提款权	66	0	0	0
C. 在基金组织的储备头寸	67	5	5	0
D. 外汇	68	－976	0	976
E. 其他债权	69	0	0	0
四、净误差与遗漏	70	－238	0	238

数据来源：国家外汇管理局。

（1）该国际收支平衡表的统计期间是什么？

（2）经常项目（顺差或逆差）______亿美元。其中，货物贸易（顺差或逆差）______亿美元，服务贸易（顺差或逆差）______亿美元。

（3）资本与金融项目（顺差或逆差）______亿美元。

（4）是否出现了经常项目、资本与金融项目都呈现顺差的“双顺差”？

(5) 总差额（顺差或逆差）______亿美元。

(6) 国际储备资产（增加或减少）______亿美元。

分析：2013年第三季度，我国经常项目顺差404亿美元，其中，按照国际收支统计口径计算，货物贸易顺差867亿美元，服务贸易逆差425亿美元，收益逆差25亿美元，经常转移逆差13亿美元。

资本与金融项目顺差805亿美元，其中，直接投资净流入342亿美元，证券投资净流入100亿美元，其他投资净流入358亿美元。

如果国际收支经常项目、资本与金融项目都呈现顺差，就称为“双顺差”。

总金额顺差971亿美元。国际储备资产增加971亿美元（不含汇率、价格等非交易价值变动影响），其中，外汇储备资产增加976亿美元，在基金组织的储备头寸减少5亿美元。

项目4　国际收支失衡与调节

一、国际收支失衡

在国际收支平衡表里，国际收支最后总是平衡的，这种平衡是会计意义上的平衡，但在实际当中，国际收支经常存在不平衡的情况，即出现不同程度的顺差或逆差，这就是国际收支失衡。

自主性交易平衡是衡量国际收支长期性平衡的一个重要标志。

自主性交易亦称事前交易，是指个人或经济实体为了经济上的某种目的而自主进行的交易。如果一国在一个长时期里自主性交易平衡，无须再依靠调节性交易来调节与维持，那么就可以说该国国际收支达到了实质性平衡。

判断一国国际收支是否平衡，要弄清楚几个概念：

1. 国际收支的账面平衡与实质性平衡

国际收支的账面平衡是指国际收支平衡表的账面平衡，这是由编制国际收支平衡表的复式簿记原理和借贷记账方法所决定的，但这并非国际收支的实质性平衡。

国际收支的实质性平衡是指国际收支在经济意义上的平衡。事实上，一国国际收支活动是由各种各样的对外经济交易引起的，不可能做到收支完全相抵。因此，一国真实的国际收支活动不是顺差就是逆差，只是差额的大小不同而已。

2. 自主性交易与调节性交易

一国国际收支记录的全部对外经济交易可以分为自主性交易和调节性交易。

自主性交易，或称事前交易，它是经济实体或个人等出于某种经济动机和目的而独立自主地进行的交易，又称线上项目，主要包括经常项目和资本与金融项目中的交易。自主性交易体现的是经济主体或居民个人意志，不代表哪一个国家或政府的意志；从动机上看，这些交易完全没有考虑到一国国际收支是否会因此发生失衡的问题，因而具有事前性、自发性、分散性的特点。

调节性交易，或称事后交易，它是指在自主性交易收支出现不平衡后所进行的弥补性交易，又称线下项目，主要包括短期资本项目和官方储备项目的变动。调节性交易是为了弥补或调节自主性交易差额，由政府出面进行的交易活动，体现了一国政府的意志，具有事后性、集中性、被动性的特点。

通常判断一国国际收支是否平衡，主要是看其自主性交易是否平衡。如果一国国际收支不必依靠调节性交易而通过自主性交易就能实现基本平衡，那么这才是真正的平衡；反之，如果自主性交易出现差额，必须通过调节性交易来维持收支平衡，则为国际收支失衡。

【任务互动】

以下是我国2007—2013年国际收支顺差结构列表，试讨论我国近年来的国际收支平衡状况。

表4-6 2007—2013年国际收支顺差结构

单位：亿美元

项目	2007年	2008年	2009年	2010年	2011年	2012年	2013年
国际收支总差额	4 474	4 607	4 417	5 247	4 016	1 836	5 090
经常项目差额	3 532	4 206	2 433	2 378	1 361	2 154	1 828
占国际收支总差额比重	79%	91%	55%	45%	34%	117%	36%
与GDP之比	10.1%	9.3%	4.9%	4.0%	1.9%	2.6%	2.0%
资本与金融项目差额	942	401	1 985	2 869	2 655	-318	3 262
占国际收支总差额比重	21%	9%	45%	55%	66%	-17%	64%
与GDP之比	2.7%	0.9%	4.0%	4.8%	3.6%	-0.4%	3.6%

数据来源：国家外汇管理局，国家统计局。

二、国际收支失衡的原因

一国的国际收支产生不平衡，其原因多种多样。归纳起来，国际收支失衡可以分为以下几种类型：

1. 周期性不平衡（Cyclical Disequilibria）

周期性不平衡指国民经济的循环性波动所引起的国际收支不平衡。典型的经济周期具有衰退、萧条、复苏和繁荣四个阶段，这四个阶段各有其特征并对国际收支产生不同影响。一般来说，当一国经济处于衰退期时，社会总需求下降，进口需求也相应下降，国际收支便发生盈余；反之，当一国经济处于扩张和繁荣期时，国内投资与消费需求旺盛，对进口的需求也相应增加，国际收支便出现逆差。如图 4－3 所示：

经济衰退期→国民收入下降→进口需求下降→进口下降→国际收支顺差
经济繁荣期→国民收入上升→进口需求上升→进口上升→国际收支逆差

图 4－3　周期性不平衡

2．收入性不平衡（Income Disequilibria）

收入性不平衡指国民收入增长速度差异所引起的国际收支不平衡。在其他条件不变的前提下，一般来说，当一国国民收入增加时，会引起需求扩大，贸易和非贸易支出增加，从而造成国际收支逆差；反之，如果一国的国民收入减少，国内需求下降，引起物价下跌，则出口增加，贸易和非贸易支出减少，从而使逆差逐步减少，甚至出现顺差。如图 4－4所示：

国民收入增加→消费水平上升→社会总需求增加→进口上升→国际收支逆差
国民收入减少→消费水平下降→社会总需求减少→进口下降→国际收支顺差

图 4－4　收入性不平衡

3．货币性不平衡（Monetary Disequilibria）

货币性不平衡指一国货币供应量和货币对内价值的变化所引起的国际收支不平衡。

一般来说，当一国物价普遍上升或通胀严重时，产品出口成本提高，产品的国际竞争力下降，在其他条件不变的情况下，出口减少，与此同时，进口成本降低，进口增加，国际收支发生逆差；反之，就会出现顺差。如图 4－5 所示：

通货膨胀→出口商品成本上升→本国出口商品以外币表示的价格上升→
　出口商品的竞争能力下降→出口减少→贸易逆差
通货紧缩→出口商品成本下降→本国出口商品以外币表示的价格下降→
　出口商品的竞争能力上升→出口增加→贸易顺差

图 4－5　货币性不平衡

4．结构性不平衡（Structural Disequilibria）

结构性不平衡指一国经济结构不能适应世界市场供求结构变动所引起的国际收支不平衡。结构性不平衡在发展中国家尤为普遍。

世界各国由于地理环境、资源分布、技术水平、劳动生产率等的不同，形成了各自的经济布局和产业结构，从而形成了各自的进出口商品和地区结构。世界市场对各国的出口需求或进口供给总是不断变化，各国势必也要不断改变其经济结构以适应这种国际变化。

但一般来说，生产结构的变动滞后于需求结构的变动。特别是发展中国家，存在许多制约生产结构调整的客观因素，如科技落后、教育不发达、资金短缺、信息系统不健全、资源缺乏流动性等，难以及时根据国际形势调整生产结构，所生产的产品竞争力下降。这必然会打破原有贸易平衡，逆差就会出现。

5. 偶发性不平衡（Stochastic Disequilibria）

偶发性不平衡是指由一些短期的偶发因素如自然灾害、战争、政局动荡等导致的国际收支不平衡。这些偶发因素引起国内物品供给减少，导致出口下降、进口增加，从而引起国际收支逆差；反之，则会出现顺差。同时，这些因素也往往使各国的投资者心存恐惧，随之导致资本的大量撤离。该国的国际收支必然面临失衡。

这种性质的国际收支失衡，程度一般较轻，持续时间也不长，带有可逆性，因此，可以认为是正常现象。

三、国际收支失衡的影响

1. 国际收支持续逆差的消极影响

（1）导致外汇储备大量流失。储备的流失意味着一国金融实力甚至整个国力的下降，损害该国在国际上的声誉。

（2）导致一国外汇短缺，造成外汇汇率上升，本币汇率下跌。一旦本币汇率过度下跌，将会削弱本币在国际上的地位，并导致该国货币信用的下降，使国际资本大量外逃，引发货币危机。

（3）使一国获取外汇的能力减弱，影响该国发展所需的生产资料的进口，使国民经济增长受到抑制，进而影响国内财政以及人民的充分就业。

（4）持续性逆差还可能使一国陷入债务危机。国际收支逆差造成储备资产减少，对外负债增加而偿债能力减弱，有可能还会陷入债务危机之中。

2. 国际收支持续顺差的消极影响

国际收支顺差虽然可以使一国的国际储备增加，增强对外支付能力，但是长期、巨额的国际收支顺差也会对一国经济产生不利影响。

（1）一般会使本国货币汇率上升，而不利于出口贸易的发展，从而加重国内的失业问题。

（2）顺差固然可以增加国内的黄金和外汇储备，但也会使本国货币供应量增加，而加重通货膨胀。

（3）将加剧国际摩擦。一国的国际收支发生顺差，意味着有关国家国际收支发生逆差，易招致贸易伙伴的不满，引起贸易摩擦和国际争端，影响对外经济和政治关系的正常发展。

（4）对于发展中国家来说，国际收支顺差往往是由于出口过多所形成的，所以这意味着国内可供使用资源减少了，因而不利于发展中国家经济的发展。

一般来说，无论是国际收支顺差还是逆差，其数额越大，持续的时间越长，对一国经济的不利影响也越大。虽然一国国际收支顺差和逆差都会给该国带来不利影响，但是相比之下，逆差的影响更大，因此各国对此更重视。但对长期的国际收支不平衡，无论是逆差还是顺差，各国都必须采取措施进行调节。

四、国际收支失衡的调节

国际收支失衡的调节包括两个方面，即市场机制对国际收支失衡的自动调节和政府可能采取的人为的政策调节。

（一）国际收支失衡的自动调节

国际收支失衡的自动调节是指由市场这只“无形的手”来实现的国际收支调节，即在没有政府干预的情况下，由市场经济中的其他变量与国际收支相互作用和相互影响来实现的国际收支调节。通常，国际收支的失衡会引起汇率、物价、国民收入、利率的变化，而后者的变化又会改变国际收支的失衡。

1. 汇率的自动调节机制

当一国国际收支出现顺差时，外汇供给大于外汇需求，本币汇率上升，出口商品的外币价格上涨，进口商品的本币价格下跌，导致出口减少、进口增加，贸易顺差逐渐减少，国际收支不平衡得到改善。

反之，当一国国际收支出现逆差时，外汇需求大于外汇供给，本币汇率下跌，出口商品的外币价格下跌，进口商品的本币价格上升，导致出口增加、进口减少，贸易逆差逐渐减少，国际收支不平衡得到改善。

2. 价格的自动调节机制

当一国国际收支出现顺差时，容易导致国内信用膨胀、内需扩大，对货币形成一种膨胀性压力，使国内物价与出口商品价格随之上升，从而削弱了本国出口商品的国际竞争能力，导致出口减少、进口增加，国际收支顺差逐步减少。

反之，当一国国际收支出现逆差时，容易导致国内信用紧缩、内需减少，对货币形成一种紧缩性压力，使国内物价与出口商品价格随之下降，从而增强了本国出口商品的国际竞争能力，导致出口增加、进口减少，国际收支逆差逐步减少。

3. 国民收入的自动调节机制

当一国国际收支出现顺差时，说明该国对外支付减少，国民收入相对增加，导致进口需求上升，贸易顺差逐渐缩小，国际收支恢复平衡。

反之，当一国国际收支出现逆差时，说明该国对外支付增加，国民收入相对减少，导致进口需求下降，贸易逆差逐渐缩小，国际收支恢复平衡。

4. 利率的自动调节机制

当一国国际收支出现顺差时，表明该国银行持有的外国资产增多，银行信用膨胀，银根趋于松动，利率水平逐渐下降，导致资本外流增加、内流减少，资本项目顺差逐渐减少，国际收支趋于平衡。

反之，当一国国际收支出现逆差时，表明该国银行持有的外国资产减少，银行信用紧缩，银根相应趋紧，利率水平逐渐上升，导致资本内流增加、外流减少，资本项目顺差逐渐增加，国际收支趋于平衡。

（二）国际收支失衡的政策调节

国际收支失衡的自动调节机制的正常运行是以国家对经济生活的不干预为前提的。当市场失灵时，国际收支自动调节机制的作用将被削弱或失效，这时就需要政府对市场进行适当干预，以实现国际收支平衡。当今世界，经济形势复杂多变，大多数国家都不同程度地加强了对经济的干预。政府对国际收支进行调节的手段多种多样，各国政府根据本国的国情采取不同措施对国际收支进行调节。

1. 外汇缓冲政策

外汇缓冲政策是指一国货币当局通过变动官方储备或运用国际信贷来弥补国际收支失衡的政策。当国际收支出现逆差时，则减少外汇储备，或向外借款，使国际收支趋于均衡。

这一政策主要适用于调节短期、偶发性的国际收支失衡，不适用于调节巨额、长期的国际收支失衡，因为长期失衡会导致官方储备的枯竭或大量积累（造成资源的浪费）、外债规模过大等。外汇缓冲政策可作为一种辅助手段，配合调整政策，使国内经济免受调整过猛所带来的巨大震动。

2. 财政政策

当一国出现国际收支逆差时，政府可采用紧缩的财政政策，如削减政府开支，或提高税收，迫使投资和消费减少，物价相对下降，从而有利于出口，压制进口，改善贸易收支及国际收支。

反之，当一国国际收支顺差很大时，政府可实行积极的财政政策，如扩大政府开支，或减少税收，以扩大总需求，增加进口及非贸易支出，从而减少贸易收支及国际收支顺差。

3. 货币政策

当一国出现国际收支逆差时，中央银行可提高再贴现率，市场利率也随之上升，投资和消费受到抑制，物价开始下降，从而有利于出口，压制进口，改善贸易收支。同时，市场利率的提高，也有利于吸纳国外资本，从而改善国际收支。

财政政策与货币政策都可直接影响社会总需求，由此调节内部均衡，但它作为国际收支调节手段具有明显的局限性，主要表现在为解决国际收支失衡问题而采取的财政或货币政策可能同国内经济目标发生冲突。因此，政府选择财政货币政策实现国际收支平衡时，要注意时机选择。

4. 汇率政策

当一国发生国际收支逆差时，该国可使本国货币贬值，以增强本国商品在国外的竞争力，扩大出口；同时，国外商品的本币价格上升，竞争力下降，进口减少，国际收支逐步恢复平衡。

反之，当一国长期存在国际收支顺差时，该国可使本国货币升值。本币升值会刺激进口、减少出口，两者共同作用于贸易收支，使贸易顺差减少，国际收支逐步恢复平衡。

当然，汇率政策除了影响国际收支外，还会影响国民经济的其他方面。

5. 直接管制政策

直接管制包括外汇管制、贸易管制等形式。国际经济组织和经济学理论多半不赞成采用直接管制政策，但在国际收支出现较严重的困难时，发达国家和发展中国家都不同程度地采用过直接管制政策。

（1）外汇管制。主要指一国政府通过有关机构对外汇买卖和国际结算直接加以管制，来控制外汇市场的供求，维持本国货币对外汇率的稳定。如对外汇实行统销统购，保证外汇统一使用和管理，从而影响本国商品及劳务的进出口和资本流动，调节国际收支失衡。

（2）贸易管制。主要指一国政府直接限制商品进出口数量的政策手段，主要内容是"奖出限入"。在奖出方面，常见的措施有出口信贷、出口信贷国家担保制、出口补贴等。在限入方面，主要实行关税壁垒以及进口配额制、进口许可证制等非关税壁垒措施。

当直接管制成为政府调节国际收支的基本手段时，其效果较为迅速和显著。但是，一国的外汇和贸易管制，必然会影响到有经济联系的其他国家，常常会招致对方的报复性措施，最终抵销预期的效果。

6. 供给调节政策

供给调节政策旨在改善一国的经济结构和产业结构，提高劳动生产率，增加出口商品和劳务的生产，提高产品质量，降低生产成本，以此达到增加社会产品（包括出口产品和进口替代品）的供给、改善国际收支的目的。供给调节政策具有长期性，虽然在短期内难以有立竿见影的效果，但它可从根本上提高一国的经济实力与科技水平，从而为实现内外均衡创造条件。

实际上，一国政府到底采用什么样的政策来调节国际收支，首先取决于国际收支失衡的性质，其次取决于国际收支失衡时国内社会的宏观经济结构，再次取决于内部均衡与外部平衡之间的相互关系。每一种国际收支调节政策都会对宏观经济带来或多或少的调节成本，所以必须进行相机抉择，搭配各种政策，以最小的经济和社会代价达到国际收支的平衡或均衡。正确的政策搭配是国际收支成功调节的核心。

【任务互动】

阅读以下材料，并上网搜集相关信息资料，试讨论：我国可以采取哪些措施，以促进国际收支基本平衡？

促进国际收支基本平衡仍然是我国宏观调控的重要目标

近年来我国国际收支状况趋于逐步改善，但促进国际收支平衡依然任重道远。2009 年以来，我国经常项目顺差规模及其占 GDP 之比总体下降，现已回落到国际认可的合理水平。这既体现了国内经济发展方式转变、涉外经济政策调整的成效，也反映了国外经济金融形势的周期性变化，显示我国国际收支状况和人民币汇率正趋向合理均衡。然而，促进国际收支基本平衡仍面临众多挑战。2012 年我国虽然初步形成了经常项目顺差、资本项目逆差的国际收支平衡格局，但 2013 年，我国国际收支重回"双顺差"格局，外汇储备资产大幅增加。未来需积极构建促进国际收支平衡的市场化体制机制。

（资料来源：国家外汇管理局《2013 年中国国际收支报告》）

【模块小结】

一、国际收支
(一) 国际收支的概念
(二) 正确理解广义的国际收支概念
二、国际收支平衡表
(一) 国际收支平衡表的概念
(二) 国际收支平衡表的编制原理
(三) 国际收支平衡表的内容结构
三、国际收支差额
(一) 国际收支平衡表的具体分析方法
(二) 国际收支平衡表的几个差额
四、国际收支失衡与调节
(一) 国际收支失衡
(二) 国际收支失衡的原因
(三) 国际收支失衡的影响
(四) 国际收支失衡的调节

【课后训练】

一、单项选择题

1. 国际收支系统记录的是一定时期内一国居民与非居民之间的（　　）

A. 贸易收支　　B. 外汇收支
C. 国际交易　　D. 经济交易

2. 海外投资的利润、利息和分红在国际收支平衡表中属于（　　）

A. 货物与服务　　B. 收益
C. 资本账户　　D. 直接投资

3. 一国的国际收支平衡表中，最基本与最重要的项目是（　　）

A. 经常项目　　B. 资本与金融项目
C. 储备资产　　D. 错误与遗漏项目

4. 一国所拥有的特别提款权属于该国的（　　）

A. 收益　　B. 外汇
C. 储备资产　　D. 其他投资

5. 一国国际收支所记载的经济交易必须是在该国的（　　）之间产生的

A. 公民与非公民　　B. 居民与公民
C. 居民与非居民　　D. 居民与外国人

6. 外商到我国投资设立企业，这部分资金的流入应记入我国国际收支平衡表的（　　）

A. 经常转移　　B. 金融账户
C. 资本账户　　D. 储备资产

7. 编制国际收支平衡表所依据的原理是（　　）

A. 收付记账法　　B. 复式记账法

C. 单向记账法　　D. 增减记账法

8. 如果一国的"储备资产项目"中的数字为80亿美元，说明该国的储备（　　）

A. 增加了80亿美元　　B. 减少了80亿美元

C. 没有发生变化　　D. 无法判断

9. 在国际收支平衡表中，人为设立的账户是（　　）

A. 单方面转移　　B. 官方转移

C. 错误与遗漏　　D. 资本与金融

10. 一般情况下，一国国际收支逆差会使其（　　）

A. 货币坚挺　　B. 货币疲软

C. 无影响　　D. 无法判断

11. 在经济繁荣时期，由于国内需求旺盛，进出口业务会发生相应的变化，故国际收支可能出现（　　）

A. 顺差　　B. 逆差

C. 平衡　　D. 不确定

12. 如果国际收支不平衡是由国内总需求大于总供给而形成的收入性不平衡，则可运用（　　）政策

A. 外汇缓冲　　B. 财政货币

C. 汇率　　D. 直接管制

13. 如果国际收支不平衡是由经济结构原因引起的，则可进行经济结构调整并采取（　　）政策

A. 外汇缓冲　　B. 财政货币

C. 汇率　　D. 直接管制

14. 一国政府的对外援助应该记入（　　）

A. 投资　　B. 货物

C. 服务　　D. 经常转移

15. 根据国际收支平衡表的记账法则，凡是引起本国外汇收入的项目，记入（　　）；凡是引起本国外汇支出的项目，记入（　　）

A. 借方　贷方　　B. 借方　借方

C. 贷方　贷方　　D. 贷方　借方

二、多项选择题

1. 国际收支的本质特征是（　　）

A. 国际收支是流量概念

B. 国际收支是一定时点的发生额

C. 国际收支记载的是居民与非居民之间的经济交易

D. 国际收支是一个存量概念

E. 国际收支记录的内容是经济交易

2. 经常项目收支包括（　　）

A. 证券投资　　B. 单方转移收支　　C. 直接投资

D. 收益　　E. 贸易收支

3. 国际收支平衡表中的资本账户包括（　　）

A. 储备资产　　B. 直接投资　　C. 资本转移

D. 非生产、非金融资产的收买与放弃　　E. 经常转移

4. 要调节国际收支失衡，可能采取（　　）政策来调节

A. 货币　　B. 财政　　C. 汇率

D. 贸易管制和外汇管制　　E. 外汇缓冲

5. 目前，国际货币基金组织会员国的国际储备一般可分为（　　）

A. 外汇储备　　B. 货币性黄金　　C. 外债

D. 特别提款权　　E. IMF 的储备头寸

三、判断题

1. 国际收支是一个存量概念，国际借贷是一个流量概念。（　　）
2. 在一国的国际收支平衡表中，最基本、最重要的项目是资本与金融项目。（　　）
3. 美国的公民就是美国的居民。（　　）
4. 国际收支顺差越大越好。（　　）
5. 国际收支顺差不需调节，只有国际收支逆差才需调节。（　　）
6. 一国由于遭受自然灾害，收到的国外赈灾捐款应记入该国收支平衡表中的经常项目。（　　）
7. 在国际收支平衡表中，利润、利息和红利列入资本与金融项目。（　　）
8. 本国货币升值，会使出口商品所表示的外币价格上升，从而可能导致出口减少。（　　）
9. 储备资产的增加，记入国际收支平衡表中的借方。（　　）
10. 在一般情况下，自主性交易的结果都是国际收支不平衡。（　　）

四、技能训练

1. 请回答以下业务内容各属于国际收支平衡表中的哪个项目。

（1）某公司出口 100 万美元的货物；

（2）某工厂从国外进口 200 万美元的原材料；

（3）某公司支付出口商品的运费、保险费 10 万美元；

（4）某跨国企业来中国投资 1 000 万美元；

（5）中国某企业在海外投资 1 000 万美元建立工厂；

（6）中国某建筑公司在海外承包工程，收入 500 万美元；

（7）我国政府给非洲某国捐款 1 000 万美元；

（8）某外籍教师在中国领取课酬 5 万美元；

（9）某公司在美国发行股票，募得资金 5 亿美元；

（10）我国政府在国际货币基金组织中的特别提款权。

2. 分析下表中某国某时期主要国际收支项目的收支情况。

表4-7 某国某时期主要国际收支项目的收支情况

单位：亿美元

商品出口 商品进口	60.93 -61.54
劳务收入 劳务支出	9.44 -30.69
私人单方面转移 政府单方面转移	0.11 0.17
直接投资	13.41
其他长期资本净额	27.56
其他短期资本净额	0.03
外汇储备变化	-22.30
特别提款权的价值变动	-0.67
错误与遗漏	

(1) 错误与遗漏的数额是多少？

(2) 该国该年的货物贸易收支是逆差还是顺差？金额是多少？

(3) 该国该年的国际收支是逆差还是顺差？金额是多少？

(4) 外汇储备的变化数为-22.30亿美元，是指外汇储备增加了还是减少了？

3. 下表是某国某时期国际收支平衡表的部分数据，请将下表填写完整并进行分析。

表4-8 某国某时期国际收支平衡表的部分数据

单位：亿美元

一、经常项目差额	
货物输出	750
货物输入	-900
贸易差额	
服务及收益收入	220
服务及收益支出	-50
服务及收益差额	
经常转移	-105
二、资本与金融项目差额	
资本项目	85
金融项目	100

（续上表）

三、储备资产	
四、净误差与遗漏	23

（1）在表中的空格内填写正确的数字。

（2）该国该时期的贸易收支是逆差还是顺差？金额是多少？

（3）该国该时期的国际收支是逆差还是顺差？金额是多少？

（4）该国外汇储备是增加了，还是减少了？

4. 下表是我国2014年度国际收支平衡表：

表4－9　2014年中国国际收支平衡表

单位：亿美元

项目	行次	差额	贷方	借方
一、经常项目	1	2 197	27 992	25 795
A. 货物和服务	2	2 840	25 451	22 611
a. 货物	3	4 760	23 541	18 782
b. 服务	4	－1 920	1 909	3 829
1. 运输	5	－579	382	962
2. 旅游	6	－1 079	569	1 649
3. 通信服务	7	－5	18	23
4. 建筑服务	8	105	154	49
5. 保险服务	9	－179	46	225
6. 金融服务	10	－4	45	49
7. 计算机和信息服务	11	99	184	85
8. 专有权利使用费和特许费	12	－219	7	226
9. 咨询	13	164	429	265
10. 广告、宣传	14	12	50	38
11. 电影、音像	15	－7	2	9
12. 其他商业服务	16	－217	14	231
13. 别处未提及的政府服务	17	－10	11	20
B. 收益	18	－341	2 130	2 471
a. 职工报酬	19	258	299	42
b. 投资收益	20	－599	1 831	2 429
C. 经常转移	21	－302	411	714

（续上表）

项目	行次	差额	贷方	借方
a. 各级政府	22	－29	16	46
b. 其他部门	23	－273	395	668
二、资本与金融项目	24	382	25 730	25 347
A. 资本项目	25	0	19	20
B. 金融项目	26	383	25 710	25 328
a. 直接投资	27	2 087	4 352	2 266
1. 我国在外直接投资	28	－804	555	1 359
2. 外国在华直接投资	29	2 891	3 797	906
b. 证券投资	30	824	1 664	840
1. 资产	31	－108	293	401
1.1 股本证券	32	－14	170	184
1.2 债务证券	33	－94	123	217
1.2.1（中）长期债券	34	－92	123	215
1.2.2 货币市场工具	35	－2	0	2
2. 负债	36	932	1 371	439
2.1 股本证券	37	519	777	258
2.2 债务证券	38	413	594	181
2.2.1（中）长期债券	39	410	497	88
2.2.2 货币市场工具	40	4	97	94
c. 其他投资	41	－2 528	19 694	22 222
1. 资产	42	－3 030	995	4 025
1.1 贸易信贷	43	－688	282	970
长期	44	－14	6	19
短期	45	－674	276	950
1.2 贷款	46	－738	177	915
长期	47	－455	0	455
短期	48	－282	177	459
1.3 货币和存款	49	－1 597	514	2 111
1.4 其他资产	50	－8	22	29
长期	51	0	0	0
短期	52	－8	22	29

（续上表）

项目	行次	差额	贷方	借方
2. 负债	53	502	18 699	18 197
2.1 贸易信贷	54	-21	154	174
长期	55	0	3	3
短期	56	-20	151	171
2.2 贷款	57	-343	17 464	17 807
长期	58	-57	511	569
短期	59	-286	16 953	17 239
2.3 货币和存款	60	814	994	180
2.4 其他负债	61	52	87	35
长期	62	58	64	6
短期	63	-6	23	29
三、储备资产	64	-1 178	312	1 490
A. 货币黄金	65	0	0	0
B. 特别提款权	66	1	1	1
C. 在基金组织的储备头寸	67	10	13	4
D. 外汇	68	-1 188	298	1 486
E. 其他债权	69	0	0	0
四、净误差与遗漏	70	-1 401	0	1 401

资料来源：国家外汇管理局。

讨论：

（1）分析2014年我国国际收支的主要特点。

（2）自主上网搜索并阅读2014年中国国际收支的报告内容，试分析我国国际收支方面存在哪些问题，并思考应如何解决。

模块五

外汇市场与外汇交易

【知识目标】

1. 掌握外汇市场的概念、作用与构成
2. 掌握世界主要外汇市场的基本概况
3. 掌握外汇交易的概念、作用及主要交易形式
4. 了解中国外汇市场的基本概况

【技能目标】

1. 能看懂有关外汇市场交易的新闻报道
2. 会选择具有模拟操作账户的交易平台，无风险体验网上个人外汇交易
3. 能在企业面临汇率波动风险时，运用远期外汇业务等操作方式规避风险

【情境导入】

2013 年人民币外汇市场累计成交 11.2 万亿美元

2014 年 4 月 4 日，国家外汇管理局公布《2013 年中国国际收支报告》。报告显示，2013 年受人民币国际化的进一步推进以及人民币单边升值影响，当年人民币外汇市场交易量大幅增加 22.5%，同时即期交易占比创下历史新低，衍生产品市场需求持续上升。

该报告指出，剔除本外币利差因素，境内外远期市场美元升贴水幅度持续处于较窄区间内，这表明当前人民币汇率处于市场认可的均衡水平区间内。

外汇局统计数据显示，即期外汇交易占比降至新低。2013 年人民币外汇市场累计成交 11.2 万亿美元，较 2012 年同比增长 22.5%。其中，银行对客户市场和银行间外汇市场分别成交 3.72 万亿和 7.53 万亿美元。其中，即期交易累计成交 7.09 万亿美元，较上年增长 15.3%。值得注意的是，即期交易在外汇市场交易总量中的比重降至历史新低的 63%。

与即期交易相比，远期外汇交易大幅增长。2013 年，远期外汇市场累计成交 6 045亿美元，较上年增长 34.1%，增幅远远超过即期交易；另外，外汇和货币掉期交易大幅增长，2013 年外汇和货币掉期市场累计成交 3.48 万亿美元，较上年增长 36.4%。其中，银行间外汇和货币掉期市场累计成交 3.4 万亿美元，增长 34.8%。

外汇局在报告中指出：“企业以人民币掉入外汇开展理财业务是推动掉期交易大幅增长的主要原因，掉期市场的交易特征和本外币融资功能突出。”

另外，外汇期权市场交易也非常活跃，2013 年外汇期权市场累计成交 732 亿美元，较上年增长 1.3 倍。从增速来看，人民币期权已经成为增长最快的外汇衍生产品，而且对市场分布而言，银行对客户市场累计成交 514 亿美元，增长 80.4%，以企业办理期权组合业务为主，占 87.9%，单纯买入期权较少；2013 年银行间外汇期权市场累计成交 218 亿美元，同比增长 5.5 倍。

（资料来源：《2013 年中国国际收支报告》，http：//www.safe.gov.cn）

项目 1　外汇市场

一、外汇市场产生的原因

外汇市场（Foreign Exchange Market），是指在国际从事外汇买卖，调剂外汇供求的交易场所，即外汇市场是经营货币商品的场所。它是金融市场的主要组成部分。

一方面，国际上因贸易、投资、旅游等经济往来，总不免产生货币收支关系，但各国货币制度不同，要想在国外支付，必须先以本国货币购买外币；另一方面，从国外收到外币支付凭证也必须兑换成本国货币才能在国内流通，这样就发生了本国货币与外国货币的兑换问题。所有买卖外汇的商业银行、专营外汇业务的银行、外汇经纪人、进出口商，以及其他外汇供求者都经营各种现汇交易及期汇交易，从而促使一国外汇市场的形成。因此，外汇市场的产生主要是出于以下三个方面的需要。

1. 贸易和投资的需要

进出口商在进口商品时支付一种货币，而在出口商品时收取另一种货币。这意味着，他们在结清账目时收付不同的货币。因此，他们需要将自己收到的部分货币兑换成可以用于购买商品的货币。与此相类似，一家买进外国资产的公司必须用当事国的货币支付，因此，它需要将本国货币兑换成当事国的货币。从外汇交易的数量来看，由国际贸易而产生的外汇交易占整个外汇交易的比重不断减少，据统计，目前这一比重只有 1% 左右。

2. 外汇投机的需要

外汇投机指利用市场出现的两种货币的价差进行买卖，从中获得利润的交易行为。两种货币之间的汇率会随着它们之间的供需的变化而变化。交易商在一个汇率上买进一种货币，而在另一个更有利的汇率上抛出该货币，便可以盈利。投机是以在外汇汇价波动中盈利为目的的，投机大约占了外汇市场交易的绝大部分，是现在外汇交易的主流。

3. 对冲保值的需要

由于两种相关货币之间汇率的波动，拥有国外资产（如工厂）的公司将该项资产折算成本国货币时，就可能遭受一些风险。当以外币计值的国外资产在一段时间内价值不变时，如果汇率发生变化，以国内货币折算这项资产的价值时，就会产生损益。公司可以通过对冲消除这种潜在的损益。这就是执行一项外汇交易，其交易结果刚好抵销由汇率变动而产生的外币资产的损益。

【任务互动】

请思考外汇投机与对冲保值的区别。

分析：投机与保值恰好相反，投机不是规避外汇风险，而是利用汇率波动获取利润。投机不是要尽量减少损失，而是要最大限度地追求利润。汇率不断变动恰好为投机者追求利润提供了机会，创造了条件。投机者既可以利用软货币投机，也可以利用硬货币投机。保值是投资者规避外汇风险的行为。

二、外汇市场的交易主体

外汇市场的交易主体，即外汇市场的参与者，主要包括外汇银行、外汇银行的客户、外汇经纪商、中央银行与监管机构。

1．外汇银行

外汇银行又叫外汇指定银行，是指根据外汇法由中央银行指定可以经营外汇业务的商业银行或其他金融机构。外汇银行大致可以分为三类：专营或兼营外汇业务的本国商业银行、在本国的外国商业银行分行及本国与外国的合资银行、经营外汇业务的其他金融机构。

我国的外汇指定银行包括了四大国有商业银行和交通银行等全国性的股份制商业银行，以及具有外汇经营资格的外资银行在华分支机构，各地方商业银行和信用社许多还不具备外汇指定银行的资格。

2．外汇银行的客户

在外汇市场中，凡与外汇银行有外汇交易关系的公司和个人，都是外汇银行的供应者、需求者和投机者，在外汇市场上占有重要的地位。根据交易目的的不同，外汇交易者可以分为交易性的外汇买卖者，如进出口商、国际投资与筹资者、旅游者、留学生等；保值性的外汇买卖者，如套期保值者等；投机性的外汇买卖者，如外汇投机商等。

我国外汇银行的顾客主要是有外汇需要的各类企业，由于生产经营和国际贸易的需要而产生了外汇的需求和供给。随着中国国门的开放和人们收入的普遍提高，个人在外汇交易中的地位开始变得越来越重要。

3．外汇经纪商

外汇经纪商指介于外汇银行之间、外汇银行和其他外汇市场参与者之间，进行联系，接洽外汇买卖，从中赚取佣金的经纪公司或个人。

西方国家经营外汇的商业银行之间相互买卖外汇，多由外汇经纪人作为媒介，银行在同业间直接进行买卖的比较少。外汇经纪人利用各种先进的通信工具和交通工具与各个外汇银行和各种顾客保持密切的联系，准确掌握外汇市场的供求信息，促成双方成交，提高了外汇交易的效率。经纪公司不能直接报出自己的汇率，他们将中间商的报价传递给其他的市场参与者，经纪公司只有在确定了商业承诺之后才会公开询价方。经纪公司完成的交易占外汇市场总交易量的40%。2005年12月，中国银监会正式批准全国首家合资货币经纪公司——上海国利货币经纪有限公司的开业申请，这标志着货币经纪服务正式进入中国金融市场。随着中国外汇市场的发展，外汇经纪商的作用将会逐步扩大。

【知识链接】

世界外汇市场主要外汇交易平台简介

外汇市场称为“Forex”市场或“FX”市场，是全球最大的金融市场。外汇交易平台是外汇市场上的一些具备一定实力和信誉的独立交易商。它不断地向投资者报出货币的买卖价格（即双向报价）和进行24小时交易（节假日除外），并在该价位上接受投资者的买卖要求。平台可以持有自有资金与投资者进行交易，在市场成交稀少的时候，买卖双方不需等待交易对手出现，只要有平台出面承担交易的“对手方”即可达成交易。这样就会形成一种不间断的买卖，以维持市场的流动性。世界外汇市场主要外汇交易平台简介详见下表。

表5-1 世界外汇市场主要外汇交易平台

交易商logo	交易商名称	外汇交易平台简介
美国交易商		
FXCM	福汇	开户最低25美元，Fx Trading Station与MT4平台，无交易员平台，浮动点差最低欧元1点，最大杠杆200倍
FXSolutions Advantage, Trader.	FXSOL	开户最低250美元，GTS平台，固定点差最低3点，最大杠杆400倍，可同时做外汇、黄金、境外股指，可以锁仓。FXSOL被IFX的母公司收购遂与IFX合并
CMS FOREX	CMS	开户最低200美元，VT平台，最大杠杆400倍，主要货币对为固定点差，最低欧元2点，非主要货币对为浮动点差
MGFOREX	MG金融集团	开户最低500美元，Dealstation FX交易平台，最大杠杆100倍，固定点差，最低欧元3点
easy forex ready.trade	easy-forex易信	开户最低200美元，在线交易，最大杠杆200倍，点差3点起，可交易黄金白银和原油产品
OANDA.com	OANDA万达	开户最低1美元，基于JAVA技术的FX Trade平台，最大杠杆50倍，可随时调整，浮动点差，最低欧元0.9点，可交易黄金和白银、泰铢、港元、克朗以及人民币等，不支持移动止损，没有锁仓
ForexClub	福瑞斯	开户最低10美元，Express FX与Classic FX交易平台，最大杠杆100倍，开户100美元能送100美元奖励，但不能取出来，号称不收点差，曾被央视曝光
FXDD	FXDD	开户最低250美元，MT4平台和FXDD平台任选，最大杠杆200倍，有固定点差和浮动点差两种选择，浮动点差最低2点，可作0.01手

（续上表）

交易商 logo	交易商名称	外汇交易平台简介
	盈透证券	ECN 平台，个人开户最低 1 万美元，TWS 交易平台，杠杆 50 倍，点差低于 1/2 点，可做股票、债券、基金、外汇、期权期货等
	美国百利	开户最低 1 000 美元，FX Express GTS 平台和 MT4 平台，杠杆最大 400 倍，固定点差，最低欧元 3 点，可交易期权、期货、黄金、外汇等产品，最小可做 0.01 手
	IKON	MT4 平台开户最低 300 美元，MEGA 平台最低 100 美元，最大杠杆 200 倍，固定点差最低 3 点，可做外汇、贵金属、期货、期权、CFD
英国交易商		
	ODL	迷你账户开户最低 500 欧元，标准账户最低为 1 000 美元，MT4 平台，最大杠杆 100 倍，交易点差最低 2 点，点差在所有交易商中比较低，可以做外汇、黄金白银、原油、CFD 和个股等金融产品
	alpari 艾福瑞	开户最低 500 美元，MT4 平台，最大杠杆 500 倍，点差最低 3 点，可做 0.01 手
	HY 兴业投资	迷你账户开户 50 美元起，点差 7 点起，标准账户 750 美元起，点差 5 点起，特等账户 2 500 美元起，点差 3 点起，MT4 平台，可做黄金、原油
	GDI	开户最低 1 万美元，自主研发的交易平台，最大杠杆 100 倍，点差 3.5 点
	DCM 戴盛	MT4 平台，最大杠杆 100 倍，可以做外汇、贵金属、原油期货、股指等产品
其他地区交易商		
	Marketiva	免费注册，注册用户赠送 5 美金的真实账户。1∶100 的固定杠杆。没有交易费，没有隔夜利息，只收取交易点差，最低 2 点。T+0；允许锁单。提供强大的在线即时支持系统
	ACM	瑞士交易商，迷你账户开户最低 2 000 美元，标准账户最低 5 000 美元，Advanced Trader 平台，最大杠杆 100 倍，点差最低 2.8 点
	WINDSOR	塞浦路斯注册交易商，微细账户开户最低 100 美元，迷你账户最低 300 美元，标准账户最低 2 000 美元，MT4 交易平台，最大杠杆 200 倍，点差最低 2 点
	GCI	英属处女岛注册交易商，开户最低 2 000 美元，ICTS 平台和 MT4 平台，最大杠杆 200 倍，可做外汇、贵金属、原油、股指，点差最低 3 点

（续上表）

交易商 logo	交易商名称	外汇交易平台简介
	FXOPEN	开户最低 25 美元，在线注册直接开户，MT4 平台，最大杠杆 500 倍，可做黄金、白银、期货
	AVAFX	开户最低 100 美元，Ava Trader 平台，最大杠杆 200 倍，点差最低 3 点
	eToro	简单的操作平台，最大杠杆 400 倍，点差最低 2 点，最小交易量 0.1 手
	FINEXO	由盛宝银行直接提供报价，开户最低 25 美元，最大杠杆 200 倍，点差最低 3 点
	instaforex	开户最低 10 美元，MT4 平台，最大杠杆 500 倍，点差最低 3 点
	GFT	迷你账户开户最低 250 美元，标准账户最低 2 500 美元，最大杠杆 400 倍，点差最低 3 点
	Mada FX	开户最低 500 美元，MT4 和 GTS 平台，杠杆 100 倍，点差最低 3 点，可做外汇、贵金属（黄金点差 50，白银 60）、期货
	mig	瑞士注册交易商，开户最低 5 000 美元，最大杠杆 200 倍，直盘 2 ~ 3 点
	MONEY FOREX	迷你账户开户最低 250 美元，标准账户最低 2 000 美元，点差最低 3 点
	North Finance	开户最低 100 美元，MT4 平台，最大杠杆 500 倍，点差最低 2 点，可做黄金、原油、期货、CFD
	WEST CAP FX	塞浦路斯注册交易商，开户最低 100 美元，MT4 平台，最大杠杆 200 倍，点差最低 1.8 点
	Bet On Markets	哥斯达黎加注册交易商，开户最低 0 美元，在线注册，可做英国股票、美国股票、外汇期权、指数等
	MASTER FOREX	在线直接注册，杠杆 100 ~ 500 倍可选，点差最低 2 点，可做黄金，最低入金 1 美元
国内外汇交易平台（国内只能到银行进行外汇买卖，但点差较高，没有杠杆）		
	中国工商银行	汇盈通，交易七点 500 美元，直盘货币对双边点差为 10 点，交叉盘货币对双边点差为 12 ~ 32 点不等。目前只在部分城市试行该业务
	中国银行	外汇宝，起点保证金为等值 500 基础货币的美元，杠杆为 10 倍，直盘双边点差为 10 点，交叉盘为 12 ~ 32 点不等

（续上表）

交易商 logo	交易商名称	外汇交易平台简介
交通银行 BANK OF COMMUNICATIONS	交通银行	满金宝，开户最低 2 000 美元，普通客户 10、15、20 倍杠杆，VIP 客户可申请 30 倍，直盘最低 10 点差，交叉盘 24～38 点
中国民生银行 CHINA MINSHENG BANK	中国民生银行	易富通，初始入金不低于 5 000 美元，杠杆为 30 倍，直盘最低 8 点，交叉盘最低 14 点

资料来源：http：//wiki. mbalib. com/wiki。

4. 中央银行与监管机构

外汇市场上另一个重要的参与者是各国的中央银行。这是因为各国的中央银行都持有相当数量的外汇余额作为国际储备的重要构成部分，并承担着维持本国货币金融市场的职责。随着中国外汇储备的逐步增加，中央银行在中国外汇市场的作用日益重要，大量的外汇储备成为中央银行干预外汇市场的重要保证。另外，由于外汇市场的重要性，各国一般由专门的监管机构来规范外汇市场的发展，我国外汇市场的监管机构为国家外汇管理局。

外汇市场的参与者通过著名的信息服务商，如彭博社、路透社等获得必要信息。信息服务商通过图形数据来收集不同的中间商的报价，再通过网络、广播、电视、电子活动板等向全球发布财经信息，使得全球的交易者能够在最短的时间内获得信息。

【知识链接】

世界金融信息服务商

依据通讯社的规模、发展历史及影响力、订户数量、日发稿量和年发稿量等指标排名，美国的美联社、英国的路透社、法国的法新社、美国的合众国际社被称为世界四大通讯社。

2008 年 4 月 17 日，加拿大汤姆森集团和英国路透集团完成合并，并于同日在伦敦、多伦多和纽约三地同步上市，合并后被命名为“汤姆森·路透”。有统计数据显示，在提供专业财经数据的市场中，彭博社拥有 33% 的市场份额，路透社拥有 23% 的市场份额，汤姆森集团有 11% 的市场份额，而强强联合后，“汤姆森·路透”所占份额为 34%，彭博社为 33%。汤姆森和路透整合后，全球资讯提供商“三足鼎立”的格局形成——“汤姆森·路透”、彭博和 Reed Elsevier。

（资料来源：《被“合并”了，路透“独立”精神能否继续》，http：//news. xinhuanet. com/mrdx）

三、外汇市场的功能

外汇市场在当今国际经济和国际金融领域中发挥着越来越重要的功能，主要表现在以下几个方面：

1. 实现国际经济往来清算

国际经济交易离不开国际货币交易，外汇作为国际经济往来的支付手段和清算手段，为货币交易提供了场所，所以清算是外汇市场的最基本作用。

2. 实现货币的兑换

在外汇市场买卖货币，把一种货币兑换成另一种货币作为支付手段，实现了不同货币在购买力方面的有效转换。国际外汇市场的主要功能就是通过完备的通信设备、先进的经营手段提供货币转换机制，将一国的购买力转移到另一国，交付给特定的交易对象，实现国与国之间货币购买力或资金的转移。

3. 提供资金融通的渠道

外汇市场向国与国之间的交易者提供了资金融通的便利。外汇的存贷款业务集中了各国的社会闲置资金，从而能够调剂余缺，加快资本周转。外汇市场为国际贸易的顺利运行提供了保证，当进口商没有足够的现款提货时，出口商可以向进口商开出汇票，允许延期付款，同时以贴现票据的方式将汇票出售，拿回货款。外汇市场便利的资金融通功能也促进了国际借贷和国际投资活动的顺利进行。美国发行的国库券和政府债券中很大部分是由外国官方机构和企业购买并持有的，这种证券投资在脱离外汇市场的情况下是不可想象的。

4. 提供外汇保值和投机的机制

在以外汇计价成交的国际经济交易中，交易双方都面临着外汇风险。由于市场参与者对外汇风险的判断和偏好的不同，有的参与者宁可花费一定的成本来转移风险，而有的参与者则愿意承担风险以实现预期利润，由此便产生了外汇保值和外汇投机两种不同的行为。在金本位制和固定汇率制下，外汇汇率基本上是平稳的，因而就不会形成外汇保值和投机的需要及可能。而在浮动汇率下，外汇市场的功能得到了进一步的发展，外汇市场的存在既为套期保值者提供了规避外汇风险的场所，又为投机者提供了承担风险、获取利润的机会。

5. 为外汇银行提供了及时平衡头寸、转移外汇风险的可能

银行经营外汇交易时存在一定的风险，尤其是存在外汇头寸时，随着世界外汇交易量的不断扩大，其风险也越来越大，而外汇市场给银行提供了及时平衡头寸、转移外汇风险的可能，因此，有人把外汇市场称作银行平衡外汇头寸的蓄水池。

【任务互动】

假如中国银行某分行在2014年4月对美元的持有量未实现“平衡持有”，请思考该中国银行的分行会如何平衡头寸，转移外汇风险。

分析：1. 外汇头寸也称外汇地位，又称外汇持有额，是指银行对客户的外汇交易过程中，在不可避免地会发生买入多于卖出或卖出多于买入或买卖大致相等的情况下，外汇银行在一定时间内所持有的外汇差额。外汇持有额有三种情况：

（1）卖出外汇的总额超过买入总计的“超卖持有”（Oversold Position）；

（2）买入外汇的总额超过卖出总计的“超买持有”（Overbought Position）；

（3）买入与卖出总额大致相等的“平衡持有”（Savare Position）。

2.“超卖持有”和“超买持有”都会使外汇银行因汇率变动而受到有利或不利的影响，为了避免汇率变动的风险，中国银行在对美元“超卖持有”时会予以买入，而在“超买持有”时予以卖出，从而使外汇持有额尽可能轧平差额。

四、外汇市场的类型

外汇市场依据不同的划分标准，可以分为不同类型的外汇市场，常见的外汇市场有如下几种类型。

（一）按外汇市场的外部形态进行分类，外汇市场可以分为无形外汇市场和有形外汇市场

1. 无形外汇市场

无形外汇市场，也称为抽象的外汇市场，是指没有固定、具体场所的外汇市场。这种市场最初流行于英国和美国，故其组织形式被称为英美方式。现在，这种组织形式不仅扩展到加拿大、东京等其他地区，而且也渗入欧洲大陆。

无形外汇市场的主要特点是：第一，没有确定的开盘与收盘时间。第二，外汇买卖双方无须进行面对面的交易，外汇供给者和需求者凭借电传、电报和电话等通信设备进行与外汇机构的联系。第三，各主体之间有较好的信任关系，否则，这种交易难以完成。目前，除了个别欧洲大陆国家的一部分银行与顾客之间的外汇交易还在外汇交易所进行外，世界各国的外汇交易均通过现代通信网络进行。无形外汇市场已成为今日外汇市场的主导形式。

2. 有形外汇市场

有形外汇市场，也称为具体的外汇市场，是指有具体的固定场所的外汇市场。这种市场最初流行于欧洲大陆，故其组织形式被称为大陆方式。

有形外汇市场的主要特点是：第一，固定场所一般指外汇交易所，通常位于世界各国金融中心。第二，从事外汇业务经营的双方都在每个交易日的规定时间内进行外汇交易。在自由竞争时期，西方各国的外汇买卖主要集中在外汇交易所。但进入垄断阶段后，银行垄断了外汇交易，从而致使外汇交易所日渐衰落。

（二）按外汇所受管制程度进行分类，外汇市场可以分为自由外汇市场、外汇黑市和官方市场

1. 自由外汇市场

自由外汇市场是指政府、机构和个人可以买卖任何币种、任何数量外汇的市场。自由外汇市场的主要特点是：第一，外汇买卖不受管制。第二，交易过程公开。例如美国、英国、法国、瑞士的外汇市场皆属于自由外汇市场。

2. 外汇黑市

外汇黑市是指非法进行外汇买卖的市场。外汇黑市的主要特点是：第一，是在政府限制或法律禁止外汇交易的条件下产生的。第二，交易过程具有非公开性。由于发展中国家大多执行外汇管制政策，不允许自由外汇市场存在，所以这些国家的外汇黑市比较普遍。

3. 官方市场

官方市场是指按照政府的外汇管制法令来买卖外汇的市场。这种外汇市场对参与主体、汇价和交易过程都有具体的规定。在发展中国家，官方市场较为普遍。

（三）按外汇买卖的范围进行分类，外汇市场可以分为外汇批发市场和外汇零售市场

1. 外汇批发市场

外汇批发市场是指银行同业之间的外汇买卖行为及其场所。其主要特点是交易规模大。

2. 外汇零售市场

外汇零售市场是指银行与个人及公司客户之间进行外汇买卖的场所。

（四）按照交割时间进行分类，外汇市场可以分为现汇市场和期汇市场

1. 现汇市场

现汇市场是指外汇买卖成交后，在两个营业日内交割的外汇市场。

2. 期汇市场

期汇市场是指买卖双方签订交易合同后，约定在将来某一时间按合同规定的汇率和金额进行交割的市场。

表 5－2 外汇市场分类比较表

划分依据	类型	含义	特点
有无固定交易场所	有形外汇市场	交易有具体的固定的场所的外汇市场	①交易场所和时间固定 ②交易场所往往位于金融中心所在地
	无形外汇市场	外汇买卖无固定的场所和规定的时间的市场	①交易场所和时间不固定 ②交易往往通过电信手段完成
有无外汇管制	官方市场	在实行外汇管制的条件下，按照政府的外汇法令来买卖外汇的市场	①实行外汇专管 ②规定官方汇率 ③通过中央银行干预外汇买卖
	外汇黑市	非法进行外汇买卖的市场	①实行外汇管制的情况下产生的 ②交易过程隐蔽
	自由市场	在无外汇管制或外汇管制放松的条件下，依据自由汇率进行外汇自由买卖的市场	①实行市场汇率 ②政府很少或不干预外汇买卖 ③交易过程公开
交割时间	现汇市场	外汇买卖双方交易后，在两个营业日内交割的外汇市场	①交易的是现货 ②交割时间短
	期汇市场	买卖远期外汇的市场	①交易的是期货 ②交割时间较长

【知识链接】

钱庄

钱庄是适应货币兑换的需要而产生的，源于我国明清时代的货币制度。中国从明代正统年间（1436—1449年）开始便实行银两和铜钱两种货币并行的货币制度。明清时代都是以银两、制钱（铜钱）为平等本位，大额交易一般用银两，而小额零星交易用制钱，因为制钱的价值量很小。在这种货币制度下，由于银两和铜钱两种货币使用范围不同，国内贸易与居民生活存在着两种货币兑换的需求，故而产生了钱庄，为商人和居民兑换货币，并从商业资本的商品资本中分离出来成为货币经营资本。钱庄不仅是白银和铜钱置换的场所，一些规模较大的钱铺还开出具有信用票据功能的凭证，也就是钱票，但面额都不大。由于钱铺的信用度较高，签发的钱票可以与货币一样在市场上流通。

中国钱庄的本土优势，逐渐为外国银行所认识。随着外国对中国经济入侵的加深，外国银行想方设法收买它们，利用钱庄，招揽业务，经办银钱往来，令其成为外国银行资本在中国的买办，并最终使钱庄成为其附庸，进而控制中国的金融。

五、外汇市场的特点

外汇市场是金融市场的主要组成部分，从外汇交易的场所、时间、区域范围和交易的产品来看，外汇市场的主要特点表现在以下七个方面：

1. 有市无场

西方工业国家的金融业基本上有两套系统，即集中买卖的中央操作和没有统一固定场所的行商网络。股票买卖是通过交易所买卖的，比如纽约证券交易所、伦敦证券交易所、东京证券交易所，分别是美国、英国、日本股票主要交易的场所。其集中买卖的金融商品的报价、交易时间和交收程序都有统一的规定，并成立了同业协会，制定了同业守则。投资者则通过经纪公司买卖所需的商品，这就是“有市有场”。

外汇买卖市场有有形外汇市场和无形外汇市场之分，无形外汇市场是当前世界外汇市场的主导形式，它是通过没有统一操作市场的行商网络进行的，没有集中统一的地点。但是，外汇交易的网络却是全球性的，并且形成了没有组织的组织；市场是由投资者认同的方式和先进的信息系统所联系；交易商也不具有任何组织的会员资格，但必须获得同行业的信任和认可。这种没有统一场地的外汇交易市场被称为“有市无场”。

2. 24小时交易，循环作业

由于全球各金融中心的地理位置不同，亚洲市场、欧洲市场、美洲市场因时间差的关系，连成了一个全天24小时连续作业的全球外汇市场。早上8时半（以纽约时间为准）纽约市场开市，9时半芝加哥市场开市，10时半旧金山市场开市，18时半悉尼市场开市，19时半东京市场开市，20时半中国香港、新加坡市场开市，凌晨2时半法兰克福市场开市，3时半伦敦市场开市。如此24小时不间断运行，外汇市场成为一个不分昼夜的市场，只有星期六、星期日以及各国的重大节日，外汇市场才会关闭。

各个外汇市场连成统一整体，形成全球性的网络连锁交易。这种连续作业为投资者提供了没有时间和空间障碍的理想投资场所，投资者可以寻找最佳时机进行交易。比如，投资者可在上午纽约市场上买进日元，等晚间香港市场开市后日元上扬，投资者可在香港市场卖出。不管投资者本人在哪里，他都可以参与任何市场、时间的买卖。因此，外汇市场可以说是一个没有时间和空间障碍的循环作业市场。

3. 交易额迅速增长，交易量巨大

外汇市场是世界上最大的金融交易市场，交易额迅速增长，远远超过经济交易的实际需要。国际清算银行发布的数据显示，2013 年 4 月全球外汇交易市场日平均交易量增长至 5.3 万亿美元，其主要来源于两个部分：一是外贸，占总交易量的比重为 5% 左右。二是以盈利为目的的投机交易，占总交易量的比重为 95% 左右。

4. 交易币种和地域分布比较集中

在外汇市场交易的货币大多为可自由兑换货币，主要有美元（USD）、欧元（EUR）、日元（JPY）、英镑（GBP）、澳元（AUD）等，其中美元占主导地位，其次是欧元和日元。国际清算银行（BIS）2013 年发布的全球外汇市场成交量调查报告显示，美元交易量在全球外汇市场所占份额为 87.0%、欧元为 33.4%、日元为 23.0%、英镑为 11.8%、澳元为 8.6%。

另外，从地域分布看，外汇市场主要集中在欧洲、北美洲和亚洲，外汇交易活动正越来越集中于少数全球金融中心。国际清算银行 2013 年发布的全球外汇市场成交量调查报告显示，外汇交易越来越集中于主要金融中心——英国、美国、新加坡和日本，这四国交易额占比由三年前的66%升至71%，其中英国占全球外汇交易市场的41%，美国占19%，新加坡占 5.7%，日本占 5.6%，而中国香港的份额是 4.1%。

【案例分析】

人民币跻身全球十大外汇交易货币

新华网日内瓦2013 年9 月5 日电，国际清算银行9 月5 日发布报告说，全球外汇交易额在过去三年时间大幅增长，人民币跻身全球十大外汇交易货币之列。全球十大交易货币依次为美元（USD）、欧元（EUR）、日元（JPY）、英镑（GBP）、澳元（AUD）、瑞士法郎（CHF）、加元（CAD）、墨西哥比索（MXN）、人民币（CNY）和新西兰元（NZD）。

国际清算银行三年一度的全球外汇交易调查显示，2013 年 4 月全球外汇交易市场日均交易额为 5.3 万亿美元，较 2010 年 4 月增长约 1/3，其中，人民币日均交易额由 340 亿美元增至 1 200 亿美元，占全球外汇交易额的 2.2%。在全球外汇货币排名中，人民币已由 2010 年第 17 位升至第 9 位，超过瑞典克朗、新西兰元和港元。

此外，美元继续主导全球外汇交易，87%的全球外汇交易使用美元。受欧债危机和欧盟国家经济持续低迷影响，欧元的全球交易占比已从 2010 年 4 月的 39% 缩减至 2013 年 4 月的 33%。

除人民币之外，日元和新兴经济体货币外汇交易增长显著，日元成为全球第三大交易货币，墨西哥比索位列第八。

基于这份对全球53家央行和1 300家银行及交易机构的外汇交易调查报告，国际清算银行说全球外汇交易目前更加集中于主要金融中心，英国、美国、新加坡和日本已占全球外汇交易额的71%。

请分析人民币成为全球十大外汇交易货币的主要原因。

分析：(1) 中国经济快速增长，这使得中国成为世界上许多发达和发展中国家的重要贸易伙伴，因此，中国经济支撑起人们对人民币的信心；

(2) 中国政府近年来通过跨境贸易人民币结算以及发展人民币离岸市场，推动了人民币国际化。

5. 汇率波动频繁，幅度较大

1973年世界各国实行浮动汇率制后，各国中央银行不再负责维持汇率的稳定，汇率由外汇市场的供求决定。因为各国经济辅助的不平衡、国际经济交易的条件各异，国际收支顺差国和逆差国的差距日益拉大，导致各个外汇市场的各种货币的供求关系瞬息万变，从而引起外汇汇率的频繁变动。

6. 各个外汇市场的汇率差异不大

由于电信技术的迅速发展，外汇交易一般都是利用电话、电报、电传进行，相互之间信息传递非常快，从而明显缩小了各国外汇市场之间汇率的地区差异，致使世界各地的汇价几乎倾向一律。路透社有1 000多名记者分别常驻世界各地，负责搜集政治、经济、商品、贸易和股票的新闻信息，通过卫星通信网络，为100多个国家的各种新闻机构提供服务，如利用电脑提供即时汇率行情、汇率趋势评价和汇率走势图等。

7. 外汇交易的品种越来越多，风险也越来越大

外汇交易的品种越来越多，远期交易的比重越来越大。在远期外汇交易的基础上，金融创新开发出许多新型衍生金融工具，风险也越来越大。

【案例分析】

英国巴林银行破产事件

巴林银行集团曾经是英国伦敦城内历史最久、名声显赫的商业银行集团，素以发展稳健、信誉良好而驰名，其客户也多为显贵阶层，英国女王伊丽莎白二世也曾经是它的顾客之一。巴林银行集团的业务专长是企业融资和投资管理，业务网点主要在亚洲及拉丁美洲的新兴国家和地区。1994年巴林银行的税前利润仍然高达1.5亿美元。然而，1995年的一次金融投机彻底粉碎了该行的所有发展计划。

1995年2月26日，新加坡巴林公司期货经理尼克·里森投资日经225股指期货失利，导致巴林银行集团遭受巨额损失，合计损失达14亿美元，最终因无力继续经营而宣布破产。从此，这个有着233年经营史和良好业绩的老牌商业银行在伦敦城乃至全球金融界消失。目前该行已由荷兰国际银行保险集团接管。

巴林银行集团破产的消息震动了国际金融市场，各地股市受到不同程度的冲击，英镑汇率急剧下跌，对马克的汇率跌至历史最低水平。事情表面看起来很简单，里森的判断失误是整个事件的导火线。然而，正是这次事件引起了全世界的密切关注，新型外汇交易（金融衍生工具）的高风险被广泛认识。从里森个人的判断失误到整个巴林银行的倒闭，伴随着金融衍生工具成倍放大的投资回报率的是同样成倍放大的投资风险。

请分析巴林银行集团破产的根本原因。

分析：（1）在远期外汇交易的基础上，金融创新开发出许多新型金融衍生工具；（2）新型金融衍生工具的高收益伴随着高风险。

【知识链接】

股市与汇市的区别

股票市场（Stock Market）简称“股市”，是股票发行和交易的场所，包括发行市场和流通市场两部分。股份公司通过面向社会发行股票，迅速集中大量资金，实现生产的规模经营；而社会上分散的资金盈余者本着“利益共享、风险共担”的原则投资股份公司，谋求财富的增值。

外汇市场简称“汇市”，是指从事外汇买卖的交易场所。股票市场和外汇市场都是金融领域的重要市场，但两者存在很大区别，主要体现在以下几个方面：

一、空间不同

从特点就可以看出来，股票市场是区域性的市场，而外汇市场是一个全球性的市场；股票市场是有形的，而外汇市场是无形的。

二、标准不同

在股票市场中，不同区域性的市场都会有不同的市场规则和自身的特点，但在同一个市场中，投资者都遵循统一的标准。

在外汇市场中，由于其全球化的特点，市场的包容度和自由度相当高，投资者在一起交易，遵循公平、自愿、诚信的原则就可以了，没有什么特别的要求和规矩。

三、成交方式不同

规范的股票市场都是采用集合竞价、集中撮合的方式来完成交易的，体现了绝对的公平，因此，在同一时间点上的同一只股票不可能出现不同的成交价格。

外汇市场更像一个农贸市场，所有的买家和卖家完全是开放的，体现了绝对的自由。买家可以自由地询价，卖家可以自由地报价，双方完全是在自愿的情况下进行交易。

四、股市是封闭的，汇市是开放的

股票市场是个封闭的市场，有固定的开盘时间和收盘时间，有固定的交易场所，有固定的清算中心，同一时刻同一只股票的成交是同一个价格。股市只能在白天的特

定时段内交易，一般为早上9：30到下午3：00；而汇市交易则每周5天，全天24小时均可以进行交易。五、竞价方式不同

在股票市场中，大家以集合竞价的方式，通过统一的撮合系统进行交易。所以，投资者个人的价格完全可以对瞬间的市场价格产生影响。在外汇市场则不然，它没有撮合成交系统，一般的投资者没有主动报价的资格，只能被动地接受或拒绝成交。

六、交易方式不同

股票是T+1交易，外汇是T+0交易。当天买的股票，必须第二天以后才能卖出，是T+1交易。外汇买卖，可以当天进行平仓，是T+0交易，而且没有次数限制。

项目2 外汇交易

外汇是伴随着国际贸易而产生的，外汇交易是国际结算债权债务关系的工具。但是，近年来，外汇交易不仅在数量上成倍增长，而且在实质上也发生了重大的变化。外汇交易不仅是国际贸易的一种工具，而且已经成为国际上最重要的金融商品。外汇交易的种类也随着外汇交易性质的变化而日趋多样化。

一、外汇交易的概念与类型

外汇交易（Foreign Exchange Transaction）也称外汇业务，是指在外汇市场上进行外汇买卖的活动。依据不同的划分标准，外汇交易有不同的类型。

（一）根据外汇交易的性质分类

从交易的本质和实现的目的来看，外汇交易可分为两类，一是为满足客户真实的贸易、资本交易需求而进行的基础外汇交易，主要是即期外汇交易；二是在基础外汇交易之上，为规避和防范汇率风险或出于外汇投资、投机需求而进行的外汇衍生工具交易，主要包括远期外汇交易、择期交易、掉期交易、外汇期货交易、外汇期权交易等。

1．即期外汇交易

即期外汇交易（Spot Exchange Transaction）又称为现汇交易，是指外汇买卖成交后，交易双方于当天或两个交易日内办理交割手续的一种交易行为。

2．远期外汇交易

远期外汇交易（Forward Exchange Transaction）又称期汇交易，是指交易双方在成交后并不立即办理交割，而是事先约定币种、金额、汇率、交割时间等交易条件，到期才进行实际交割的外汇交易。

3．择期交易

择期交易（Optional Forward Transaction）指在零售外汇市场上，客户可以在约定的将

来某一段时间内的任何一个工作日，按规定的汇率进行交割的外汇买卖业务，它是一种可选择交割日的远期外汇买卖。

4．掉期交易

掉期交易（Swap Transaction）是指投资者在买进或卖出一种交割日外汇的同时，卖出或买进相同金额同一货币的另一种交割日外汇的交易。

5．外汇期货交易

外汇期货交易（Foreign Exchange Futures Transaction）是指买卖双方成交后，按规定在合同约定的到期日内按约定的汇率进行交割的外汇交易。

6．外汇期权交易

外汇期权交易（Foreign Exchange Option Transaction）是指交易双方在规定的时间按商定的条件和一定的汇率，就将来是否购买或出售某种外汇的选择权进行买卖的交易。

【任务互动】

请思考远期外汇交易与即期外汇交易的区别。出国旅游购汇属于即期交易吗?

分析：远期外汇交易与即期外汇交易的根本区别在于交割日不同。凡是交割日在成交两个营业日以后的外汇交易均属于远期外汇交易；而在当天或两个交易日内办理交割手续的属于即期外汇交易。出国旅游购汇多数是即期交易。

（二）根据参与外汇交易者的不同分类

1．外汇银行与外汇银行间的外汇交易

外汇银行与外汇银行间的交易也称作同业间的外汇业务，因为外汇银行与顾客之间买卖外汇的数额不一定能达到平衡，经常出现外汇头寸。为避免因为空头或多头的存在而遭受外汇风险，银行需要与其他银行进行外汇交易以平衡头寸。通常做法是抛出多头，补进空头。目前，更多的银行出于投机目的进行套汇、套利等同业的外汇业务，同业间的业务占外汇交易总额的90%以上。

2．外汇银行与零售客户间的外汇交易

非投机性的外汇业务主要是和结算联系在一起的本币与外币之间的买卖。出口商或其他外汇供应者将所得的外汇卖给外汇银行；或者，进口商或其他外汇需求者向银行购买外汇，就会产生外汇银行与顾客之间的外汇交易。银行一方面从顾客手中买入外汇，另一方面又卖外汇给顾客，实际上是作为中介赚取了外汇差价。

3．外汇银行与中央银行间的外汇交易

中央银行干预外汇市场的方式之一是与外汇银行进行外汇买卖。如果某种外币对本币的汇率低于期望值，中央银行就会向外汇银行购入这种外币，以增加市场对该外币的需求量，促使其汇率上升；反之，如果中央银行认为某外币的汇率过高，就会向银行出售该外汇的储备，促使其汇率下降。

（三）根据外汇交易杠杆比例大小分类

1. 外汇实盘交易

客户通过商业银行，将自己持有的某种可自由兑换的外汇或外币兑换成另外一种可自由兑换的外汇或外币的交易，称为外汇实盘交易。所谓“实盘”，指的是在交易中，客户不能使用类似于期货交易中的融资方式，即不能在交纳保证金之后从银行融资，从而将交易金额放大若干倍。我国外汇买卖只能进行实盘交易。

2. 外汇虚盘交易

外汇虚盘交易又称外汇保证金交易或按金交易，指投资者和专业从事外汇买卖的金融公司（银行、交易商或经纪商）签订委托买卖外汇的合同，缴付一定比率（一般不超过10%）的交易保证金，便可按一定融资倍数买卖外汇。

【任务互动】

请思考何为“外汇交易杠杆比例”，并举例说明。

分析：外汇杠杆交易是投资者用自有资金作为担保，用从银行或经纪商处提供的融资放大来进行外汇交易，也就是放大投资者的交易资金。融资比例的大小，一般由银行或者经纪商决定，融资比例越大，客户需要付出的资金就越少。

外汇交易杠杆比例就是指在外汇交易中，投资者以自有资金作为担保可获得融资的倍数，利用杠杆比例可以将实际交易金额进行放大，具有“以小博大”的特点，国际上的融资倍数（或者叫杠杆比例），为20倍到400倍之间。

比如，外汇市场的标准合约为每手10万元（指的是基础货币），如果经纪商提供的杠杆比例为20倍，则买卖一手需要5 000元的保证金（如果买卖的货币与账户保证金币种不同，则需要折算）；如果杠杆比例为100倍，则买卖一手需要1 000元保证金。

（四）根据外汇交易手段的不同分类

1. 柜台交易

柜台交易是指客户直接到银行柜台办理交易。

2. 电话交易

电话交易是指使用计算机电话集成技术，客户通过音频电话或手机完成买卖交易而不需要到银行柜台办理。

3. 自助终端交易

自助终端交易是指客户通过银行设有的自助终端设备，按照操作界面提示进行操作，完成外汇买卖交易、查询和凭证打印。

4. 网上交易

网上交易是指客户自己利用电脑，通过个人外汇买卖网上交易系统进行的外汇买卖。外汇市场信息非常透明公开，24 小时循环交易，交易量很大，没有人可以操纵这个市场。通过网上外汇交易，世界各地的外汇交易者与华尔街专业的分析师看到的信息基本上是同步的。1999 年，当网上股票交易日趋发展后，外汇市场开始尝试着网上交易。网上外汇交易始于英国，目前已遍及全球，渐渐取代传统以人工交易或以经纪人为主的外汇市场。

网上外汇交易是全自动实时成交，提供投资者真实可成交的价格和直接买卖的电子交易平台，直接让投资者能够有更大的盈利机会。

虽然网上外汇交易的历史不长，但发展迅速，电子交易平台不但功能多样化，而且十分易用。所有相关的信息均显示在同一窗口中，不但有实时无间断的外汇报价，还可实时显示出客户过去的交易记录和现时浮动的盈亏、现金结余，或是诸如风险管理的功能等。使用者亦可自定所有的字形、颜色、窗口的大小以及位置以配合个别的喜好。除此之外，电子交易平台还提供完整且详细的结算功能，可以显示出每一笔已平仓或未平仓的交易，甚至未成交的交易、保证金的水平以及每一笔交易的损益报告。

二、外汇交易的模式

外汇交易一般有报价驱动交易模式和指令驱动交易模式。

（一）报价驱动交易模式（询价交易）

报价驱动交易模式或称做市商报价驱动交易模式。做市商是指在外汇市场上，由具备一定实力和信誉的外汇经营法人作为特许交易商，不断地向公众投资者报出某些特定外汇的买卖价格（即双向报价），并在该价位上接受投资者的买卖要求，以其自有资金和外汇与客户进行交易。做市商自身则是通过买卖报价的适当差额来补偿所提供服务的成本费用，并实现一定的利润。由做市商参与并组织的市场交易称为做市商报价驱动交易模式，做市商报价驱动交易模式是当今外汇市场最主要的交易模式。

（二）指令驱动交易模式（竞价交易）

指令驱动交易模式又称竞价驱动交易模式，是指买卖双方以自己设定的价格向交易所的竞价撮合系统提交买入指令和卖出指令，外汇交易所按价格与时间优先原则排序，为买卖双方进行撮合成交。

指令驱动交易模式的特征是，开市价格由集合竞价形成，随后交易系统对不断进入的投资者交易指令，按价格与时间优先原则排序，将买卖指令配对竞价成交。指令驱动交易模式在当今国际外汇市场上非常少见。

三、外汇交易的流程

买卖外汇，首先要选择交易平台，一般而言，交易方会选择资信良好、报价迅速、买卖差价小、服务水平高的外汇银行，然后开户交易。询价交易模式的一般流程是：询价、报价、成交、确认和交割。

1. 询价

询价就是发起外汇交易的一方询问对方有关货币的买入价和卖出价，但并不一定需要表明自己的买卖意愿。询价的内容包括询问价格，交易的货币、数量，交易方式，交割时间等。

2. 报价

外汇银行的交易员在收到询价后，及时向询价者报出相关货币现汇或期汇的买卖价格。报价一般只报出汇率的最后两位数。

3. 成交

询价者在接到报价后，需要迅速作出买卖决定。如果同意所报价格，则达成交易，报价者不能反悔；如果不同意或没有及时作出反应，则报价者可以撤销报价。

4. 确认

因为询价、报价和成交都是通过电话、电传或电脑网络在短时间内完成的，所以需要交易的双方当事人将交易的细节加以确认，以便清算工作的进行和日后的查询。

5. 交割

交割是指买卖双方在合同规定的日期内过户交易货币的所有权的实际交付行为。

四、外汇交易的常用术语

1. 交易术语

（1）交易部位、头寸（Position）：买进外汇合约者是多头，处于盼涨地位；卖出外汇合约者为空头，处于盼跌地位。持有买入或卖出的外汇合约单位（手）即为头寸。

（2）空头、卖空、做空（Short）：预期未来汇价将下跌，按目前市价卖出一定数量的货币合约，等价格下跌后再补进以了结头寸，从而获取高价卖出、低价买进的差额利润。

（3）多头、买入、做多（Long）：预期未来汇价将上涨，以目前的价格买进一定数量的货币合约，待一段时间汇率上涨后，以较高价格平仓所持合约部位，从而赚取利润。

（4）持平、轧平：指经纪商或交易者手上既没有多头也没有空头货币时的状况。如果经纪商没有任何头寸，或者其所持的全部头寸都互相抵销了，那么他的账目为持平状态。

（5）开仓：即建仓，在某一价位首次买进或卖出的成交行为。

（6）平仓：把买进单在现价位卖出，把卖出单在现价位买进，以结束交易。

【任务互动】

请解释“某投资者持有欧元/美元多头头寸”的意思，并举例说明“平仓”。

分析：表示该投资者已经在此前买入了欧元/美元，现在处于持有状态。

比如，某投资者买入了一笔欧元多头合约，就称这个投资者持有了一笔欧元多头头寸；如果做空了一笔欧元，则称这个投资者持有了一笔欧元空头头寸。当投资者将手里持有的欧元头寸卖回给市场的时候，就称之为“平仓”。

（7）保本平仓：在保本或有微利的情况下结束交易。

（8）获利了结：赚到钱后将交易对象平仓，即卖出已买进的，买进已卖出的。

（9）分批开仓：在同一价位或不同价位分批下单，可以是首次买入，也可以是首次卖出。

（10）分批平仓：指在不同的价位分批平仓，即卖出已买进的，买进已卖出的。

（11）揸：买入（源自粤语）。

（12）沽：卖出（源自粤语）。

（13）恐慌性抛售：听到某种消息就平仓，不管价位好坏。

（14）交易清淡：交易量小，波幅不大。

（15）交易活跃：交易量大，波幅很大。

（16）消耗上升：上升慢，下降快。

（17）目标位：每一个压力位或支撑位就是目标位。

（18）挂单：设定一个想成交的价格，让交易系统在该价格达到的时候自动成交。

（19）跟进：按趋势方向追买或追卖的操作。

（20）止损：方向错误时，在某价位立刻平仓认赔。

（21）止盈：到达预定的获利目标后，立刻获利了结。

（22）撤单：把已经预先委托的交易单取消。

（23）锁仓：在没有平仓之前又开仓了一张和原有方向相反、等量的交易单，以防止行情反向发展时扩大亏损。一般当交易者亏损了账户金额的70%时，经纪商即开始锁仓。

（24）每手：指每一张买卖的合约单位，一张（1手）合约需要10万美金等值货币来购买，但有些经纪商提供“迷你账户”进行交易，即每手交易可能只需要1万美金等值货币。

（25）直盘和交叉盘：直盘是指非美货币与美元比率的货币对，我们主要交叉的直盘货币对包括美元/日元、欧元/美元、英镑/美元、美元/瑞士法郎、澳元/美元、美元/加元；交叉盘则是指美元之外的货币相互之间的比率，比如欧元/日元、欧元/英镑、英镑/日元、欧元/澳元等。

（26）基本面、技术面：基本面分析和技术面分析是外汇走势分析的两大方法，其中基本面主要分析的是全面的经济、政治、军事等数据，它们是决定汇率长期走势的根本因素，借助基本面分析有利于把握汇率走势的大方向；技术面分析重在借助技术指标来分析汇率运行的阶段性趋势、节奏、价位、支撑阻力等，并以此来指导操作。

（27）交割日：即期或远期外汇交易的结算日期。

（28）点差：“点”是对汇价的表示。为了做到精确和方便，一般用5位数表示，最小变化的单位，通常称为“点”。报价的点差是指外汇交易时，买入价和卖出价存在的一个差价。

【任务互动】

请举例解释“点”与“点差”。

分析：点：美元对日元（USD/JPY）的报价为101.75，则最小单位是0.01日元，或者说0.01日元为1点。英镑对美元（GBP/USD）的报价1.686 6的最小单位是0.000 1美元，或者说0.000 1美元为1点。

点差：美元对日元（USD/JPY）的报价是101.75/101.85时，101.75为买入美元价，101.85为卖出美元价，101.85－101.75＝0.10，称为点差10点。

2. 市场术语

（1）熊市：长期单边向下。

（2）牛市：长期单边向上。

（3）牛皮市：波幅狭小的盘整行情。

（4）单边市：有10天半个月行情只上不下或只下不上。

（5）上落市：货币在一区间内来回、上下波动。

（6）盘整：一段升（跌）后在区间内整理、波动。

（7）长期：3个月到半年以上（1 000点以上）。

（8）中期：3个星期到3个月（500～1 000点）。

（9）短期：一天到3个星期（30～500点）。

（10）超短线：当天开仓、当天平仓的操作。

（11）波段趋势：多转空或空转多后的一整段同一趋势方向的行情。

3. 看盘术语

（1）波幅：货币在一天之中振荡的幅度。

（2）窄幅：30～50点的波动。

（3）振荡：价位在某一区域来回运行。

（4）区间：货币在一段时间内上下波动的幅度。

（5）上扬下挫：货币价格因消息或其他因素有突破性的发展。

（6）胶着：盘整行情，区间狭小。

（7）作收：收盘。

（8）空头回补：原本是向上涨的，忽然开始向下跌，空头回攻市场。

（9）多头回补：原本是向下跌的，忽然开始向上涨，多头回攻市场。

（10）上探、下探：向上或向下测试价位。

（11）上档、下档：价位目标（价位上方称为阻力位，价位下方称为支撑位）。

（12）卖压：逢高点的卖单气势。

（13）买气：逢底价的买单气势。

（14）底部：下档重要的支撑位。

（15）单日转向：本来趋势向上（下），但当日趋势又往下（上）走，且超过开盘价。

（16）破位：突破支撑位或阻力位。

（17）假破：突破支撑位或阻力位后立刻回头，形成突破的假象。

（18）回档、反弹：在价位波动的大趋势中间出现的反向行情。

（19）打底、筑底：当价格下跌到某一部位时，在一段时间内的波动不大，且区间缩小。

（20）蚀买盘：作空能力释放时，汇率不跌反涨，逼得空头不得不强补买回。

（21）反手：发现行情与自己的判断相反时，立即平仓后按反方向下单。

（22）上轨、下轨：按通道运行的规律画上下的平衡线，上方线是上轨，下方线是下轨。

（23）企稳：价格在支撑位或压力位处能守住的意思。

（24）共振：同类品种出现同方向的突破，或同形态的突破。

（25）联动：一个品种出现某种方向性的运动后，其他相关品种也随之出现同方向运动。

五、外汇交易的作用

外汇交易的作用主要表现在三个方面：

1. 有利于国际贸易与投资筹资所需的国际结算

如出口商收入外汇、筹资者吸入外资、投资收入利润与侨民汇入外汇等都需要出售外汇；而进口商支付货款和运费保险费、出国旅游等都需要购买外汇。

2. 有利于商业银行平衡外汇头寸

外汇头寸是指经营外汇交易的银行账户的余额状况。因为经营外汇交易的商业银行，对于个人、公司等所有的外汇买卖，不论外币种类和金额大小，只要符合外汇管制法令的规定，就都给予满足，这样就不可避免地出现买进与卖出外汇不平衡的情况。在通常情况下，为避免因汇率波动而遭受损失，银行在经营外汇交易时总是遵循“买卖平衡”的原则。银行在与客户的交易中，如果某一种外汇卖出多于买进，则视为“空头”，此时银行需将短缺部分的外汇买进，或者说将空头的外汇补进；相反，如果某一种外汇买进多于卖出，则视为“多头”。此时银行需将多余部分的外汇卖出，或者说将多头的外汇抛出，以保持外汇头寸的平衡。总之，银行与客户间的外汇买卖，是以赚取买卖汇率之间的差价为主，原则上不承担汇率风险。

3. 便于国际贸易与投资筹资者防范外汇汇率变动的风险

大部分的外汇交易都能在一定程度上消除时间风险和货币风险，如远期外汇交易、货币期货交易、外币期权、择期外汇交易和掉期外汇交易等。

【知识链接】

外汇交易学习入门

外汇交易学习是每个投资人进入炒金外汇行业所必须经过的准备阶段。新人可以了解以下几点建议：

第一，选一个主流外汇交易平台（受英国FCA监管或者美国NFA监管）。

第二，完善外汇知识，按步骤学习外汇交易。

初学者一般需要经历五个步骤学习外汇交易。第一步，学习一套在实践中经过检验的行之有效的交易系统。第二步，在过去的历史图表中练习使用已经学到的交易方法。第三步，使用当前市场的实时数据进行模拟操盘，进一步提高自己正确运用交易系统的技能和水平。第四步，在模拟操作中有较大把握、能够盈利的基础上，再用小额资金进行小规模操作，并且要及时总结实际操作当中的经验教训，在实践中不断学习和提高。第五步，真正按照专业投资者的思维和工作方式进行实战交易。

第三，客观认识自己，理性掌控自己的操盘心理。虽然市场机会无限，但是属于自己的机会是有限的，你所能把握的机会很少。要客观认识自己，不要对错过低价买进而后悔，也不要为没有实现利润最大化而烦恼。

项目3　世界主要外汇市场

世界外汇市场由各国际金融中心的外汇市场构成。目前世界上有30多个外汇市场，根据地域划分，可分为欧洲、北美洲和亚洲三大部分，其中最重要的有伦敦、纽约、新加坡、东京、巴黎、香港、苏黎世等外汇市场。

一、伦敦外汇市场

伦敦外汇市场是一个典型的无形市场，因为它没有固定的交易场所，相关人员只是通过电话、电传、电报完成外汇交易。伦敦外汇市场是世界上规模最大的外汇市场，其交易额约占世界外汇交易额的30%［BIS（国际清算银行）2013年9月5日发布的全球外汇市场成交量调查报告显示，全球最大的外汇交易活动中心——英国的日成交额占比从三年前的37%增至41%］。在该外汇市场上，共有600多家外汇银行机构参与外汇交易，除了英国本土的清算银行、商人银行、其他商业银行、贴现公司外，很多国外的银行机构也活跃于伦敦外汇市场。伦敦外汇银行工会也正是由这些外汇银行组成的，它负责制定外汇市场交易的规则和收费标准等。

在伦敦外汇市场上，有多个指定的外汇经纪人，他们与外币存款经纪人共同组成了外汇经纪人与外币存款经纪人协会。在实行外汇管制期间，一般都通过外汇经纪人进行外汇银行间的外汇交易。1979年10月英国取消外汇管制后，外汇银行间的外汇交易就不一定通过外汇经纪人进行了。伦敦外汇市场的外汇交易分为即期交易和远期交易两种。汇率报价采用间接标价法，交易货币种类繁多，经常有三四十种，多时可达80多种。交易处理速度迅速，工作效率极高。当然，伦敦外汇市场上的外汇买卖与“欧洲货币”的存放有着密切联系。尤其是欧洲投资银行在伦敦市场积极地发行德国马克债券，使伦敦外汇市场的国际性更加突出。

二、纽约外汇市场

纽约外汇市场是世界第二大外汇交易市场，日交易量仅次于伦敦，其交易额约占世界外汇交易额的20%。和伦敦外汇市场一样，纽约外汇市场也是一个无形市场，但是和伦敦外汇市场相比，该外汇市场交易更显现代性。它通过现代化的通信网络与电子、电脑进行交易，其货币结算都可通过纽约地区银行同业清算系统和联邦储备银行支付系统进行。由于美国对经营外汇业务没有限制，也没有专门指定的外汇银行，所以绝大部分美国银行和金融机构都可以办理外汇业务，但参与者主要还是商业银行，这既包括50多家美国银行，也包括200多家外国银行在纽约的分支机构、代理行及代表处。

外汇市场上的外汇交易分为三个层次：

（1）银行与客户的外汇交易；

（2）本国银行间的外汇交易；

（3）本国银行和外国银行间的外汇交易。银行同业间的外汇买卖大部分是通过外汇经纪人来办理，经纪人的业务不受任何监督，对其安排的交易也不承担任何经济责任，只是在每笔交易完成后收取卖方的佣金。在外汇市场上，小部分外汇市场经纪商专门买卖某种外汇，但大部分还是同时从事多种货币的交易。纽约外汇市场交易是非常活跃的，不过与进口贸易相关的外汇交易量还是比较小，相当部分外汇交易和金融期货市场密切相关。

美国的企业很少同外汇市场发生关系，只有在进行金融期货交易时才与外汇市场发生关系。毫不夸张地说，纽约外汇市场是一个完全自由的外汇市场，其汇率报价既采用直接标价法，也采用间接标价法，以便于在世界范围内顺畅地进行货币交易。

三、新加坡外汇市场

新加坡外汇市场是在20世纪70年代初亚洲美元市场成立后，才成为国际外汇市场的，其地位也越来越高。新加坡地理位置和时区位置占尽了天时地利，它地处欧、亚、非三大板块之间，时区也很优越，上午可与香港、东京、悉尼进行外汇交易，中午可同中东的巴林进行交易，下午又可与伦敦、苏黎世、法兰克福等欧洲市场进行外汇交易，晚上同纽约进行交易。只要交易需要，该外汇市场一天24小时都能同世界各地区进行外汇买卖。能成为国际外汇市场，很重要的原因是新加坡外汇市场除了使用现代化通信网络外，还直接同纽约的CHIPS系统和欧洲的SWIFT系统连接，货币结算非常方便。

新加坡外汇市场的外汇交易以现货为主，交易的货币种类不受限制，但以美元为主，约占交易总额的80%。汇率采用美元报价法，非美元货币的汇率通过套算获得。

新加坡政府不设立中央银行，而是由金融管理局、货币发行局和投资局分别行使中央银行的职能。在新加坡外汇市场，参加者既包括经营外汇业务的本国银行，也有经批准可经营外汇业务的外国银行和外国经济商。新加坡外汇市场也是一个无形市场，大部分交易由外汇经纪人办理，并通过他们把新加坡和世界各金融中心连接起来。

四、东京外汇市场

东京外汇市场同样也是一个无形市场，交易者通过现代化通信设施联网交易。东京外汇市场的参加者有以下五类：

(1) 外汇专业银行，即东京银行；

(2) 外汇指定银行，指可以经营外汇业务的银行，共340多家，包括日本国内243家银行、99家外国银行；

(3) 外汇经纪人；

(4) 日本银行；

(5) 非银行客户，主要包括企业法人、进出口商社、人寿财产保险公司、投资信托公司、信托银行。在东京外汇市场上，银行同业间的外汇交易可以直接进行，不一定要通过外汇经纪人进行，但日本国内的企业、个人进行外汇交易必须通过外汇指定银行进行。

五、巴黎外汇市场

和别的外汇市场不同，巴黎外汇市场由有形市场和无形市场两部分组成。其有形市场主要是在巴黎交易所内进行的外汇交易，其交易方式与证券市场买卖相同，每天公布官方外汇牌价，然后在交易所进行外汇交易。无形市场是指在交易所外进行的外汇交易，或者是交易双方通过电话、计算机等直接进行或通过经纪人进行的买卖。目前巴黎外汇市场标价的只有美元、欧元、英镑、瑞士法郎、瑞典克朗、加元等货币，仅有较大的100家左右银行积极参加外汇市场的活动。外汇经纪人约20名，参与大部分远期外汇交易和即期交易。

六、香港外汇市场

香港外汇市场是从20世纪70年代以后发展起来的国际性外汇市场。在当今世界外汇市场上，香港外汇市场也扮演着一个很重要的角色。1973年，香港取消了外汇管制，从此国际资本大量涌入，经营外汇业务的金融机构不断增加，外汇市场越来越活跃，香港外汇市场也因而发展成为一个国际性的外汇市场。香港外汇市场没有固定的交易场所，是一个无形市场，交易者通过各种现代化的通信设施和电子、计算机网络等进行交易。与东京外汇市场不同，香港外汇市场的参与者主要是商业银行和财务公司。该市场的外汇经纪人，有以下三类：

(1) 当地经纪人，其业务范围仅局限于香港本地；

(2) 国际经纪人，是20世纪70年代后将其业务扩展到香港的其他外汇市场的经纪人；

（3）在香港本地成长起来的国际经纪人，即业务已扩展到其他外汇市场的香港经纪人。20 世纪 70 年代之前，香港外汇市场货币交易主要是港元和英镑的兑换。20 世纪 70 年代后，该外汇市场取消了外汇管制，变得活跃起来，此时港元与英镑脱钩，与美元挂钩，美元成了香港外汇市场上交易的主要外币。香港外汇市场上的交易可以分为两大类：一类是港元和外币的兑换（以和美元的兑换为主）；另一类是美元兑换其他外币的交易。

七、苏黎世外汇市场

苏黎世外汇市场是一个有着历史传统的外汇市场，在国际外汇交易中的地位非常重要。主要有两方面的原因：

（1）瑞士法郎是可自由兑换货币；

（2）"二战"期间瑞士是中立国，外汇市场受战争影响小，一直坚持对外开放。

因此，苏黎世外汇市场发展较迅速，尤其是在实行严格的银行存款保密制度后，吸引了大量的外来资金，使市场更为活跃。苏黎世外汇市场属于无形的外汇市场，通过电话、电传和电报等进行外汇交易。苏黎世外汇市场没有外汇经纪人，所有的外汇交易都在银行之间进行，其参加者有瑞士银行、瑞士信贷银行、瑞士联合银行等外汇银行，外国银行在瑞士的分行、代理行，瑞士中央银行。

【任务互动】

查一查，根据国际清算银行 2013 年 9 月 5 日发布的报告，全球四大外汇交易中心包括哪些？

分析：伦敦外汇交易中心、纽约外汇交易中心、新加坡外汇交易中心和东京外汇交易中心。

项目 4　中国外汇市场

一、中国外汇市场的形成与发展

与国际外汇市场相比，中国外汇市场是在近 30 年内才逐步发展起来的。可以说是经历了从无到有、从小到大、从有形到无形、从简单到复杂的过程。目前中国外汇市场已经初步发展成为人民币相关产品的定价中心，包括人民币拆借和债券市场；但这只是形式上的，本质上仍是以结售汇制度为基础的银行间外汇买卖市场。改革开放以前，我国实行统收统支的外汇管理体制，一切外汇收入都必须出售给国家，一切外汇支出都要由国家计划安排，因而不存在外汇的买者和卖者，也就不存在外汇市场，随着改革开放步伐的推进，外汇市场从萌芽到逐步完善，大致经历了以下三个时期：

1. 外汇调剂市场的萌芽与起步（1980—1985 年）

1978 年 12 月 18 日，作为中国经济发展重大转折点的党的十一届三中全会召开。从此，推进对外开放、实行以市场为取向的改革进入探索实施阶段，这客观上为外汇市场的萌芽创造了条件。

1985 年底，我国在深圳设立了外汇调剂中心，其后在其他经济特区也相继设立了一些中心。尽管我国的外汇调剂市场并不属于严格意义上的外汇市场，但是，作为对计划经济体制下统收统支外汇体制的突破并在一定程度上引入了市场机制，其开创性的意义是深远的。

后来经过改革开放的初步探索，我国经济的对外开放程度迅速扩大，但外汇供求矛盾仍很突出。同时，由于社会总需求膨胀，所以国内物价上涨较大，出口换汇成本增加。此时，外汇调剂市场产生阶段确立的限定价格已经不能反映实际供求。这就造成了 1985 年调剂市场有行无市，非法高价买卖外汇的场外交易增加。

2. 外汇调剂市场框架的形成阶段（1986—1993 年）

1986 年，我国外汇调剂市场的发展进入了一个新的阶段。这一时期我国外汇调剂市场的主要改革为：

（1）外汇调剂业务由中国银行移交给外汇管理局办理。在国家外汇管理局的统一领导和管理下，各省、自治区、直辖市设立了外汇调剂中心，办理本地外汇额度和现汇的调剂业务，在北京设立了全国外汇调剂中心，办理中央部门之间和各省、市之间的外汇额度和现汇调剂业务，形成了一个初步的伞形结构外汇市场。

（2）1986 年 10 月，国务院颁布了《关于鼓励外商投资的规定》，允许外商投资企业在经济特区和沿海开放城市调剂外汇，扩大调剂范围，允许地方政府的留成外汇，允许国营、集体企事业单位同外资企业之间进行外汇调剂，沟通了两个市场。华侨、港澳台同胞的捐赠外汇进入外汇调剂市场，并从 1991 年 12 月 1 日起允许我国境内的中国公民以及定居在我国境内的外国人参加外汇调剂。

（3）放开了外汇调剂价格，调剂价格根据外汇供求自由浮动。

（4）1992 年开通了由 26 家地方调剂中心组成的联合报价网络，建立了调剂价格及成交情况的信息网络。这是我国外汇调剂市场向规范化目标迈进的重要一步。同以前的内部调剂相比，它运用了更多的市场机制，如公开报价、竞价成交，不仅体现了公开化、市场化的原则，大大提高了外汇调剂交易的透明度，同时也充分发挥了经济商的作用，完善了信息的传导机制，创造了公平、平等的竞争环境。与我国外汇调剂市场相对应的是我国外汇调剂成交额的逐年增加，1987 年全国外汇调剂成交额累计为 42 亿美元，1988 年增加到 62.6 亿美元，1992 年达 251.05 亿美元。2013 年人民币外汇市场累计成交 11.2 万亿美元。

3. 市场化、规范化的银行间外汇市场阶段（1994 年至今）

1994 年的外汇体制改革是我国外汇市场发展过程中的里程碑。1994 年，我国开始实行结售汇制度，1996 年底，实行经常项目可兑换市场制度、远期结售汇试点中资企业保留现汇制度，交易规模空前发展。

（1）从交易载体上，外汇市场是有形与无形相结合的交易系统。1994 年 4 月 4 日，中国外汇交易中心正式成立运行，它通过计算机网络与全国各地的分中心和调剂中心实行联网交易，外汇指定银行必须指派外汇交易中心认可的交易员进入交易中心指定的交易场所进行外汇交易，从这个角度讲，当时我国外汇交易系统具有有形的特征；同时，由于外汇交易系统通过计算机进行交易，这一点又与国际上成熟的外汇市场相似，因此，其又具有无形市场的特征。总之，我国的银行间外汇市场是一个具有中国特色的有形与无形相结合的外汇交易系统，它基本上统一了以前分割的外汇市场，使全国的外汇交易通过银行结售汇体系和代理交易全部纳入全国银行间外汇市场，保证了外汇资源在全国范围内根据市场信号合理流动。

（2）在市场结构上，外汇市场实现了一次质的飞跃，第一次确立了银行在外汇市场上的主体地位，形成了两个层次的市场：一是客户与外汇指定银行之间的市场；二是银行间外汇市场，包括外汇指定银行相互之间以及外汇指定银行与中央银行之间的外汇交易，这种市场结构已基本上与国际规范的外汇市场相一致。

（3）在市场组织形式上，实行统一的外汇市场会员制，凡经中国人民银行批准设立、国家外汇管理局准许经营外汇业务的金融机构及其分支机构，经外汇交易中心审核批准后，均可成为外汇交易中心的会员。会员分为自营会员和代理会员，自营会员可兼营代理业务，而代理会员只能从事代理业务。

（4）在交易方式上，实行竞价交易和询价交易两种机制并行的交易模式。

（5）在清算方式上，中国外汇交易系统实行本外币集中清算，本币实行二级清算（即各分中心负责当地会员之间的清算，总中心负责各分中心的差额清算，人民币资金通过在中国人民银行开立的人民币账户办理；外汇资金实行一级清算，即总中心负责各会员之间的清算，外汇资金通过中国外汇交易中心在境外开立的外汇账户办理）。

二、中国外汇市场的层次

1. 银行间外汇市场

银行间外汇市场是银行同业之间的外汇交易市场，实行会员管理，参与者包括外汇指定银行、具有交易资格的非银行金融机构和非金融企业。

中国外汇交易中心受中国人民银行和国家外汇管理局委托，为银行间外汇市场提供统一、高效的电子交易系统，该系统起初实现竞价交易模式，现在提供集中竞价与双边询价两种交易模式，支持人民币对 11 种外币［美元、欧元、日元、港元、英镑、马来西亚林吉特、俄罗斯卢布、澳元、新西兰元、加元和泰铢（区域交易）］的即期交易，人民币对 7 种外币（美元、欧元、日元、港元、英镑、澳元和加元）的远期、掉期交易，人民币对 5 种外币（美元、欧元、日元、港元、英镑）的掉期和期权交易，以及 9 组外币对（欧元/美元、澳元/美元、英镑/美元、美元/日元、美元/加元、美元/瑞士法郎、美元/港元、欧元/日元、美元/新加坡元）的即期、远期和掉期交易，同时还包括交易分析、数据直通处理和即时通信工具等辅助功能。

2. 银行对客户外汇市场

客户与银行间外汇市场主要是外汇零售市场，客户通过银行的网点或通过网上银行、电话银行等方式完成交易。在我国，这一市场主要是银行与客户之间的结售汇、外行理财、外汇买卖等市场。

【知识链接】

银行间外汇市场做市商

根据国家外汇管理局《银行间外汇市场做市商指引》条例，银行间外汇市场做市商，是指经国家外汇管理局核准，在我国银行间外汇市场进行人民币与外币交易时，承担向市场会员持续提供买、卖价格义务的银行间外汇市场会员。

银行间外汇市场做市商分为即期做市商，远期、掉期做市商和综合做市商。即期做市商是指在银行间即期竞价和询价外汇市场上做市的银行。远期、掉期做市商是指在银行间远期、外汇掉期和货币掉期市场做市的银行。综合做市商是指在即期、远期、外汇掉期和货币掉期等各外汇市场开展做市的银行。

三、中国外汇市场的特点

1994 年 1 月 1 日，我国对外汇管理体制进行了改革，外汇市场无论从结构、组织形式上还是从交易方式和交易内容上都与国际规范化的外汇市场更加接近。我国外汇市场主要有以下几个特点：

（1）运用现代化的通信网络和电子计算机联网为各金融机构提供外汇交易与清算服务。在交易方式和内容上，实行联网交易。

（2）在市场结构上，可分为两个层次：一是客户与外汇指定银行之间的交易；二是银行间的外汇交易，包括外汇指定银行之间的交易和外汇指定银行与中央银行之间的交易。

（3）决定市场汇率的基础是外汇市场的供求情况。中国人民银行每日公布基准汇率，各外汇指定银行在规定的浮动范围内自行决定挂牌汇率，汇率浮动范围在 0.25% 以内。

（4）中国人民银行对外汇市场进行宏观调控和管理。中国人民银行主要运用货币政策进行干预。

（5）我国外汇市场上存在着两大板块，即人民币对外币市场和外币对外币市场。人民币对外币市场因涉及人民币业务，对国内经济的冲击较大，存在着许多的交易限制。外币对外币市场参与者不仅包括公司企业，还包括持有外汇的居民个人，市场发展较为完善。随着开放型经济的发展，我国国内外汇市场融入国际外汇市场是必然的趋势，两大板块合二为一是必然的趋势。

【知识链接】

中国外汇交易中心

中国外汇交易中心暨全国银行间同业拆借中心（简称交易中心）于 1994 年 4 月 18 日成立，是中国人民银行总行直属事业单位。主要职能是：为银行间同业拆借市场、债券市场、外汇市场等提供交易、信息、基准、培训等服务，承担市场交易的日常监测工作，为央行货币政策操作和传导提供服务，开展经中国人民银行批准的其他业务。交易中心总部设在上海张江，在上海外滩建有同城灾备中心，在北京建有异地灾备中心。

项目 5　中国外汇市场个人外汇交易业务

一、个人外汇交易概述

个人外汇交易是指银行参照国际外汇市场汇率，为境内居民将一种外汇直接兑换成另外一种外汇的业务。也就是个人客户在银行进行的可自由兑换外汇或外币间的交易。通过外汇交易，个人可以卖出手中持有的外币，买入存款利率较高或处于升值中的另一种外币，从而获取更高的利息收益或者获得外汇升值的好处，避免汇率风险。如买入利率较高且处于升值中的货币，可获得汇差、利息两方面的收入。通过外汇交易，个人还可以调整手中所持外汇的币种结构，既方便使用，也有利于保值。

个人外汇交易一般有实盘（不能进行透支、保证金等交易）和虚盘（保证金）之分。目前按国家有关政策规定，我国只能进行实盘外汇交易，还不能进行虚盘外汇交易，所以个人外汇交易业务均为实盘交易。个人在银行规定的交易时间内，通过柜面服务人员或其他电子金融服务方式，进行实盘外汇交易。银行接受客户的委托，按照银行个人外汇交易业务的报价，为客户把一种外币兑换成另一种外币。目前人民币还没有实现完全可兑换，人民币与外汇之间还不能进行自由交易。居民个人可以持现钞去银行开户，也可以将已有的现汇账户存款转至开办个人外汇交易业务的银行。在交易手段上，既可以到银行柜台办理交易，也可以通过电话、互联网进行外汇交易。

二、个人外汇交易模式

从 1994 年至今，随着电子通信手段的快速发展，在中国人民银行的直接领导下，外汇交易中心对外汇市场实行了一系列完善措施：引入做市商制度，做市商报价形成中间价，波动幅度进一步放宽，快速推出多种交易方式和交易产品，委托路透进行系统开发等。

1. 竞价交易

竞价交易也称匿名交易，指交易双方通过外汇交易系统匿名报价，系统按照“价格优先、时间优先”的原则进行匹配，达成交易，交易达成后双方通过集中清算模式进行清算的交易模式。竞价交易仅适用于外汇即期交易。

2. 询价交易

有双边授信关系的交易双方，通过外汇交易系统双边直接协商交易要素达成交易，交易达成后通过双边清算模式或其他模式进行清算的交易模式。

【任务互动】

在询价交易模式下，交易双方协商交易要素，猜一猜，这些交易要素都包括什么？

分析：包括交易的币种、金额、价格和期限等要素。

三、个人外汇交易类型

（一）人民币外汇即期交易

1. 产品定义

人民币外汇即期交易指交易双方以约定的外汇币种、金额、汇率，在成交日后第二个营业日或两个营业日以内交割的人民币外汇交易。

2. 交易方式

竞价交易和询价交易。

3. 交易币种

USD/CNY、HKD/CNY、JPY/CNY、EUR/CNY、GBP/CNY、AUD/CNY、NZD/CNY、CAD/CNY、CNY/MYR、CNY/RUB、CNY/THB，共11种。

4. 交易时间

北京时间9：30—16：30（周六、周日及法定节假日不开市）。

5. 清算方式

竞价交易集中清算，询价交易双边清算或净额清算。

6. 市场准入

符合规定条件的银行及其分支机构、非银行金融机构或非金融企业，可向交易中心申请人民币外汇即期会员资格（非银行金融机构和非金融企业经交易中心初审合格后还需提交外汇局备案）。

（二）人民币外汇远期交易

1. 产品定义

人民币外汇远期交易指交易双方以约定的外汇币种、金额、汇率，在约定的未来某一日期（成交日后两个营业日以上）交割的人民币外汇交易。

2. 交易方式

双边询价。

3. 交易币种

USD/CNY、HKD/CNY、JPY/CNY、EUR/CNY、GBP/CNY、AUD/CNY、CAD/CNY，共7种。

4. 交易时间

北京时间9：30—16：30（周六、周日及法定节假日不开市）。

5. 清算方式

双边清算或净额清算。

6. 市场准入

具备衍生品交易资格或经其监管部门批准，符合规定条件的人民币外汇即期会员，可向交易中心一次性申请人民币外汇远期、外汇掉期、货币掉期会员资格，交易中心初审合格后报外汇局备案。

（三）人民币外汇掉期交易

1. 产品定义

人民币外汇掉期交易指交易双方约定一前一后两个不同的交割日、方向相反的两次本外币交换，在前一次货币交换中，一方用外汇按照约定汇率从另一方换入人民币，在后一次货币交换中，该方再用人民币按照另一约定汇率从另一方换回相同币种和数量的外汇。

2. 交易方式

双边询价。

3. 交易币种

USD/CNY、HKD/CNY、JPY/CNY、EUR/CNY、GBP/CNY、AUD/CNY、CAD/CNY，共7种。

4. 交易时间

北京时间9：30—16：30（周六、周日及法定节假日不开市）。

5. 清算方式

双边清算或净额清算。

6. 市场准入

具备衍生品交易资格或经其监管部门批准，符合规定条件的人民币外汇即期会员，可向交易中心一次性申请人民币外汇远期、外汇掉期、货币掉期会员资格，交易中心初审合格后报外汇局备案。

（四）人民币外汇货币掉期交易

1. 产品定义

人民币外汇货币掉期交易指在约定期限内交换约定数量的人民币与外币本金，同时定期交换两种货币利息的交易。本金交换的形式包括：

（1）在协议生效日双方按约定汇率交换人民币与外币的本金，在协议到期日双方再以相同的汇率、金额进行一次本金的反向交换；

（2）在协议生效日和到期日均不实际交换人民币与外币的本金；

（3）在协议生效日不实际交换本金、到期日实际交换本金；

（4）主管部门规定的其他形式。利息交换指交易双方定期向对方支付以换入货币计算的利息金额，交易双方可以按照固定利率计算利息，也可以按照浮动利率计算利息。

2. 交易方式

双边询价。

3. 交易币种

USD/CNY、HKD/CNY、JPY/CNY、EUR/CNY、GBP/CNY，共5种。

4. 交易时间

北京时间9：30—16：30（周六、周日及法定节假日不开市）。

5. 清算方式

双边清算。

6. 市场准入

具备衍生品交易资格或经其监管部门批准，符合规定条件的人民币外汇即期会员，可向交易中心一次性申请人民币外汇远期、外汇掉期、货币掉期会员资格，交易中心初审合格后报外汇局备案。

（五）人民币对外汇期权交易

1. 产品定义

人民币对外汇期权交易（以下简称期权交易）是指在未来某一交易日以约定汇率买卖一定数量外汇资产的权利。期权买方以支付期权费的方式拥有权利；期权卖方收取期权费，并在买方选择行权时履行义务（普通欧式期权）。期权交易币种、金额、期限、定价参数（波动率、执行价格、即期价格/远期汇率、本外币利率等）、成交价格（期权费）和结算安排等由交易双方协商议定。

2. 交易方式

双边询价。

3. 交易币种

USD/CNY、HKD/CNY、JPY/CNY、EUR/CNY、GBP/CNY，共5种。

4. 交易时间

北京时间9：30—16：30（周六、周日及法定节假日不开市）。

5. 清算方式

由交易双方按约定方式进行清算，目前主要采用双边清算。

6. 市场准入

符合规定条件的银行间外汇市场远期会员，如单独申请开办银行间外汇市场期权交易，可向交易中心递交申请材料，交易中心初审合格后报外汇局备案；如同时申请开办银行间外汇市场期权交易和对客户期权业务，则直接向外汇局备案。

（六）外币对交易

1. 产品定义

外币对交易指通过交易中心进行的不涉及人民币的外汇对外汇的交易。

2. 交易模式

竞价交易和询价交易。

3. 交易币种

EUR/USD、AUD/USD、GBP/USD、USD/CHF、USD/HKD、USD/CAD、USD/JPY、EUR/JPY、USD/SGD 9 组货币对的即期、远期与掉期交易。

4. 交易时间

北京时间 7：00—19：00（周六、周日及法定节假日不开市）。

5. 清算方式

竞价交易集中清算，询价交易双边清算。

6. 市场准入

具有自营或代客外汇买卖业务的银行、非银行金融机构、非金融企业，或其授权分支机构，可向交易中心申请成为银行间外币对市场会员。

（七）外币拆借

中国外汇交易中心于 2002 年 6 月 1 日推出外币拆借中介服务。交易中心作为经纪商，帮助外币拆借会员寻找最优报价和交易对手，促成交易。

1. 交易币种

USD、EUR、HKD、JPY、GBP 5 种货币的一年期以内同业拆借交易。

2. 交易时间

北京时间上午 9：00—12：00，下午 13：30—16：30（中国法定节假日除外）。

2013 年，人民币外汇市场累计成交 11.2 万亿美元（日均 473 亿美元），较上年增长 22.5%。其中，银行对客户市场和银行间外汇市场分别成交 3.72 万亿和 7.53 万亿美元。

【知识链接】

中国工商银行个人外汇交易简介

截至目前，工、农、中、建、交、招、光大银行和其他银行都推出了个人外汇交易业务，银行个人外汇交易业务的竞争将更加激烈，服务将更加完善，外汇投资者将享受到更优质的服务。以下是中国工商银行面向个人推出的适合公众投资者参与的个人外汇交易简介。

中国工商银行个人外汇实盘买卖业务，又称“汇市通”，是指客户在规定的交易时间内，通过工行个人外汇买卖交易系统（包括柜台、电话银行、手机银行、自助终端、网上银行等），进行不同币种外汇之间的即期外汇交易。

客户可持外币现钞或外币存单、存折、灵通卡、理财金账户卡、牡丹国际信用卡、牡丹国际贷记卡等及有效证件以柜台交易方式办理外汇买卖交易。需要通过电子银行手段办理个人外汇交易业务的客户，在办妥电子银行相关注册手续后，即可取得交易资格。

根据各分行情况不同，工行“汇市通”业务可提供最长每天24小时的交易，涵盖币种包括美元、日元、港元、英镑、欧元、加元、瑞士法郎、澳元、新加坡元等。客户可以通过柜台交易、电话交易、网上交易、自助交易进行“汇市通”交易。

【模块小结】

一、外汇市场

（一）外汇市场产生的原因

（二）外汇市场的交易主体

（三）外汇市场的功能

（四）外汇市场的类型

（五）外汇市场的特点

二、外汇交易

（一）外汇交易的概念与类型

（二）外汇交易的模式

（三）外汇交易的流程

（四）外汇交易的常用术语

（五）外汇交易的作用

三、世界主要外汇市场

（一）伦敦外汇市场

（二）纽约外汇市场

（三）新加坡外汇市场

（四）东京外汇市场

（五）巴黎外汇市场

（六）香港外汇市场

（七）苏黎世外汇市场

四、中国外汇市场

（一）中国外汇市场的形成与发展

（二）中国外汇市场的层次

（三）中国外汇市场的特点

五、中国外汇市场个人外汇交易业务

（一）个人外汇交易概述

（二）个人外汇交易模式

（三）个人外汇交易类型

【课后训练】

一、单项选择题

1. 我国银行公布的人民币基准汇率是前一日美元对人民币的（　　）

A. 收盘价　　B. 银行买入价

C. 银行卖出价　　D. 加权平均价

2. 国际主要外汇市场中，历史最悠久、平均日交易量最大的是（　　）

A. 纽约外汇市场　　B. 伦敦外汇市场

C. 新加坡外汇市场　　D. 东京外汇市场

3. 国际主要外汇交易市场中，地处欧、亚、非三洲交通要道，占据得天独厚的时区优势，几乎全天都可以和国际各大外汇市场进行交易的是（　　）

A. 纽约外汇市场　　B. 伦敦外汇市场

C. 新加坡外汇市场　　D. 香港外汇市场

4. 亚洲最大的外汇交易中心是（　　）

A. 香港外汇市场　　B. 中国外汇市场

C. 新加坡外汇市场　　D. 东京外汇市场

5. 国际几大外汇交易中心按照欧洲标准时间开始营业的先后顺序为（　　）

A. 香港　纽约　伦敦　巴黎　　B. 东京　法兰克福　伦敦　纽约

C. 纽约　新加坡　法兰克福　伦敦　　D. 法兰克福　香港　纽约　巴黎

6. 目前，世界上规模最大的外汇市场是（　　）外汇市场，其交易额占世界外汇交易额的30%

A. 伦敦　　B. 东京

C. 纽约　　D. 上海

7. 对于我国目前的银行个人外汇买卖交易，不正确的描述是（　　）

A. 个人外汇买卖交易采用实盘交易方式，买卖成交后必须进行实际交割

B. 目前个人外汇买卖交易主要是外汇宝交易

C. 个人外汇买卖交易的币种一般为各家银行的外币储蓄币种

D. 现在大多数银行对客户通过柜台进行外汇买卖仍设有较高的最低交易金额的限制

8. 外汇市场的主体是（　　）

A. 外汇银行　　B. 外汇经纪人

C. 中央银行　　D. 客户

9. 外汇市场的实际操纵者是（　　）

A. 外汇银行　　B. 外汇经纪人

C. 中央银行　　D. 客户

10. 起息日是指（ ）

A. 合同签订日 B. 交易达成日

C. 交割日 D. 交易谈妥后第一个工作日

二、多项选择题

1. 以下对外汇市场的特点的叙述中，正确的有（ ）

A. 外汇市场像股票市场一样有统一固定的地点

B. 全球外汇市场每天24小时连续作业，为投资者提供了没有时间和空间限制的投资场所

C. 外汇交易通常没有固定的交易场所，外汇交易基本都是通过电脑和通信网络来完成的

D. 在外汇市场上，无论汇率如何波动，总的价值是不变的

E. 在外汇市场上，随着汇率的波动，总的价值量也在发生变化

2. 我国外汇交易中心是由中央银行领导下的、独立核算、非营利性的事业法人，交易中心实施会员制，可以取得会员资格的机构包括（ ）

A. 中资银行及其分行 B. 外资银行 C. 一些非银行机构

D. 个人 E. 国家财政部

3. 下列有关我国外汇交易的描述中，正确的是（ ）

A. 我国外汇市场无论从结构、组织形式还是从交易方式和交易内容这几方面来说，都与国际规范化的外汇市场越来越接近

B. 目前外汇市场只进行人民币与美元、人民币与日元、人民币与港元之间的现汇交易

C. 在市场结构上可分为两个层次：一是客户与外汇指定银行之间的交易；二是银行间的外汇交易

D. 中国人民银行对外汇市场进行宏观调控和管理，并制定每日的市场汇率

E. 决定市场汇率的基础是外汇市场的供求情况，央行主要运用货币政策进行干预

4. 外汇市场的参与者有（ ）

A. 外汇银行 B. 外汇经纪人 C. 外汇交易商

D. 中央银行 E. 一般客户

5. 现代外汇市场的主要特点有（ ）

A. 外汇市场高度一体化 B. 全球范围交易 C. 外汇交易规模大

D. 外汇交易币种集中在少数发达国家货币

E. 主要在有形市场进行交易

6. 外汇市场的层次包括（ ）

A. 外汇银行与顾客之间的外汇交易

B. 外汇银行同业间的外汇交易

C. 顾客与中央银行直接的外汇交易

D. 外汇银行与中央银行之间的外汇交易

E. 以上都是

7. 如果银行买入某种货币的数额超过卖出的数额，就称为该种货币的（　　）

A. 多头　　B. 空头　　C. 平头

D. 超卖　　E. 超买

8. 世界主要外汇市场有（　　）

A. 伦敦外汇市场　　B. 纽约外汇市场　　C. 东京外汇市场

D. 新加坡外汇市场　　E. 苏黎世外汇市场

9. 我国外汇市场的特点有（　　）

A. 运用现代化的通信网络和电子计算机联网为各金融机构提供外汇交易与清算服务

B. 在市场结构上，可分为两个层次：一是客户与外汇指定银行之间的交易；二是银行间的外汇交易

C. 决定市场汇率的基础是政府干预市场

D. 外汇管理局对外汇市场进行宏观调控和管理

E. 我国外汇市场上存在着两大板块，即人民币对外汇市场和外币对外币市场

10. 当今世界，国际最主要的两大外汇市场是（　　）

A. 伦敦外汇市场　　B. 纽约外汇市场　　C. 东京外汇市场

D. 新加坡外汇市场　　E. 苏黎世外汇市场

三、判断题

1. 外汇经纪人代客户接洽外汇买卖，旨在收取佣金，他们不承担任何外汇风险。（　　）

2. 目前，世界交易量最大的外汇市场是纽约外汇市场。（　　）

3. 外汇交易总额中，外汇银行之间的外汇交易所占的比例最大。（　　）

4. 目前我国银行的个人外汇买卖电话交易可分为实时交易和委托交易两种。（　　）

5. 目前银行的个人外汇买卖交易只存在买卖差价，不收取手续费。（　　）

6. 纽约外汇市场的交易币种是各大外汇交易中心中最丰富的，几乎包括了所有的可兑换货币，其中规模最大的是美元对英镑的交易。（　　）

7. “交割日”就是外汇买卖成交后第二个营业日。（　　）

8. 中央银行一般直接参加外汇市场活动，参与或操纵外汇市场。（　　）

9. 从全球来看，外汇市场已经成为一个星期一至星期五24小时全天候运作的市场。（　　）

10. 在我国，中国人民银行对外汇市场进行宏观调控和管理。（　　）

四、技能训练

FOREX. com嘉盛英国有限公司（GAIN Capital – FOREX. com UK Ltd.）是美国嘉盛集团的子公司，在英国金融行为监管局（FCA）注册（FCA编号：190864），并受其监管。通过FOREX. com，个人外汇投资者得以享受来自全球外汇市场领导者之公平透明的报价，以及优质的交易执行，并获得专业的图表、专家市场评论、先进的交易工具和丰富的学习资源。

FOREX. com 的母公司——嘉盛集团股份有限公司（GAIN Capital Holdings, Inc.，NYSE 代号：GCAP），为全球 180 多个国家的机构投资者、专业资金管理人及有经验的短线交易者提供了丰富的免费资源，帮助客户了解最新行情，提高外汇交易技巧。

请登录 http：//www. forex. com/uk/cns/index. html，注册免费模拟账户，获得 MYM 50 000. 00资金，无风险体验网上外汇交易。

模块六

传统的外汇交易

【知识目标】

1. 理解各种外汇交易方式的概念
2. 了解各种外汇交易方式的作用

【技能目标】

1. 掌握各种外汇交易方式的操作
2. 能够熟练运用各种外汇交易方式进行避险保值

【情境导入】

晓玲是某职业学校国际商务专业的毕业生，现在一家外贸公司工作。在校期间，由于没有学好“国际汇兑”这门课，对于外汇交易的知识知之甚少，因而工作上涉及外汇交易方面的业务常常令她狼狈不堪。

一天，经理安排她给国外客户电汇一笔订金，但她对电汇一窍不通，不知怎么办，但又不敢问经理，真是烦。无奈，只好找出当年的《国际汇兑实务》教材，重新学习电汇的有关知识，勉强完成了经理交办的任务。

过了不久，经理把她叫到办公室，告诉她：公司3个月后将收到一笔从美国汇来的100万美元货款，而美元对人民币的汇率不断下跌，问她现在该怎么办。晓玲支支吾吾，不知如何回答。经理很生气。

晓玲心想如果当时能够认真学习就好了。原来总以为国际汇兑离我们很远，外汇交易与我们无关，所以学习上也不认真。原来外汇交易就在我们身边，从事外贸工作时刻离不开它。

项目1　即期外汇交易

【案例导入】

2014年3月10日，法国汇丰银行与美国花旗银行通过电话达成一项外汇交易，汇丰银行按1美元=0.887 5欧元的汇率从花旗银行买进100万美元，付出88.75万欧元。3月11日，两家银行分别按对方的要求，将卖出的货币解入对方指定的账户内，从而完成了这笔交易。

一、即期外汇交易的概念

即期外汇交易（Spot Exchange Transaction），又称为现期交易或现汇业务，是指外汇买卖成交后，交易双方于当天或两个营业日内办理交割的外汇交易。

交割是指买卖成交后“钱货两清”的行为。营业日是指两个清算国银行都开门营业的日期。

二、即期外汇交易的交割日

所谓交割日（Spot Date）就是买卖双方将资金交付给对方的日期。

交割日必须是收款地和付款地共同的营业日，因为只有这样才可以将货币交付给对方。交割日为成交当天，称当日交割（Value Today）；交割日为成交后第一个营业日，称翌日或明日交割（Value Tomorrow）；交割日为成交后的第二个营业日，称即期交割或即交割（Value Spot）。

即期交割日的规则如下：

（1）即期外汇交易的标准交割日为成交后的第二个营业日（加拿大规定为成交后的第一个营业日）。根据需要，交易双方也可将交割日约定为成交当日（Cash）或成交次日（Tom），两者均为超短期的即期交易。

（2）交割日必须是收款地和付款地共同的营业日，至少应该是付款地市场的营业日。

（3）若第一、二日不是营业日，则即期交割日必须顺延。

三、即期外汇交易的方式

1. 顺汇方式

顺汇（Favorable Exchange）是一种汇款方式，是指汇款人委托银行以某种信用工具

(如汇票)，通过国外分行或代理行将款项付给收款人的一种支付方式。其过程是银行在国内收进本币，在国外付出外汇。因其汇兑方向与资金流向一致，故称为顺汇。在顺汇方式下，客户用本国货币向外汇银行购买汇票，等于该银行卖出外汇。

根据交割方式不同，可将即期外汇交易分为三种：

(1) 电汇交割方式，简称电汇（Telegraphic Transfer，T/T)，是指汇款银行应汇款人的申请，直接用电报、电传通知国外分行或代理行支付一定金额给收款人的一种汇款方式。电汇的凭证就是汇款银行或交易中心的电报或电传汇款委托书。

(2) 票汇交割方式，简称票汇（Demand Draft，D/D)，是指汇款银行应汇款人的申请，开立以国外汇入银行为付款人的汇票，交由汇款人自行寄给收款人或亲自携带前往，凭票向付款行取款的一种汇款方式。

(3) 信汇交割方式，简称信汇（Mail Transfer)，是指汇款银行应汇款人的申请，直接用信函通知国外的分行或代理行支付一定金额给收款人的一种汇款方式。信汇的凭证就是汇款行或交易中心的信汇付款委托书。

上述三种汇款方式的汇率是不同的。一般来说，电汇在途时间最短（1～2天)，银行无法利用这笔资金，因而电汇汇率较高。信汇与票汇主要是靠邮寄，传递时间较长，银行有机会利用这部分汇款来获利，因而汇率要比电汇汇率低。现阶段汇率一般都是以电汇汇率为基础来计算的，电汇汇率成了即期交易的基础汇率。随着电子计算机的广泛应用和国际通信的日益电脑化，邮期也就大为缩短，因此几种汇款形式之间的差别正在逐渐减少。

2. 逆汇方式

逆汇（Adverse Exchange）即托收方式，是指由收款人（债权人）出票，通过银行委托其国外分行或代理行向付款人收取汇票上所列款项的一种支付方式。由于这种方式的资金流向与信用工具的传递方向相反，就称之为“逆汇”。

对外汇银行来说，在逆汇方式下，客户向银行卖出汇票，等于银行付出本币，买进外汇。外汇银行接受收款人的托收委托后，应通知其国外分行或代理行，按照当日汇率向付款人收取一定金额的外币并归入其开在国外银行的外汇账产上。其结果是该银行国内本币存款账户余额减少了，而其外币存款账户上却增加了相应的外币金额。

四、即期外汇交易的地位与作用

即期外汇交易是外汇市场上最常用的一种交易方式，即期外汇交易占外汇交易总额的大部分。

远期外汇交易的作用主要表现在以下两个方面：一是可以满足买方即期付款的需要；二是帮助买卖双方避免短期外汇风险。

项目2 远期外汇交易

一、远期外汇交易的概念

远期外汇交易（Forward Exchange Transaction）又称期汇交易，是指预约买卖外汇的外汇交易。具体而言，远期外汇交易是指交易双方在成交后并不立即办理交割，而是事先约定交易的币种、金额、汇率、交割时间等条件，到期才进行实际交割的外汇交易。

正确理解远期外汇交易，需要明白以下几个方面：

（1）先签合同：合同规定买卖外汇的币种、数额、汇率和将来交割的时间。

（2）将来交割：到合同规定的交割日期再进行交割。

（3）合同内容：交易币种、数额、汇率和交割时间。

远期外汇交易与即期外汇交易的根本区别在于交割日不同。凡交割日在成交后两个营业日之内的外汇交易均属于即期外汇交易；凡交割日在成交后两个营业日之后的外汇交易均属于远期外汇交易。最常见的远期外汇交易交割期限一般有1个月、2个月、3个月、6个月、12个月。

二、远期交割日的确定

确定远期交割日或有效起息日的惯例为：

（1）远期交割日以即期加月数或星期数计算。若远期合约是以天数计算，其天数以即期交割日后的日历日的天数作为基准，而非营业日。

【任务互动】

成交日：Wed（4/20），远期合约期限2天

即期交割日（Spot Date）：Fri（4/22）

远期交割日（Forward Date）：Mon（4/25）

（2）如果远期交割日不是营业日，则顺延至下一个营业日。顺延后跨月份的则必须以提前到当月的最后一个营业日为交割日。

【任务互动】

成交日：Tue（5/28），远期合约期限1个月

即期交割日（Spot Date）：Thu（5/30）

远期交割日（Forward Date）：Fri（6/28）

(3)“双底”惯例。假定即期交割日为当月的最后一个营业日，则远期交割日也是当月的最后一个营业日。

【任务互动】

成交日：Wed (5/29)，远期合约期限1个月

即期交割日 (Spot Date)：Fri (5/31)

远期交割日 (Forward Date)：Fri (6/28)

三、远期汇率的标价方法

远期汇率的标价方法主要有两种：一种是直接报价法，又称完整汇率报价法；另一种是间接报价法，又称点数报价法或远期差价报价法。

直接报价法是指将远期汇率按不同的交割期限直接报出买入价和卖出价的方法。如美元对人民币的3个月的远期汇率是6.290 0/6.295 0。这种报价适用于银行对一般客户的报价。

间接报价法是指在即期汇率的基础上报出远期汇率和即期汇率升水或贴水的点数。也就是说，在即期汇率的基础上，用升水、贴水和平价来表示远期汇率。升水表示远期汇率高于即期汇率，即远期外汇比即期外汇贵；贴水表示远期汇率低于即期汇率，即远期外汇比即期外汇贱；平价表示远期汇率等于即期汇率，即远期外汇的价格与即期外汇的价格相同。银行同业间进行的远期外汇交易中，远期汇率通常采用间接报价法。

四、远期汇率的计算方法

（一）不同标价法下远期汇率的计算方法

汇率的标价方法不同，计算远期汇率的原则也不同。

在直接标价法下，远期外汇汇率等于即期汇率加上升水数字或即期汇率减去贴水数字。在间接标价法下，远期外汇汇率等于即期汇率减去升水数字或即期汇率加上贴水数字。

1. 直接标价法下远期汇率的计算

【任务互动】

如在香港外汇市场，即期汇率为1美元=7.268 0港元，3个月美元远期外汇升水0.002 5港元，则3个月美元远期汇率为1美元=7.268 0+0.002 5=7.270 5港元；如3个月美元远期外汇贴水0.002 5港元，则3个月美元远期汇率为1美元=7.268 0−0.002 5=7.265 5港元。

2. 间接标价法下远期汇率的结算

【任务互动】

如在伦敦外汇市场，即期汇率为1英镑=1.508 0美元，3个月美元远期外汇升水0.46美分，则3个月美元远期汇率为1英镑=1.508 0-0.004 6=1.503 4美元；如3个月美元远期外汇贴水0.46美分，则3个月美元远期汇率为1英镑=1.508 0+0.004 6=1.512 6美元。

（二）点数标价法下远期汇率的计算方法

点数标价法是指用基本点来表示汇率的方法。基本点（Basic Point），简称点，是表示汇率的基本单位。在一般情况下，一个基本点为万分之一货币单位，即汇率小数点后第四个单位数（0.000 1）。极少数货币因面额较大，故其基本点有些不同，如日元的价格变动主要在小数点后的两位数上，因此它的基本点为0.01单位货币。

【任务互动】

即期报价	差价	基本点
USD/JPY	135.15/25	10基本点
USD/SWF	1.489 0/00	10基本点

点数标价法下远期汇率的计算规则如下：

（1）若远期差价点数按“前小后大”的顺序排列，则远期汇率=即期汇率+远期差价点数。

（2）若远期差价点数按“前大后小”的顺序排列，则远期汇率=即期汇率-远期差价点数。

【任务互动1】

某日纽约外汇市场美元/日元的即期汇率为110.56/77，美元3个月的远期差价为10/20，欧元/美元的即期汇率为1.002 1/35，欧元3个月的远期差价为25/15。请分别计算美元/日元、欧元/美元3个月的远期汇率。

分析：美元/日元3个月远期汇率为：110.56/77+10/20=110.66/97

欧元/美元3个月远期汇率为：1.002 1/35-25/15=0.999 6/20

【任务互动2】

在伦敦外汇市场，即期汇率为1英镑=1.508 0/1.509 0美元，3个月远期汇水分别为20/40和50/30，请分别计算其远期汇率。

分析：3个月远期汇率为：

（1）1英镑=1.508 0+0.002 0/1.509 0+0.004 0=1.510 0/1.513 0美元；

（2）1英镑=1.508 0-0.005 0/1.509 0-0.003 0=1.503 0/1.506 0美元。

五、远期汇率与利息率的关系

远期汇率与利息率具有密切的关系。一般而言，利率较低的货币的远期汇率为升水，利率较高的货币的远期汇率为贴水；远期汇率与即期汇率的差异，取决于两种货币的利率差异；在其他条件不变的情况下，即期汇率与远期汇率的差异大致和利率差异保持平衡。

升贴水数的计算公式为：

升贴水数=即期汇率×两种货币的利差×月数/12

【任务互动】

美国TTK公司从日本进口一批商品，价值1 000万日元，3个月后付款。假设当时纽约外汇市场上即期汇率为1美元=100日元，3个月定期美元利率为8%（年利率），同期日本的日元利率为3%（年利率）。为了偿付3个月后的日元货款，该公司需要向银行买入3个月远期日元。为此，该公司与美国花旗银行签订了买入1 000万日元的远期外汇交易合同，3个月后交割。美国花旗银行为此借入10万美元并在市场上买进1 000万即期日元，并把日元存在银行。3个月后，银行执行与客户的远期合约，把日元卖给客户，买进美元，然后如数还清贷款。由于美元利率要高于日元利率，因此花旗银行借入美元换成日元存放3个月会损失部分利息，所以银行付给客户的远期日元数比即期日元少，即远期日元升水。

六、远期外汇交易的地位与作用

远期外汇交易的作用是避险保值和外汇投机，具体表现在以下几个方面：

（一）避险保值

1. 进出口商避险保值

在当今外汇市场上，汇率变动是经常性的。在国际贸易中，时间越长，由汇率变动所带来的风险也就越大。进出口商为避免汇率波动所带来的风险，往往预先买进或卖出期汇，确保在收取或支付款项时，按预先确定的汇率办理交割。

【任务互动1】

某一中国香港出口商向美国进口商出口价值100万美元的商品，约定3个月后付款。双方签订买卖合同时的汇率为USD 1 = HKD 7.562 6。按此汇率，出口该批商品可换得756.26万港元。但3个月后，若美元汇价跌至USD 1 = HKD 7.202 6，则出口商只可换得720.26万港元，比按原汇率计算少赚了30万港元。因此中国香港出口商在订立买卖合同时，就将3个月期限的100万美元期汇按当时银行公布的汇率卖给银行，从而规避汇率变动的风险。

【任务互动2】

某一中国香港进口商从美国进口价值100万美元的商品，约定6个月后付款。若成交时的汇率为USD 1 = HKD 7.663 1，则该批货物买价为766.31万港元。但3个月后，美元升值，港元对美元的汇率为USD 1 = HKD 7.863 1，此时这批商品价款就上升为786.31万港元，进口商得多付出20万港元。所以，中国香港的进口商为避免遭受美元汇率变动的损失，在订立买卖合约时就向银行买进6个月的美元期汇，以此避免美元汇率上升所带来的风险。

2. 外汇银行避险保值

外汇银行在从事外汇交易的过程当中难免会出现期汇和现汇的超买或超卖现象。这样，外汇银行就处于汇率变动的风险之中。为此，外汇银行就设法把它的外汇头寸予以平衡，即要对不同期限、不同货币头寸的余缺进行抛售或补进，由此求得期汇头寸的平衡。

【任务互动】

中国香港某外汇银行某一天发生超卖现象，美元期汇头寸缺10万美元。3个月后，该外汇银行要付给客户10万美元，收入78.87万港元。由于各个方面的影响，该银行没有及时补进。假定即期汇率为USD 1 = HKD 7.707 0，3个月远期汇率为USD 1 = HKD 7.887 0，即美元3个月期汇汇率升水0.18港元。假定当日收市时美元即期汇率已升至USD 1 = HKD 7.907 0，3个月期汇汇率仍升水0.18港元，则该外汇银行补进的美元期汇就按USD 1 = HKD 8.087 0（7.907 0 + 0.18）的汇率成交。10万美元折合为80.87万港元，结果银行因补进时间未及时而损失2万港元（80.87万 - 78.87万）。所以，银行在发现超卖情况时，就应立即买入同额的某种即期外汇。

3. 投资者避险保值

在没有外汇管制的情况下，如果一国的利率低于他国，那么该国的资金就会流往他国以谋求高息。假设在汇率不变的情况下纽约外汇市场利率比伦敦高，两者分别为 9.8% 和 7.2%，则英国的投资者为追求高息，就会用英镑现款购买美元现汇，然后将其投资于 3 个月期的美国国库券，待该国库券到期后将美元本利兑换成英镑汇回国内。这样，投资者可多获得 2.6% 的利息。但如果 3 个月后，美元汇率下跌，投资者就得花更多的美元去兑换英镑，因此就有可能换不回投资的英镑数量而招致损失。为此，英国投资者可以在买进美元现汇的同时，卖出 3 个月的美元期汇，这样，只要美元远期汇率贴水不超过两地的利差（2.6%），投资者的汇率风险就可以消除。当然，如果超过这个利差，投资者不仅无利可图，而且还会遭到损失。这是就在国外投资而言的，如果是在国外有定期外汇债务的，就要购进期汇以防债务到期时多付出本国货币。

【任务互动】

我国一投资者对美国有外汇债务 1 亿美元，为防止美元汇率波动造成损失，其购买了 3 个月期汇，当时汇率为 USD 1 = CNY 8.172 1，现汇率变动为 USD 1 = CNY 8.272 1，如果未买期汇，该投资者就得付出 8.272 1 亿人民币才能兑换 1 亿美元，但现已购买期汇，则只需花8.172 1亿人民币就够了。

（二）外汇投机

外汇投机是指外汇市场参与者根据对汇率变动的预测，有意保留或持有外汇的空头或多头，希望利用汇率变动牟取利润的行为。当预测某种货币的汇率将上涨时，即在远期市场买进该种货币，等到合约期满再在即期市场卖出该种货币，这种交易行为称为“买空”；相反，当预测某种货币的汇率将下跌时，即在远期市场卖出该种货币，等到合约期满，再在即期市场买进该种货币，这种交易行为称为“卖空”。“买空”和“卖空”是利用贱买贵卖的原理牟取远期市场与即期市场的汇率差。当然，如果预测失误，就会给交易者带来损失。

【任务互动】

东京外汇市场 6 个月的美元期汇汇价为 1 美元 =132 日元，某交易者预测 6 个月后美元汇率会上涨，于是按此汇率买进 500 万美元，到交割日即期市场美元汇率果真上涨到 1 美元 =142 日元，则此客户支付 66 000 万日元，收进 500 万美元，按现汇价卖出 500 万美元，收进 71 000 万日元，赚取利润 5 000 万日元。如果到交割日，美元不仅没有上涨，反而下跌至 1 美元 =122 日元，则投机者损失 5 000 万日元。

项目3　套汇交易

一、套汇交易的概念

套汇交易（Arbitrage Transaction）是指套汇者利用不同外汇市场上某些货币的汇率差，通过贱买贵卖，从中套取差价利润的外汇交易行为。可见，套汇的根据是不同外汇市场上某些货币的汇率差，套汇的基本原理是贱买贵卖。

套汇交易是套利交易在外汇市场上的表现形式之一。由于空间的分割，不同的外汇市场对影响汇率诸因素的反应速度和反应程度不完全一样，因而在不同的外汇市场上，同种货币的汇率有时可能出现较大的差异，这就为异地套汇提供了条件。套汇交易市场是全球最大的金融交易市场，日均交易量达到1.5万亿美元。

二、套汇交易的种类

由于汇率差异的种类不同，套汇可分为地点套汇和时间套汇。

（一）地点套汇（Space Arbitrage）

地点套汇是指套汇者利用不同外汇市场之间的汇率差异，同时在不同的地点进行外汇买卖，以赚取汇率差额的一种套汇交易。地点套汇又可分为直接和间接两种套汇。

1. 直接套汇（Direct Arbitrage）

直接套汇，也叫两角套汇、两点套汇或两地套汇，是指利用两个外汇市场之间某种货币汇率的差异进行的套汇。

【任务互动1】

纽约外汇市场和欧洲外汇市场在某一时间内的汇率分别为：

纽约外汇市场：1美元=1.101 0/25欧元

欧洲外汇市场：1美元=1.103 0/45欧元

从上述汇率可以看出，纽约的美元比欧元便宜，套汇者选择在纽约买入美元，同时在欧洲市场卖出美元。具体操作如下：套汇者在纽约外汇市场买进1美元，支付1.102 5欧元；同时在欧洲市场卖出1美元，收进1.103 0欧元。做1美元的套汇业务可以赚取0.000 5欧元。若以1 000万美元进行套汇，则可获利5 000欧元（未扣除各项费用）。

【任务互动2】

在同一时间内，出现下列情况：

伦敦 1 英镑 = 1.481 5/1.482 5 美元

纽约 1 英镑 = 1.484 5/1.485 5 美元

若某一套汇者在伦敦外汇市场上以 1 英镑 = 1.482 5 美元的价格卖出美元，买进英镑，同时在纽约外汇市场上以 1 英镑 = 1.484 5 美元的价格买进美元，卖出英镑，则每英镑可获得 0.002 0 美元的套汇利润。若以 100 万英镑进行套汇，则可获利 2 000 美元（未扣除各项费用）。

2. 间接套汇（Indirect Arbitrage）

间接套汇，又称三角套汇、三点套汇或三地套汇，是指套汇者利用三个不同外汇市场中三种不同货币之间交叉汇率的差异，于同一时点在这三个外汇市场上贱买贵卖，从中赚取汇率差额的一种套汇交易。

间接套汇相对于直接套汇而言比较复杂。投资者在进行间接套汇时，必须首先判断是否有套汇的机会。其方法是：①求出各市场的中间汇率；②将汇率的不同标价方法变成同一标价法，且基准货币的单位为1；③将各汇率相乘，只要乘积不等于1，就有套汇机会。

【任务互动】

在某日的同一时间，巴黎、伦敦、纽约三地外汇市场的现汇行情如下：

巴黎：1 英镑 = 1.710 0/1.715 0 欧元

伦敦：1 英镑 = 1.430 0/1.435 0 美元

纽约：1 美元 = 1.110 0/1.115 0 欧元

分析：第一步，判断三个市场是否存在套汇机会。

先求出三个市场的中间价格：

巴黎：1 英镑 = 1.712 5 欧元

伦敦：1 英镑 = 1.432 5 美元

纽约：1 美元 = 1.112 5 欧元

将上述三个标价改成同一标价法且基准货币的单位为 1，然后相乘。

1.712 5 ×（1/1.112 5）×（1/1.432 5）= 1.075 > 1

上式说明，套汇者在巴黎投入 1 英镑，经过纽约市场，在伦敦市场可以换回 1.075 英镑，所以有套汇机会。

第二步，寻找套汇路线。

如果套汇者要套取英镑，可选择在巴黎或伦敦买入，以纽约作为中介市场。如果套汇者在巴黎买入英镑，因为 1.712 5 ×（1/1.112 5）×（1/1.432 5）= 1.075 > 1，则表明套汇的路线为巴黎—纽约—伦敦。

注意：如果判别式小于 1，则说明市场路线是相反的。

第三步，开始套汇。

假设套汇者动用100万英镑套汇。在巴黎按1英镑=1.7100欧元换成171万欧元，在中介市场——纽约将171万欧元按1美元=1.1150欧元换成153.36万美元，在伦敦按1英镑=1.4350美元换成英镑。套汇结果为106.87万英镑，套汇利润6.87万英镑。

（二）时间套汇（Time Arbitrage）

时间套汇是指套汇者利用不同交割期限所造成的汇率差异，通过时间差来盈利的套汇方式。具体操作方法是：在买入或卖出即期外汇的同时，卖出或买入远期外汇；或者在买入或卖出近期外汇的同时，卖出或买入远期外汇。

时间套汇实质上就是掉期交易，不同的只是时间套汇侧重于交易动机，而掉期交易侧重于交易方法。时间套汇的目的在于获取收益，而掉期交易的目的在于避险保值，一般不过分计较不同交割期的汇率差异的大小。

三、套汇交易应具备的条件

一般来说，要进行套汇交易必须具备以下几个条件：

（1）有机会：存在不同的外汇市场和汇率差价；

（2）有资金：套汇者必须拥有雄厚的资金；

（3）有技术：套汇者能够正确判断各外汇市场汇率变动情况及其趋势；

（4）有经验：套汇者必须具备一定的经验。

四、套汇交易的各个要素

1. 时间

套汇交易市场是一个即时的24小时交易市场。若以北京时间为标准，每天凌晨从新西兰的惠灵顿外汇市场开始，直到第二天凌晨的美国西海岸外汇市场闭市，澳洲、亚洲、北美洲各大市场首尾衔接。在营业日的任何时刻，交易者都可寻找到合适的外汇市场进行交易。

【知识链接】

国际各主要外汇市场开盘/收盘时间（北京时间）

新西兰惠灵顿外汇市场：04：00—12：00

澳大利亚外汇市场：06：00—14：00

日本东京外汇市场：08：00—15：30

新加坡/香港外汇市场：09：00—16：00
英国伦敦外汇市场：15：30—23：30（冬令时间16：30—00：30）
德国法兰克福外汇市场：15：30—00：30
美国纽约外汇市场：20：20—03：00（冬令时间21：20—04：00）

2. 地点

套汇交易不像股票和期货那样集中在某一个交易所里进行交易。交易双方只要通过一个电话或者一个电子交易网络就可以成交一笔交易，因此，套汇交易市场被称为柜台交易市场或“银行间”交易市场。

3. 市场参与者

套汇交易市场参与者主要是银行，包括中央银行、商业银行等。此外，一些跨国公司、国际货币经理人、注册交易商、国际货币经纪人、期货和期权交易商及私人投机商也参与其中。

4. 交易货币种类

套汇交易中使用的货币主要有美元、日元、欧元、英镑、瑞士法郎、加元和澳元，这几种货币的交易大约占日交易量的85%。

五、套汇交易的作用

1. 赚取利润

由于不同外汇市场上外汇的价格存在差异，所以套汇者通过贱买贵卖可以赚取利润。

2. 纠正价格偏差

套汇交易实质上提供了一个市场价格的纠偏机制，从而确保了外汇的价格不会长时间地大幅偏离其价值。

项目4　择期交易

一、择期交易的概念

择期交易（Optional Forward Transaction）是远期外汇的购买者或出售者在合约的有效期内任何一天，有权要求银行实行交割的一种外汇交易。它属于远期外汇交易的范畴，是经典远期外汇交易的变形或升级版，是为了解决远期外汇交易交割时间固定的约束问题而产生的。

二、择期交易的报价原则

在择期交易中，询价方有权选择交割日，由于报价银行必须承担汇率波动风险及资金调度的成本，故报价银行必须报出对自己有利的价格，即报价银行在买入基准货币时，报出较低的汇率；在卖出基准货币时，报出较高的汇率。报价银行对于择期交易的远期汇率报价遵循以下原则：

（1）报价银行买入基准货币，若基准货币升水，按选择期内第一天的汇率报价；若基准货币贴水，则按选择期内最后一天的汇率报价。

（2）报价银行卖出基准货币，若基准货币升水，按选择期内最后一天的汇率报价；若基准货币贴水，则按选择期内第一天的汇率报价。

【任务互动】

欧洲外汇市场某日美元/欧元的牌价如下：

即期汇率 1.101 0/20

2 个月 52/56

3 个月 120/126

客户根据业务需要：

①买入美元，择期从即期到 2 个月；

②卖出美元，择期从 2 个月到 3 个月。

请问：

（1）根据报价银行定价原则，汇率应如何确定？

（2）你从中得到什么启发？

分析：（1）根据报价银行定价原则，汇率应确定如下：

①择期从即期到 2 个月，客户买入美元，即报价银行卖出美元，汇率为 1 美元 =（1.102 0 + 0.005 6）欧元 = 1.107 6 欧元。②择期从 2 个月到 3 个月，客户卖出美元，即报价银行买入美元，汇率为 1 美元 =（1.101 0 + 0.005 2）欧元 = 1.106 2 欧元。

（2）从中可以看出，择期交割的选择权在询价方，报价方为了补偿资金调度的费用和避免汇率变动的风险，要报出对自己有利的汇率；询价方得到选择交割日的权利是以放弃价格上的好处为代价的，所以询价方应根据业务需要确定合理的选择交割日期，应尽可能地缩短择期的天数，以减少择期成本。

三、择期交易的作用

择期交易的主要作用就是绕过远期外汇合约交割期固定的约束。远期外汇交易只有在合约到期时才能交割，既不能提前，也不能延迟，择期交易在合约的有效期内的任何一天均可以要求交割，且更具灵活性。在对外贸易中，如果进出口商不能确定收付外汇货款的具体日期，而只能估计在某一特定日期的前后，进出口商为防范汇率风险，就不能与银行签订买卖某种外汇的远期外汇合约，因为远期合约确定的交割日既不能提前，也不能延迟，但签订择期合约就可绕过远期外汇合约交割期固定的约束。

【案例分析】

广东A公司向美国出口一批商品，价值100万美元，预计3~4个月后付款。签约时汇率为1美元=6.882 3-6.885 6人民币，中国银行广州分行挂牌汇率3个月美元远期汇率为1美元=6.784 6-6.788 6人民币，4个月美元远期汇率为1美元=6.724 6-6.728 6人民币。在该案例中，广东A公司就无法利用远期外汇交易来规避外汇风险，而采用择期交易就可绕过远期外汇合约交割期固定的约束。

项目5　掉期交易

一、掉期交易的概念

掉期交易（Swap Transaction）是指将币种相同但交易方向相反、交割日不同的两笔或两笔以上的外汇交易结合起来进行的交易。简而言之，就是先以A货币兑换成B货币，将来某一特定时间再以B货币换回A货币的交易。

二、掉期交易的基本形式

掉期交易按交割日期的不同，可划分为三种类型。

1. 即期对即期的掉期交易

即期交易的标准交割日之前有交易日和第一营业日，在外汇交割中，有的交易者要求将交割日提前，例如，客户要求在交易日的当日交割或次日交割。此类型的掉期交易常见的有：

（1）Over-Night（O/N），即在交易日做一笔当日交割的买入或卖出交易，同时做一笔第一个营业日交割的卖出或买入的交易。

（2）Tom-Next（T/N），在交易日后的第一个营业日做买入或卖出交割，第二个营业日做相反的交割。

2. 即期对远期的掉期交易

这种掉期交易是最常见的形态，即指买进或卖出一种货币现汇时，卖出或买进该种货币的期汇，这是做抵补套利时使用的类型。这种形态可分为：买入即期外汇/卖出远期外汇，卖出即期外汇/买入远期外汇。在国际外汇市场中，常见的即期对远期的掉期交易有：

（1）Spot－Next：即在即期交割日买进或卖出，至下一个营业日做相反交易，简记为S/N。例如，在星期三同时做两个合约：一个是即期合约，买入100万美元（星期五交割）；另一个是远期合约，卖出100万美元（下星期一交割）。这种掉期一般用于外汇银行间的资金调度。

（2）Spot－Week：即在即期交割日买进或卖出，过一星期后做相反交割，简记为S/W。例如，在星期三同时做两个合约：一个是星期五交割的即期买入美元合约，另一个是下星期五交割的卖出美元合约。

（3）Spot－n Month（n＝1，2，3，…，12）：即在即期交割日买进或卖出，过几个月后做相反交割。

3．远期对远期的掉期交易

所谓远期对远期的掉期交易，是指在即期交割日后某一较近日期做买入或卖出交割，在另一较远的日期做相反交割的外汇交易。这类交易可以理解为两笔即期对远期的掉期交易。

三、掉期交易的作用

掉期交易的主要作用是保值，通过掉期交易可避免因汇率变动导致借款成本增加或投资收益减少。通过掉期交易可以轧平各货币因到期日不同所造成的资金缺口，对于某一货币而言，买入与卖出的金额是相同的，并不改变外汇的净头寸，但可规避汇率风险。例如，抵补套利时，套利者按即期汇率将英镑换成美元，同时按远期汇率将美元换回英镑，使两种货币的净头寸等于零，达到避免汇率风险的目的。

【任务互动】

法国A公司从美国B公司进口一批商品，将于3个月后向美国B公司支付100万美元货款，10月3日签约时巴黎外汇市场欧元对美元的即期汇率为1美元＝0.876 9欧元，3个月远期汇率为1美元＝0.856 9欧元。目前法国A公司账户拥有100万美元。法国A公司发现3个月期美元有贬值，于是做了两笔交易：①按即期汇率为1美元＝0.876 9欧元卖出100万美元，得到87.69万欧元；②按3个月远期汇率为1美元＝0.856 9欧元买入3个月期100万美元，仅需85.69万欧元，盈利2万欧元。请问：

（1）法国A公司从事的交易属于什么交易？

（2）该交易中，法国A公司是亏了还是赚了？为什么？

分析：（1）从盈利的角度看属于套汇交易（时间套汇）；从避险的角度看属于掉期交易。

（2）盈利2万欧元，所以赚了。

【模块小结】

一、即期外汇交易
（一）即期外汇交易的概念
（二）即期外汇交易的交割日
（三）即期外汇交易的方式
（四）即期外汇交易的地位与作用
二、远期外汇交易
（一）远期外汇交易的概念
（二）远期交割日的确定
（三）远期汇率的标价方法
（四）远期汇率的计算方法
（五）远期汇率与利息率的关系
（六）远期外汇交易的地位与作用
三、套汇交易
（一）套汇交易的概念
（二）套汇交易的种类
（三）套汇交易应具备的条件
（四）套汇交易的各个要素
（五）套汇交易的作用
四、择期交易
（一）择期交易的概念
（二）择期交易的报价原则
（三）择期交易的作用
五、掉期交易
（一）掉期交易的概念
（二）掉期交易的基本形式
（三）掉期交易的作用

【课后训练】

一、单项选择题

1. 一般情况下，利率较高的货币的远期汇率会______，利率较低的货币的远期汇率会______（　　）

A. 升水　贴水　　　B. 贴水　升水
C. 升水　升水　　　D. 贴水　贴水

2. 两角套汇是在（　　）交易中进行的

A. 即期外汇　　　B. 远期外汇
C. 货币期货　　　D. 掉期外汇

3. 客户在合同到期日必须履行合同进行实际交割的外汇业务是（　　）
A. 美式期权业务　　B. 欧式期权业务
C. 远期外汇业务　　D. 择期业务
4. 在直接标价法下，升水时的远期汇率等于（　　）
A. 即期汇率 + 升水　　B. 即期汇率 - 升水
C. 中间汇率 + 升水　　D. 中间汇率 - 升水
5. 有远期外汇收入的出口商与银行订立远期外汇合同，是为了（　　）
A. 防止因外汇汇率上涨而造成的损失
B. 获得因外汇汇率上涨而带来的收益
C. 防止因外汇汇率下跌而造成的损失
D. 获得因外汇汇率下跌而带来的收益
6. 远期外汇业务的期限最常见的为（　　）
A. 1 年　　B. 6 个月
C. 3 个月　　D. 1 个月
7. 当远期外汇比即期外汇便宜时，则两者之间的差额称为（　　）
A. 升水　　B. 贴水
C. 平价　　D. 中间价
8. 通常情况下，远期汇率与即期汇率的差价表现为贴水的是（　　）
A. 低利率国家的货币　　B. 高利率国家的货币
C. 实行浮动汇率制国家的货币　　D. 实行钉住汇率制国家的货币
9. 套汇交易赚取利润所依据的是不同市场的（　　）
A. 汇率差异　　B. 利率差异
C. 汇率及利率差异　　D. 通货膨胀率差异
10. 组成掉期交易的两笔外汇业务的（　　）
A. 交割日期相同　　B. 金额相同
C. 交割汇率相同　　D. 买卖方向相同
11. 某日纽约的银行报出的英镑买卖价为 GBP 1 = USD 1.678 3/93，3 个月远期贴水为 80/70，那么 3 个月远期汇率为（　　）
A. 1.670 3/23　　B. 1.671 3/23
C. 1.678 3/93　　D. 1.686 3/63
12. 如果一种货币的远期汇率低于即期汇率，则称为（　　）
A. 升值　　B. 升水
C. 贬值　　D. 贴水
13. 即期外汇业务中汇率最高的是（　　）
A. 电汇汇率　　B. 远期汇率
C. 信汇汇率　　D. 票汇汇率
14. 外汇期权交易是在（　　）的基础上发展起来的，比其更为灵活
A. 远期外汇交易　　B. 即期外汇交易

C. 掉期外汇交易　　D. 套汇交易

15. (　　) 必须交保险费，而且保险费不能退回

A. 择期交易　　B. 远期外汇交易

C. 即期外汇交易　　D. 外汇期权交易

二、多项选择题

1. 在即期外汇交易中，资金的实际交割时间可以是 (　　)

A. 成交的当日　　B. 成交后的第一个营业日

C. 成交后的第二个营业日　　D. 成交后的第三个营业日

2. 当远期外汇交易的交割日难以确定时，可以选用择远期外汇交易来避免汇率变动所造成的风险损失。关于择远期外汇交易，下列说法正确的是 (　　)

A. 出口商可同银行签订买入择远期外汇交易合约

B. 出口商可同银行签订卖出择远期外汇交易合约

C. 进口商可同银行签订买入择远期外汇交易合约

D. 进口商可同银行签订卖出择远期外汇交易合约

3. 在掉期交易的买卖交易中，相同的是 (　　)

A. 买卖的时间　　B. 买卖货币的种类

C. 买卖货币的数额　　D. 买卖货币的交割日

4. 掉期交易的主要特点是 (　　)

A. 交易期限相同　　B. 交易结构相同

C. 买卖同时进行　　D. 货币买卖数额相同

E. 交易的期限和结构各不相同

5. 关于掉期交易，下列说法正确的是 (　　)

A. 掉期交易又称时间套汇

B. 掉期交易只有即期对远期、远期对远期的交易，没有即期对即期的交易

C. 通过掉期交易，可以调整银行资金的期限结构

D. 通过掉期交易，可以获取投机利润

6. 远期外汇交易的特点是 (　　)

A. 买卖双方有直接合同责任关系　　B. 不收手续费

C. 对远期外汇的买卖有标准化规定　　D. 实行双向报价

E. 最后要进行交割

7. 择期交易的特点是 (　　)

A. 远期外汇的购买者或出售者有权在合约的有效期内选择交割日

B. 远期外汇的购买者或出售者可以放弃合约的履行

C. 远期外汇的购买者或出售者必须履行合约

D. 远期外汇的购买者或出售者在汇率的选择上处于有利地位

E. 银行在汇率的选择上处于有利地位

8. 远期对远期的掉期交易所涉及的两笔外汇业务的 (　　)

A. 金额相同　　B. 汇率相同
C. 汇率不同　　D. 交割期相同
E. 交割期不同

9. 即期对即期的掉期交易交割日常见的有（　　）
A. Over－Night（O/N）　　B. Tom－Next（T/N）
C. Spot－Next　　D. Spot－Week
E. Spot－n Month（n＝1，2，3，…，12）

10. 下面关于确定远期交割日或有效起息日惯例的描述中，正确的是（　　）
A. 远期交割日是以即期加月数或星期数计算
B. 若远期合约是以天数计算，其天数以即期交割日后的日历日的天数作为基准，而非营业日
C. 远期交割日不是营业日的，则顺延至下一个营业日。若顺延后跨月份的，则必须提前到当月的最后一个营业日为交割日
D. "双底"惯例：假定即期交割日为当月的最后一个营业日，则远期交割日也是当月的最后一个营业日

三、判断题

1. 目前，世界交易量最大的外汇市场是东京外汇市场。（　　）
2. 外汇交易总额中，外汇银行之间的外汇交易所占的比例最大。（　　）
3. 在其他条件不变的情况下，即期汇率与远期汇率差异大致和利率差异保持平衡。（　　）
4. 套汇交易的金额一般较大，因此风险也较大。（　　）
5. 美国、德国、日本、英国和瑞士等国采用升水、贴水和平价来表示远期汇率。（　　）
6. 我国某外贸公司因进口一批商品需向中国银行购买美元，当日中国银行的外汇牌价为1美元＝8.028 6－8.032 6人民币，则公司计算时应以1美元＝8.032 6人民币为准。（　　）
7. 中国外汇交易中心是中国银行领导下的机构，它为各个外汇指定银行提供一个集中交易和清算的场所。（　　）
8. 在间接标价法下，升水时的远期汇率等于即期汇率加上升水数字。（　　）
9. 当代外汇市场的交易额迅速增长，远远超过经济交易的实际需要。（　　）
10. 某美国银行在外汇交易中出现日元多头，若日元汇率上升，则将使其蒙受外汇风险损失。（　　）
11. 一般情况下，一国政府提高国内的利率水平，其货币的远期汇率会升水。（　　）
12. 无论是直接标价法还是间接标价法，升水均表示远期汇率比即期汇率贵，贴水表示远期汇率比即期汇率贱。（　　）
13. 远期外汇业务的买卖双方必须在合同中预先规定未来交割时所依据的汇率。（　　）
14. 择期交易是在即期外汇交易的基础上发展起来的，比即期外汇交易灵活。（　　）

15. 如果一个外汇投机商愿意，那么在星期一至星期五的任何一天他都可以连续24小时不间断地进行外汇买卖活动。(　　)

16. 如果两个市场存在明显的汇率差异，人们就会进行套汇。(　　)

17. 若投资者签约购买10万欧元，当市场汇率上升高于期权协定价格时，购买外汇期权者将履行期权合约。(　　)

18. 某德国公司在60天后将有一笔100万美元的应付款项，预计欧元对美元为升值的走势，该公司可以采用提前付款的方法，以防范外汇风险。(　　)

19. 与欧式期权相比较，美式期权比较灵活，因此，美式期权保险费较低。(　　)

20. 一般来说，直接标价法下的买卖价格是前买后卖，间接标价法下是前卖后买。(　　)

四、技能训练

1. 已知某日中国外汇市场即期汇率为1美元=6.235 2－6.246 8人民币，三个月远期美元为贴水300－200点，求三个月远期美元汇率。

2. 已知某日香港外汇市场即期汇率为1美元=7.751 3－7.763 8港元，某中国香港公司向美国出口设备，原来每台报价10 000美元，若美国进口商要求改报港元，应报多少？

3. 中国香港某贸易公司从巴西进口价值100万美元的咖啡，已知中国香港银行公布的外汇汇率为1美元=7.753 9－7.766 8港元，假设该公司需要将手中的港元兑换成美元进行支付，公司需要多少港元才可以兑换到100万美元？为什么？

4. 美国某银行的外汇牌价为：

	即期汇率	3个月远期汇率
美国	1.580 0－1.582 0	贴水0.7－0.9美分

问：

(1) 美元的3个月远期实际汇率是多少？

(2) 某商人如卖出3个月远期美元10 000，届时可换回多少英镑？

(3) 如按上述即期汇率，我国某机械公司出口机床，原报价每台20 000英镑，现英商要求该公司改用美元报价，则应报多少美元？为什么？

(4) 如上述机床公司预计3个月后才能收汇，那么对其报价应如何调整，具体应报多少美元？为什么？

5. 已知伦敦某外汇银行某日英镑对美元的汇价为：

	即期汇率	3个月远期汇率
美国	1.462 0－1.467 0	140－180

计算：

(1) 英国某公司当日需购买100万美元的外汇，根据这一汇价，该公司需付多少英镑？

(2) 3个月远期美元的实际汇率是多少？

(3) 某外贸公司出口商品原报价为70英镑/箱，现对方要求改报美元价，同时即期付款，该公司应改报多少美元？

（4）如果对方请求给予三个月延期付款的优惠，为保证英镑收入不减少，该公司又应该报多少美元？

6. 假定某日外汇市场即期汇率如下：

纽约外汇市场：GBP 1 = USD 1.500 0 – 1.501 0

伦敦外汇市场：GBP 1 = USD 1.502 0 – 1.503 0

试用 100 万英镑套汇并计算套汇毛利润。

模块七

衍生外汇交易

【知识目标】

1. 理解外汇期货交易的概念、特点和功能
2. 理解外汇期权交易的概念、特点、类型和功能
3. 了解互换交易的基本形式和功能

【技能目标】

1. 能基本掌握进行外汇期货交易、外汇期权交易的步骤
2. 能分析外汇期货交易、外汇期权交易的盈亏状况
3. 能基本知晓互换交易的应用方法及盈亏原理

【情境导入】

中国航油（新加坡）股份有限公司境外石油衍生品交易巨额亏损

在新加坡上市的航空燃料供应商中国航油（新加坡）股份有限公司（以下简称新加坡公司），因石油衍生品交易出现巨亏，于2004年11月30日向新加坡高等法院申请破产。

新加坡公司是中国航油集团公司的海外控股子公司，其总裁陈久霖兼任集团公司副总经理。经国家有关部门批准，新加坡公司在取得中国航油集团公司授权后，自2003年开始做油品套期保值业务。在此期间，陈久霖擅自扩大业务范围，从事石油衍生品期权交易，这是一种像“押大押小”一样的金融赌注行为。陈久霖和日本三井银行、法国兴业银行、英国巴克莱银行、新加坡发展银行和新加坡麦戈利银行等在期货交易场外签订了合同。陈久霖买了“看跌”期权，赌注每桶38美元。没想到国际油价一路攀升，陈久霖“押了小点，开盘后却是大点”。

自2004年10月以来，新加坡公司所持石油衍生品盘位已远远超过预期价格。根据其合同，需向交易对方（银行和金融机构）支付保证金。每桶油价每上涨1美元，新加坡公司要向银行支付5 000万美元的保证金，这导致新加坡公司现金流量枯竭。2004年10月26日至今，被迫关闭的仓位累计损失已达3.94亿美元，正在关闭的剩余仓位预计损失1.6亿美元，账面实际损失和潜在损失总计约5.54亿美元。

一个因成功进行海外收购曾被称为“买来个石油帝国”的企业，怎么会因从事投机交易造成5.54亿美元的巨额亏损呢？诸多问题引起各界的高度关注。什么是衍生外汇交易？衍生外汇交易有哪些主要业务？应该如何操作呢？

衍生外汇交易是在传统的外汇交易的基础上创新派生出来的。1973 年 4 月 26 日，全世界第一家选择权集中交易所——芝加哥期权交易所（CBOE）成立。该交易所初期交易 16 种以股票为标的物的买权契约。1975 年，芝加哥期权交易所率先开办了抵押协会债券利率期货。1982 年 2 月 24 日，美国堪萨斯市推出了第一份股票指数期货合约。1981 年 8 月，世界银行发行了 2.9 亿美元的欧洲债券，并决定将其本金与利息同 IBM 公司进行法郎和德国马克的货币交换，开创了互换市场的先河。1992 年，第一笔利率互换交易在美国完成，随后又出现了期货互换、期权互换等。衍生外汇交易的主要品种有外汇期货交易、外汇期权交易、互换交易等。

衍生外汇交易为外汇交易者提供了更加灵活的交易工具，为人们规避各种交易风险、获得更高的收益提供了便利。但是，随着衍生金融产品的多样化和交易规模的日趋扩大，在获利的可能性增大的同时，高风险也成为其突出的特征。

项目 1　外汇期货交易

一、外汇期货交易的概念

外汇期货交易是指交易双方在期货交易所内，通过公开竞价的方式，买卖在未来某一日期以既定的汇率交割一定数量外汇的标准化期货合约的外汇交易。

世界上第一份外汇期货合约是 1972 年 5 月 16 日由美国芝加哥商业交易所的分部——国际货币市场（International Money Market，IMM）推出的。自 IMM 提出第一份外汇期货合约后，这种新型衍生工具的交易便迅速发展起来。目前，世界上主要的金融中心都相继引进了外汇期货交易。全世界共有数十个金融期货市场，其中比较著名和成功的除了芝加哥国际货币市场、伦敦国际金融期货交易所（London International Financial Futures Exchange，简称 LIFFE）、新加坡国际货币交易所外，还有东京国际金融期货交易所、法国国际期货交易所等。

二、外汇期货交易的特点

1. 标准化的外汇期货合约

外汇期货交易直接买卖的是代表标准数量外汇的期货合约，而不像远期外汇交易直接买卖的是外汇本身。

外汇期货合约的交易币种、报价方法、交易单位、最小变动单位、每日涨跌幅、购买数量限制、交易时间、交割月份、交割日期和地点等都是标准化的。外汇期货合约的一般内容包括：

（1）交易币种。如 IMM 的外汇期货合约有英镑期货、日元期货、欧元期货、瑞士法郎期货、加元期货等。外汇期货实行美元报价法，以美分/外币来报价。

（2）交易单位。是指交易所对每一份期货合约所规定的最小交易数量，由于每一份合约的交易单位是固定的，因此，人们对各货币的买卖只能以交易单位或其整数倍进行，即买卖多少份期货合约。如 IMM 规定，每一份期货合约的交易单位是 25 000 英镑、125 000 瑞士法郎、12 500 000 日元、100 000 加元。

（3）最小变动单位。是指期货价格变动的最小幅度，每次变动必须是最小变动单位的整数倍，它通常用点来表示。如 IMM 规定，瑞士法郎、日元、加元的最小变动单位为 1 点，英镑为 5 点。日元的 1 点为 0. 000 001，其他货币的 1 点为 0. 000 1。

（4）每日涨跌幅。是指交易所对每日期货合约价格允许波动的最大幅度，其目的在于防止期货价格在短期内发生剧烈波动而给交易者带来过大的损失，以及对交易市场造成较大的冲击。

（5）购买数量限制。是指购买或持有期货合约数量的限制，目的是防止期货合约大量集中于少数人手里操纵市场的行为，以分散市场风险。

（6）交割时间。期货交易有固定的交割时间，以 IMM 为例，交割月份有 3、6、9、12 月；具体交割时间是交割月份的第三个星期的星期三，如果遇到双方的非营业日则向后推迟一天。

2. 实行保证金制度

在期货市场上，买卖双方在开立账户进行交易时，必须缴纳一定数量的保证金。缴纳保证金的目的是确保买卖双方能履行义务。清算所为保证其会员有能力应付交易需要，要求会员开立保证金账户，储存一定数量的货币，同时会员也向他的客户收取一定数量的保证金。一旦保证金账户余额降到维持水平线以下，客户就必须再缴纳保证金，并将保证金恢复到初始水平。

3. 实行逐日盯市制

又称每日结算制，是指清算所在每日闭市后计算、检查保证金账户余额，通过适时发出追加保证金通知，使保证金余额维持在一定水平上，防止负债现象发生的结算制度。

当每个营业日结束时，清算所要对每笔交易进行清算，即清算所根据清算价对每笔交易结清，盈利的一方可提取利润，亏损的一方则需补足头寸。由于实行每日清算，客户的账目余额每天都会发生变化，每个交易者都十分清楚自己在市场中所处的地位。如果想退出市场，则可做相反的交易来对冲。

三、外汇期货市场的构成

外汇期货市场是由交易所、清算所、交易所会员、佣金商及市场参与者构成的。

1. 交易所

期货交易所是具体买卖期货合同的场所。期货交易所本身不参加期货交易，运营资金主要靠创立者的投资、会员费和收取的手续费，它的职能是：提供交易场地；制定标准交易规则；负责监督和执行交易规则；制定标准的期货合同；解决交易纠纷，为市场提供资讯帮助等。

2. 清算所

又称为结算所，清算所是负责对期货交易所内的期货合同进行交割、对冲和结算的独立机构，它是期货市场运行机制的核心。通过清算所，期货合同的转让、买卖以及实际交割可以随时进行，不用通知交易对方，由它负责统一的结算、清算以及办理货物交割手续，这就是清算所特殊的“取代功能”。清算所的这一切行为能得以顺利实现，是因为它财力雄厚，而且实行了保证金制度，这是一套严格的无负债的财务运行制度。清算所的职责是：作为会员账户，向借贷双方提供资金流动和转移的场所以及资金存放中心，使资金得到真正的流动和转移；履行期货合约保证人保证交易顺利进行的职责。

3. 交易所会员

会员资格的取得是向有关部门申请并经其批准，会员每年必须缴纳会费，不是交易所会员的客户只能委托会员交易。交易所会员一般分为两类，一是充当经纪人，代客买卖，收取佣金；二是作为交易商，进行自营，赚取利润。

4. 佣金商

按照职能划分，期货佣金商可以分为场内经纪人和场内交易商，同一会员可身兼两职。凡是拥有会员资格，进入期货交易所内进行交易的人员，都称为场内交易人。场内交易人员有专为自己的利益进行交易的，但更多的是从交易所外接受大量的交易指令，按场外客户的交易指令进行期货交易，我们把前者称为专业投机商，把后者称为场内经纪人。

期货佣金商是在期货交易所登记的会员公司。各公司派其职员作为代表。其主要职能是：向客户提供完成交易指令的服务；记录客户盈亏情况，并代理期货合同的实际交割；处理客户的保证金；向客户提供决策信息以及咨询业务。

外汇期货交易的进行主要是靠期货交易所内的场内经纪人和代替非会员的期货佣金商来完成的。

5. 市场参与者

按照交易目的，市场参与者有套期保值者和投机者。两者均是期货市场不可或缺的组成部分，没有套期保值者，则无期货交易市场；无投机者，则套期保值无法实现。

四、外汇期货交易的作用及实际操作

外汇期货交易的主要作用是套期保值和投机交易。

（一）套期保值

外汇套期保值是买进或卖出与现货市场交易数量相当，但交易方向相反的外汇期货合约，以期在未来某一时间通过卖出或买进外汇期货合约来补偿因现货市场价格波动所带来的损失。

套期保值的方式有两种，即买入套期保值（又称为“多头保值”或“买空保值”）和卖出套期保值（又称为“空头保值”或“卖空保值”）。

通过期货交易进行套期保值的原理是利用期货市场与现货市场价格同升同降的关系，通过对冲，用期货市场的盈利去平衡现货市场的亏损。套期保值交易的目的是把损失减少到最低点。

1. 买入套期保值

【任务互动】

假设在 IMM 市场上，某年3月10日，美国某进口商从英国进口价值50万英镑的货物，3个月后付款，3月10日英镑的即期汇率为 GBP 1 = USD 1.608 0。若3个月后（6月10日）汇率变为 GBP 1 = USD 1.618 0。问：

(1) 美国进口商不采取保值措施，3个月后支付货款损失多少美元？

(2) 美国进口商如何利用期货市场进行套期保值？

分析：实际操作如下表所示：

表7-1 3月10日—6月10日买入套期保值操作

现货市场	期货市场
3月10日 现汇汇率买入20份6月期 GBP 1 = USD 1.608 0 GBP 50万折合 USD 80.4万	3月10日 英镑期货合约（开仓） 价格：GBP 1 = USD 1.610 0 总价值：USD 80.5万
6月10日 现汇汇率卖出20份6月期 GBP 1 = USD 1.618 0 GBP 50万折合 USD 80.9万 结果：损失 USD 5 000	6月10日 英镑期货合约（平仓） 价格：GBP 1 = USD 1.620 0 总价值：USD 81万 结果：盈利 USD 5 000

(1) 美国进口商不采取保值措施，3个月后应支付货款为50万×1.618 0 = 80.9万美元，但若按签约日3月10日汇率计算只需支付50万×1.608 0 = 80.4万美元，则因汇率上涨损失了5 000美元。

(2) 为防范现货市场英镑未来汇率上升风险，3月10日，美国进口商在 IMM 期货市场买入20份金额为50万英镑的6月期的英镑期货合约，价格为 GBP 1 = USD 1.610 0，3个月后于6月10日以 GBP 1 = USD 1.620 0 的价格卖出这20份合约。期货市场盈利为（1.620 0 - 1.610 0）×50万 = 5 000美元，这样完全弥补了现货市场亏损的5 000美元。

在实际交易中，有以下几点需要注意：①期货、现货两个市场的交易金额不一定相等。因为期货市场的交易金额是标准化的，因此现货市场的交易金额不一定正好为期货合约金额的整数倍；②期货、现货两个市场的价格走势一样，但差额不一定相等；③当预测错误时，则由现货市场的盈利弥补期货市场的亏损。

2. 卖出套期保值

【任务互动】

假设在IMM市场上，某年5月12日，美国一公司向加拿大出口一批货物，价值100 000加元，1个月后收回货款。该公司担心1个月后加元贬值，该美国公司应如何利用期货市场进行套期保值？

分析：实际操作如下表所示：

表7－2　5月12日—6月12日卖出套期保值操作

现货市场	期货市场
5月12日 现汇汇率卖出1份6月期 CAD 1 = USD 0.869 0 CAD 100 000 折合 USD 86 900	5月12日 英镑期货合约（开仓） 价格：CAD 1 = USD 0.869 5 总价值：USD 86 950
6月12日 现汇汇率买入1份6月期 CAD 1 = USD 0.8640 CAD 100 000 折合 USD 86 400 结果：损失 USD 500	6月12日 英镑期货合约（平仓） 价格：CAD 1 = USD 0.864 0 总价值：USD 86 400 结果：盈利 USD 550

为防止1个月后加元贬值，该美国公司5月12日在期货市场上卖出1份金额为100 000加元的期货合约，价格为CAD 1 = USD 0.869 5。1个月后加元果然贬值，6月12日该美国公司以价格CAD 1 = USD 0.864 0将1份加元期货合约买入，则期货市场盈利（0.869 5－0.864 0）×100 000＝550美元，完全弥补了现货市场的亏损。

（二）投机交易

外汇期货投机是通过买卖外汇期货合约，从外汇期货价格的变动中获利并同时承担风险的行为。投机交易的基本原理是投机者根据对外汇期货价格走势的预测，买进或卖出一定数量的外汇期货合约，如果价格走势与预测方向一致，则可以在某一价格上顺利平仓，合约的买卖差价即为盈利；如果价格走势与预测方向相反，则投机者就要承担风险，买卖差价即为亏损。

1. 多头投机（买空）

多头投机是指投机者预测外汇期货价格将要上升，从而先买后卖，以期贱买贵卖，对冲谋利。

【任务互动】

假设某年2月15日，期货价格为USD 1 = JPY 120，某投机者预测3月期日元期货市场价格呈上涨趋势，于是在货币期货市场买进10份3月期日元期货合约，每份日元期货面额12 500 000日元。到4月6日，日元期货价格果然上涨，价格为USD 1 = JPY 118，该投机者卖出手中全部日元期货合约获利了结。请计算该投机者的投机损益情况（不考虑投机成本）。

分析：实际操作如下表所示：

表7－3 2月15日—4月6日多头投机操作

2月15日	4月6日
买入：10份合约 价格：USD 1 = JPY 120 总价值： 1/120 × 12 500 000 × 10 = 1 041 667美元	卖出：10份合约 价格：USD 1 = JPY 118 总价值： 1/118 × 12 500 000 × 10 = 1 059 322美元
盈利： 1 059 322 － 1 041 667 = 17 655美元	

2. 空头投机（卖空）

空头投机是指投机者预测外汇期货价格将要下跌，从而先卖后买，以期贱买贵卖，对冲谋利。

【任务互动】

假设某年1月8日，芝加哥国际货币市场期货价格为CAD 1 = USD 0.689 0，某投机者预测两个月后加元下跌，于是卖出6月期加元合约10份，4月6日价格变为CAD 1 = USD 0.627 7，则买入10份6月期加元合约。请计算该投机者的投机损益情况（不考虑投机成本）。

分析：实际操作如下表所示：

表7－4 1月8日—4月6日空头投机操作

1月8日	4月6日
卖出：10份合约 价格：CAD 1 = USD 0.689 0 总价值： 0.689 0 × 100 000 × 10 = 689 000美元	买入：10份合约 价格：CAD 1 = USD 0.627 7 总价值： 0.627 7 × 100 000 × 10 = 627 700美元
盈利： 689 000 － 627 700 = 613 00美元	

值得注意的是，以上所列投机交易都是投机者盈利的案例，事实上，如果投机者预测错误，即外汇期货价格不涨反降或不降反升，与预期方向相反，则投机者就要承担风险损失。

项目 2　外汇期权交易

一、外汇期权交易的概念

外汇期权交易最早由美国费城证券交易所于 1982 年 12 月率先推出，也称货币期权交易（Currency Options Transaction），买卖的是一种外汇期权。

外汇期权（Foreign Exchange Option）也称外汇选择权，是指买卖双方签订远期外汇期权交易合同后，在合同有效期内，买方交付一定比例的期权费，就获得了履行或放弃按预先约定的价格和数量买入或卖出外汇的权利。

可见，外汇期权赋予了期权的购买方未来买入或卖出某种货币的权利。当合同约定汇率对买方有利时，他有权按合同约定汇率买入或卖出某种货币，这时称为他执行了期权，而卖方有义务应买方的要求按约定汇率卖出或买入这种货币；反之，如果未来市场汇率对卖方有利，即合同约定汇率对买方不利时，则买方可以不执行期权，或称放弃期权，而让其到期自动作废，但是要损失期权费。

比如，3 月 12 日某公司买入 3 月期 10 万英镑的期权合约，协定汇率为 GBP 1 = USD 1.560 0，期权费 2 000 美元，到期日为 6 月 12 日。这样，该公司即有权在到期日选择以 GBP 1 = USD 1.661 7 的协定汇率从卖方那里买入英镑，也可以选择不执行期权，即不与卖方做交易。

二、外汇期权交易的特点

（1）期权交易可在场内进行，即在交易所内进行交易，如在费城、芝加哥、伦敦等地的交易所内都可以进行场内期权交易。场内期权交易的方式与期货交易基本一致。期权交易也可在场外进行，期权场外交易的比例较大。

（2）灵活性强。期权买方根据市场行情的变化，可以选择执行或不执行期权。

（3）买卖双方享有的权利和义务不对称。期权买方享有履约的权利，卖方只有履约的义务，也就是说，卖方在收取了期权费后，就必须在买方选择执行交易时，与其进行交易。

（4）期权费不能收回。无论是执行或放弃期权合同，期权买方所支付的期权费均不能收回。

【任务互动】

请思考：期权保证金和期权费有什么区别？

分析：期权保证金和期权费的区别：

(1) 期权保证金是卖方存入交易所的资金，而期权费是由期权买方支付给卖方的期权的价格。

(2) 期权卖方存入保证金的目的是表明自己有履约的能力，而期权买方支付期权费的目的是获得期权权利。

(3) 期权保证金的数额取决于逐日盯市制的结果，如果保证金账户中的资金低于维持保证金所规定的金额，则需要追加保证金到初始保证金的水平；而期权费数额一旦确定，则一次性由期权的买方支付给卖方，一般不再追加。

三、外汇期权交易的种类

1. 按执行权利的日期划分，可分为欧式期权和美式期权

(1) 欧式期权（European Option），是指买方只能在合约到期日方可选择执行的期权。

(2) 美式期权（American Option），是指买方在合约到期或到期日之前的任何一个工作日可选择执行的期权。与欧式期权相比，美式期权更为灵活，但支付的费用也更高。

2. 按期权的性质划分，可分为看涨期权和看跌期权

(1) 看涨期权（Call Option），也称为买权（买入期权）或多头期权，是指买方将来有权买入某种货币资产的期权。

(2) 看跌期权（Put Option），也称为卖权（卖出期权）或空头期权，是指买方将来有权卖出某种货币资产的期权。

值得注意的是，由于外汇买卖是用一种货币与另一种货币进行交换，对一种货币的买入就意味着对另一种货币的卖出，因此在期权合约包括的两种外汇中，对一种是买权，对另一种就是卖权。比如 USD CALL EUR PUT，称为美元买权、欧元卖权，表明期权的买方有权从卖方处买入美元，卖出欧元。

四、外汇期权交易的作用及实际操作

外汇期权交易从买方角度来讲，与远期外汇交易和外汇期货交易相似，主要有两大作用：一是保值，二是投机。

1. 保值避险

在进出口贸易和其他金融业务中，为防范汇率变动带来的风险，可利用外汇期权交易。比如，当进口商需将本币兑换成外币支付进口，并预测外汇汇率上升时，可购进外汇买权；当出口商需在未来某一个时点收进外币兑换成本币，并预测外币汇率下跌时，则可购进外汇卖权。

【任务互动】

英国一进口商3个月后将向美国出口商支付100万美元的货款，当时即期汇率GBP/USD＝1.455 0。为了避免美元升值的风险，该进口商决定购买3月期欧式看涨期权，执行价格为GBP/USD＝1.455 0，金额100万美元，期权费报价为2.5%。假设3个月合同到期时，市场可能出现两种情况：

（1）若美元升值，汇率为GBP/USD＝1.418 0，该英国进口商如何操作？

（2）若美元贬值，汇率为GBP/USD＝1.485 0，该英国进口商如何操作？

分析：期权费＝100×2.5%＝2.5万美元，相当于2.5/1.455 0＝1.718万英镑

（1）3个月后如英商所料，美元升值了，汇率为GBP/USD＝1.418 0，则选择执行期权，按执行价格GBP/USD＝1.455 0购买100万美元，需要支付100/1.455 0＝68.729万英镑，加上期权费1.718万英镑，共支付70.447万英镑。

如果不做期权交易，在市场购买100万美元用于支付货款，则需要支付100/1.4180＝70.522万英镑，则英商利用期权保值收益为70.522－70.447＝0.075万英镑。

（2）3个月后若美元不升反降，汇率为GBP/USD＝1.485 0，英商必须考虑是执行期权还是放弃期权。

如果选择执行期权，按执行价格GBP/USD＝1.455 0购买100万美元，需要支付100/1.455 0＝68.729万英镑，加上期权费1.718万英镑，共支付70.447万英镑。

如果选择不执行期权，在市场购买100万美元用于支付货款，则需要支付100/1.485 0＝67.34万英镑，加上损失的期权费1.718万英镑，则只需支付69.058万美元。

显然，英商选择不执行期权，可以获得汇率波动对自己有利的好处。

2. 投机交易

【任务互动】

假设在外汇市场上，某投机者预测英镑在未来3个月内有可能大幅升值，其变动幅度会超过当时期权市场上英镑买权的期权费，于是购买3个月后到期的10万英镑美式看涨期权，执行价格为GBP/USD＝1.455 0，期权费2 000美元，到期日为8月16日。请问这名投机者如何获利？

分析：由于是美式期权，故从买入期权开始至8月16日期间的任何一天，若该投机者预测正确，市场汇率大于执行价格与期权费率之和，则该投机者就可以执行期权，以执行汇率买入英镑，然后在现货市场卖出英镑，从中谋利。

假定7月22日，市场汇率为GBP/USD＝1.495 0，投机者执行期权，以执行价格GBP/USD＝1.455 0买入10万英镑，付出14.55万美元。然后在现货市场上按即期汇率为GBP/USD＝1.495 0卖出10万英镑，获得14.95万美元，除去付出的期权费2 000美元，投机者可获利14.95万－14.55万－0.2万＝2 000美元。

五、外汇期权、外汇期货与远期外汇交易的比较

表 7－5　外汇期权、外汇期货以及远期外汇交易的特点列表

比较项目	外汇期权交易	外汇期货交易	远期外汇交易
交易性质	买方有选择权利，卖方有履约义务	买卖双方都有履约义务	买卖双方都有履约义务
合约形式	标准化	标准化	非标准化
合约规模	标准化	标准化	自由议定
交割日期	合同期限标准化，但可在到期前任何时间交割	标准化	自由议定
交易方式	场内以公开竞价的方式进行，场外自由交易	在交易所内以公开竞价的方式进行交易	买卖双方通过电话等方式直接进行交易
保证金	买方只支付期权费，卖方按期权费缴保证金，不必每日计算盈亏，到期前无现金流动	买卖双方均需缴保证金且每日计算盈亏，并补交或退回保证金多余部分	无，但银行对客户都保留一定的信用限额
价格波动	无限制	对各类合约有每日价位最高波动幅度限制	无限制
参与者	被批准进行期权交易的交易所的参与者及一般客户	注册的交易所会员及其一般客户	以银行和公司机构为主

项目 3　互换交易

一、互换交易的概念

金融互换交易产生于 20 世纪 70 年代中期。作为一种国际金融创新工具，互换交易已成为国际金融市场上一种重要的交易方式，备受金融家、投资者和资产、债务管理者的青睐。

所谓互换交易（Swap Transaction），是指交易双方签约同意在一确定期限内互相交换一系列现金流的金融活动。互换交易是交易双方抱着不同的交易目的和在各自对市场行情趋势的分析基础上达成的交易，是降低长期资金筹措成本和资产、债务管理中防范利率和汇率风险的有效金融工具之一。

二、利率互换交易

互换交易有两种基本形式：利率互换和货币互换。

1. 利率互换

通常是指两个单独的借款人从两个不同的贷款机构借取了同等金额、同样期限的同种货币贷款，双方约定互为对方支付利息的金融交易。简而言之，这是一种相互交换不同形式债务利息的预约业务。由于双方筹资条件不同，各自以其比较优势进行利率条件交换，交换后双方均可得到一定的经济利益。双方之所以可以进行利率互换是由于有比较优势利率差存在。

【任务互动】

现有A、B两家公司都在国际金融市场上筹集1 000万美元，期限都是5年。A公司信用等级高，筹资的利率较低；B公司信用等级低，筹资的利率较高。由于A、B公司的信用等级不同，在固定、浮动利率市场面临的融资成本也不同，从而在固定利率和浮动利率之间形成了各自的比较优势，如下表所示。

表7-6　固定利率和浮动利率比较优势

公司名称	固定利率	浮动利率	比较优势之差
A	10%	6个月期LIBOR+0.3%	
B	11.2%	6个月期LIBOR+1%	
比较优势	1.2%	0.7%	0.5%

请问：A、B两家公司如何进行利率互换交易？

分析：从表中不难看出，无论是按固定汇率借款还是按浮动汇率融资，A公司所用成本都要比B公司低。但从比较优势来看，以固定利率来筹款，A公司比B公司可节省成本1.2%；而以浮动利率来筹款，B公司比A公司的筹资成本只低0.7%。可以看出，相对而言，A公司以固定利率筹款优势更大，B公司以浮动利率筹款具有相对优势，比较优势之差为0.5%。于是，双方都发挥各自的相对优势，由于双方有比较优势差，所以双方可以进行利率互换。A公司以固定利率筹款，B公司以浮动利率筹款，由于两者本金相等，双方互为对方支付利息即可。

假设双方约定以平分比较利益差为互换条件，互换情况如下表所示：

表 7-7 A 公司与 B 公司互换条件

	A 公司	B 公司
筹资付出利率	固定利率 10%	浮动利率 LIBOR + 1%
利率互换	付给 B 浮动利率 LIBOR 得到 B 固定利率 9.95%	付给 A 固定利率 9.95% 得到 A 浮动利率 LIBOR
实际筹资成本	LIBOR + 10% − 9.95% = LIBOR + 0.05%	LIBOR + 1% + 9.95% − LIBOR = 10.95%
节约成本	LIBOR + 0.3% − (LIBOR + 0.05%) = 0.25%	11.2% − 10.95% = 0.25%

方法：A 公司以固定利率筹资，利率 10%；A 公司给 B 公司支付 LIBOR 利率，从而 A 公司变成了以浮动利率融资。为了能够降低融资成本，必须从 B 公司处获得补偿利率 9.95%。B 公司以浮动利率筹资，利率为 LIBOR + 1%；B 公司给 A 公司支付 9.95% 固定利率，从而变成了以固定利率融资，并从 A 公司处初获得了 LIBOR 的补偿。

结果：A、B 公司分别以低于浮动利率和固定利率 0.25% 的利率筹得了资金。对 A 公司来说，这不但降低了筹资成本，还可获得将来利率下降带来的好处；对 B 公司来说，这既降低了筹资成本，又避免了将来利率上涨的风险。

2. 货币互换

货币互换是指两笔金额相同、期限相同、计算利率方法相同，但货币不同的债务资金之间的调换，同时也进行不同利息额的货币调换。简单来说，利率互换是相同货币债务间的调换，而货币互换则是不同货币债务间的调换。

三、货币互换交易

1. 货币互换的概念

货币互换是指双方按固定汇率在期初交换两种不同货币的本金，然后按预先规定的日期，进行利息和本金的分期交换；是交易双方在一定期限内相互交换不同的货币和利率的债务，以达到规避未来汇率和利率变动的风险，并降低筹资成本的目的的交易。

第一份互换合约出现在 20 世纪 80 年代初，从那以后，互换市场有了飞速发展。著名的互换交易发生在世界银行与国际商业机器公司（IBM）之间，它由所罗门兄弟公司于 1981 年 8 月安排成交。

1981 年，由于美元对瑞士法郎（SF.）、联邦德国马克（DM.）急剧升值，货币之间出现了一定的汇兑差额，所罗门兄弟公司利用外汇市场中的汇差以及世界银行与 IBM 公司的不同需求，通过协商达成互换协议。这是一项在固定利率条件下进行的货币互换，而且在交易开始时没有本金的交换。

世界银行将它的2.9亿美元金额的固定利率债务与IBM公司已有的瑞士法郎和德国马克的债务互换。互换双方的主要目的是，世界银行希望筹集固定利率的德国马克和瑞士法郎低利率资金，但世界银行无法通过直接发行债券来筹集。而世界银行具有AAA级的信誉，能够从市场上筹措到最优惠的美元借款利率，其希望通过筹集美元资金换取IBM公司的德国马克和瑞士法郎债务；IBM公司需要筹集一笔美元资金，由于数额较大，集中于任何一个资本市场都不妥，于是采用多种货币筹资的方法，他们运用本身的优势筹集了德国马克和瑞士法郎，然后通过互换与世界银行换到优惠利率的美元。结果是，对于双方来说，均享受了降低成本的优惠，而且还避免了运用货币与筹措货币不同而产生的汇价风险。

2. 货币互换交易操作实例

【任务互动1】

某公司有一笔日元贷款，金额为10亿日元，期限为7年，利率为固定利率3.25%，付息日为每年6月20日和12月20日。2003年12月20日提款，2010年12月20日到期一次性归还本金。公司提款后，将日元换成美元，用于采购生产设备，产品出口后获得美元收入。

请分析：该公司是否存在汇率风险？可以通过货币互换交易来控制汇率风险吗？

分析：从以上的情况可以看出，公司的日元贷款存在着汇率风险。具体来看，公司借的是日元，用的是美元，2010年12月20日，公司需要将美元收入换成日元还款。那么到时如果日元升值、美元贬值（相对于期初汇率），则公司要用更多的美元来买日元还款。这样，由于公司的日元贷款在借、用、还上存在着货币不统一的情况，于是就存在着汇率风险。

公司为控制汇率风险，决定与中国银行做一笔货币互换交易。双方约定，交易于2003年12月20日生效，2010年12月20日到期，使用汇率为USD 1 = JPY 113。这一货币互换具体为：

（1）在提款日（2003年12月20日）公司与中国银行互换本金：

公司从贷款行提取贷款本金，同时支付给中国银行，中国银行按约定的汇率水平向公司支付相应的美元。

（2）在付息日（每年6月20日和12月20日）公司与中国银行互换利息：

中国银行按日元利率水平向公司支付日元利息，公司将日元利息支付给贷款行，同时按约定的美元利率水平向中国银行支付美元利息。

（3）在到期日（2010年12月20日）公司与中国银行再次互换本金：

中国银行向公司支付日元本金，公司将日元本金归还给贷款行，同时按约定的汇率水平向中国银行支付相应的美元。

从以上可以看出，由于在期初与期末，公司与中国银行均按预先规定的同一汇率（USD 1 = JPY 113）互换本金，且在贷款期间公司只支付美元利息，而收入的日元利息正好用于归还日元贷款利息，从而使公司完全避免了未来的汇率变动风险。

【任务互动2】

某公司贷款一笔人民币，金额为5 000 万人民币，期限为5 年，利率为固定利率6.25%。付息日为每年6 月30 日和12 月31 日。2007 年7 月10 日提款，2012 年7 月10 日到期一次性归还本金。公司提款后，将人民币换成美元，用于采购生产设备，产品出口后获得美元收入。

请问：

（1）该公司存在什么风险？

（2）如何通过货币互换交易锁定汇率风险？

分析：（1）风险提示：

从以上情况看，该公司这笔人民币贷款存在汇率风险。公司借的是人民币，用的是美元，收到的货款也是美元。而在偿付利息和到期一次性归还本金时，公司都需要将美元换成人民币。如果人民币升值、美元贬值，那么公司需要用更多的美元来换成人民币还款，这直接增加了公司的财务成本。

（2）解决方案：

公司采取以下货币互换的方式，就可以有效锁定汇率风险。

①在提款日（2007 年7 月10 日）公司与A 银行互换本金。公司用贷款本金支付给A 银行，A 银行按约定的汇率支付相应的美元。

②在付息日（每年6 月30 日和12 月31 日）公司与A 银行互换利息。A 银行按人民币利率水平向该公司支付人民币利息，公司将人民币利息支付给贷款银行，同时按约定的美元利率水平向A 银行支付美元利息。

③在到期日（2012 年7 月10 日）公司与A 银行再次互换本金。A 银行向公司支付人民币本金，公司将人民币本金归还给贷款银行，同时按约定的汇率水平向A 银行支付相应的美元。

从以上可以看出，由于在期初与期末，该公司与A 银行均按约定的同一汇率互换本金，且在贷款期内公司只支付美元利息，而收入的人民币利息正好用于归还人民币贷款利息，从而使公司避免了汇率波动的风险。

3. 货币互换的作用

对于进行货币互换的双方而言，货币互换的功能主要表现在：

（1）降低筹资成本。交易方在自己熟悉的货币市场，往往能凭借信誉等方面的优势，获得相对较低利率的借款。通过货币互换，不仅能得到各自所需的货币，也能得到比直接筹资更低的利率成本。

（2）通过货币互换能预先锁定汇率、利率，规避汇率风险和利率风险。

（3）对于实行外汇管制的国家，货币互换避开了管制的壁垒，使资本的国际流动变得方便。

就撮合货币互换的中介机构而言，货币互换无疑开辟了新的利润来源。这种利润不会对中介机构的资产负债表产生丝毫影响，因而商业银行对此十分热衷。

【模块小结】

一、外汇期货交易

（一）外汇期货交易的概念

（二）外汇期货交易的特点

（三）外汇期货市场的构成

（四）外汇期货交易的作用及实际操作

二、外汇期权交易

（一）外汇期权交易的概念

（二）外汇期权交易的特点

（三）外汇期权交易的种类

（四）外汇期权交易的作用及实际操作

（五）外汇期权、外汇期货与远期外汇交易的比较

三、互换交易

（一）互换交易的概念

（二）利率互换交易

（三）货币互换交易

【课后训练】

一、单项选择题

1. 只能在到期日那天才能行使权利的期权是（　　）

A. 美式期权　　B. 欧式期权

C. 固定交割日的期权　　D. 选择交割日的期权

2. 下列关于外汇期权交易的说法中，错误的是（　　）

A. 外汇期权的卖方出售的是外汇

B. 外汇期权的买方可以选择不执行外汇期权合约

C. 外汇期权是货币期权

D. 外汇期权可分为美式期权和欧式期权

3. 外汇期货交易产生于（　　）

A. 1944 年 7 月　　B. 1969 年 1 月

C. 1972 年 5 月　　D. 1978 年 12 月

4. 利率互换的理论依据是出于互换双方各自（　　）

A. 防范利率风险的考虑　　B. 防范汇率风险的考虑

C. 比较成本的考虑　　D. 比较优势的考虑

5. 在期权交易中，（　　）

A. 买方亏损有限，卖方亏损很难预测

B. 卖方亏损有限，买方亏损很难预测

C. 买卖双方的风险基本相同

D. 买卖双方的风险都很难预测

6. 看跌期权收益和损失的临界点（　　）

A. 执行价格+期权费　　B. 执行价格－期权费

C. 执行价格×期权费　　D. 执行价格/期权费

7. 首例货币互换交易产生于（　　）

A. 1982 年 12 月　　B. 1969 年 1 月

C. 1972 年 5 月　　D. 1981 年 8 月

8. 根据买方对价格的预测划分，外汇期权可分为（　　）

A. 看涨期权和看跌期权　　B. 美式期权和欧式期权

C. 场内期权和场外期权　　D. 实值期权、平价期权、虚值期权

9. 成交数量标准化的交易是（　　）

A. 远期外汇交易　　B. 货币期货交易

C. 货币期权交易　　D. 掉期交易

10. 期权持有者获得了在到期以前按协定价格出售合同规定的某种金融工具的权利，这种行为称为（　　）

A. 买入看涨期权　　B. 卖出看涨期权

C. 买入看跌期权　　D. 卖出看跌期权

二、判断题

1. 在期货交易中，清算所既充当期货合同购买方的卖方，又充当期货合同出售方的买方。（　　）

2. 期权费数额不是固定的，它取决于逐日盯市制的结果，期权买方可能还需追加。（　　）

3. 外汇期权交易直接买卖的是外汇。（　　）

4. 外汇期货交易直接买卖的是标准化的外汇期货合约。（　　）

5. 可以进行利率互换的前提之一是交易双方有融资的比较优势存在。（　　）

6. 看涨期权的买方在交割时的即期汇率大于执行价格时的执行期权，并且一定获利。（　　）

7. 一般而言，同等条件下的欧式期权比美式期权价格要高。（　　）

8. 外汇期货交易主要是为人们提供一种炒卖外汇的工具。（　　）

9. 货币互换与外汇市场上的掉期交易基本没有区别。（　　）

10. 无论是执行期权还是放弃期权，期权买方所支付的期权费均不能收回。（　　）

三、技能训练

1. 某年 3 月 20 日，美国某出口商向英国出口一批货物，3 个月后收回 62.5 万英镑（10 份标准合约）货款。为了防止将来英镑下跌造成损失，美国出口商进行卖出套期保值交易以防范风险。下面请填表说明其操作方法。

表 7-8 3 月 20 日—6 月 20 日卖出套期保值操作

现货市场	期货市场
3 月 20 日 GBP 1 = USD 1.657 2 预计收入	3 月 20 日 GBP 1 = USD 1.659 2 卖出还是买入
6 月 20 日 GBP 1 = USD 1.649 2 卖出 62.5 万英镑 实际获得美元	6 月 20 日 GBP 1 = USD 1.649 2 买入还是卖出
亏损（盈利）	亏损（盈利）
净盈利还是净亏损	

2. 某年 7 月 7 日，一美国公司从加拿大进口农产品一批，3 个月后支付 1 000 万加元，为防止将来加元升值造成损失，该美国公司进行了买入期货套期保值。7 月 7 日汇率为 1 美元 = 1.350 6 加元，10 月份到期的期货价格为 1 美元 = 1.345 0 加元。10 月 7 日的汇率为 1 美元 = 1.346 0 加元，该期货价格为 1 美元 = 1.340 0 加元，问：该美国公司该如何操作？其盈亏情况如何？

3. 我国某外贸公司向英国出口商品，2 月 20 日装船发货，收到价值 100 万英镑的 3 个月远期汇票。该公司担心到期结汇时英镑对美元汇价会下跌，减少美元创汇收入，于是该外贸公司决定买入 3 月期的欧式看跌期权，以外汇期权交易保值。

2 月 20 日即期汇率 GBP 1 = USD 1.486 5，协定价格 GBP 1 = USD 1.495 0，期权费 GBP 1 = USD 0.021 2，不考虑交易佣金。3 个月合同到期时，市场可能出现两种情况：

（1）若汇率为 GBP 1 = USD 1.400 0，该公司会如何操作？

（2）若汇率为 GBP 1 = USD 1.600 0，该公司会如何操作？

4. 6 月 3 日我国某外贸公司将在 3 个月后用美元支付 400 万加元进口货款，预测加元汇价会有大幅度波动，为了避免加元升值的风险，于是该公司以外汇期权交易保值。已知：6 月 3 日当日即期汇率 USD 1 = CAD 2.000 0，期权协定价格 USD 1 = CAD 1.980 2，期权费 CAD 1 = USD 0.016 9，不考虑期权交易佣金，采用欧式期权。3 个月后假设出现 USD 1 = CAD 1.700 0、USD 1 = CAD 2.300 0 两种情况，该公司会如何操作？

5. 甲、乙两公司在国际金融市场上筹集数额相等的某种欧洲货币贷款，双方的融资能力如下表。两公司希望进行利率互换，并且都不介意采取何种利率形式。请你设计一个交换条件使双方能够平分比较利益之差。

表 7-9 甲乙双方的融资能力

公司名称	固定利率	浮动利率
甲	12%	6 个月期 LIBOR +0.1%
乙	13.4%	6 个月期 LIBOR +0.6%

模块八

外汇风险管理

【知识目标】

1. 掌握外汇风险的概念
2. 理解外汇风险的构成要素
3. 掌握防范和规避外汇风险的主要方法

【技能目标】

1. 能够识别外汇风险
2. 具备外汇风险管理意识
3. 能够有效地对外汇风险采取适当的防范和规避措施

【情境导入】

某年1月10日，我国A公司向美国B公司出口一批机械产品，签订了1 000万美元的出口合同，当时美元对人民币中间汇率为6.60，6个月后付款。合同签订后，人民币一直处于升值状态，到了4月10日，人民币已经大大升值，银行间外汇市场美元对人民币中间汇率为6.50，若仅按此汇率折算，由于人民币汇率的变动，该公司就将蒙受大额的汇率风险损失，足足损失100万人民币。

在此情形下，A公司紧急召开关于强化外汇风险管理的会议，制定公司外汇风险管理对策。作为一家国际经营企业，A公司迫切需要提升外汇风险管理水平，积极采取有效措施，以减少因汇率波动而遭受风险的损失。

请思考：什么是外汇风险？外汇风险有哪几种类型？如何识别外汇风险？企业可以采取哪些方法和措施防范和规避外汇风险？具体该如何操作呢？

项目1　外汇风险

一、外汇风险的概念

外汇风险（Foreign Exchange Risk）是指一个经济实体或个人，在涉外经营活动中，因外汇汇率的变化，使其以外币计价的资产或负债发生不确定的改变，从而使所有者蒙受经济损失的可能性。这种可能性有两种结果，或是获得利益，或是遭受损失。但事实上，外汇风险是指因汇率变动而给企业带来经济损失的可能性。外汇风险的大小，就是这种带来经济损失可能性的大小。

对于从事对外贸易、投资及国际金融活动的企业、个人或政府来说，在国际经营活动中需要收付大量外币，或者保有外币债权债务，或者以外币表示其资产和负债的价值，这势必面临着汇率波动所带来的外汇风险，从而直接影响其经济利益，因此各国外贸企业、外汇银行在其经营活动中，必须首先考虑汇率变动导致损失的可能性，选择适当的措施来防范外汇风险，把避免外汇风险作为外汇资产管理的一个重要方面。

二、外汇风险的类型

外汇风险一般可分为交易风险、会计风险和经济风险。按照发生的时间阶段来看，在经营活动中的风险为交易风险，经营活动结果中的风险为会计风险，预期经营收益的风险为经济风险。

（一）交易风险（Transaction Risk）

外汇汇率波动而引起的应收资产与应付债务价值变化的风险即为交易风险，也称营业风险。交易风险所涉及的业务范围广泛，是国际企业经营中面临的最主要的外汇风险，也是企业主要的风险防范对象。

交易风险主要表现在进出口贸易、国际投资和借贷、外汇买卖三个方面：

1. 进出口贸易中的交易风险

是指以即期或延期付款为支付条件的商品或劳务的进出口，在装运货物或提供劳务后货款或劳务费用尚未收支这一期间，因外汇汇率变化而产生的风险。

【案例分析】

某年1月，中国某集团公司与美国某公司签订出口订单1 000万美元，当时汇率为1美元=7.20人民币。6个月后交货时，人民币已经大大升值，美元贬值，汇率变为1美元=7.00人民币。这样，由于外汇汇率的变动，该公司损失了200万人民币。

2. 国际投资和借贷中的交易风险

是指以外币计价的国际投资和借贷活动在债权债务未清偿前所存在的风险。在以外币计价的国际投资和借贷业务中，汇率变化会引起资产或负债的本币价值发生变化，从而带来外汇风险。

【案例分析】

某企业曾向世界银行贷款，金额为130亿日元，当时日元对美元汇率为1美元=130日元，正好1亿美元，利率为2.5%，偿还期为30年。若按当时的汇率和利率计算，还本付息需1.42亿美元。但从某年起，日元出现了大幅度升值，曾一度升值为1美元=79.95日元。即便之后美元有些升值，但基本上都在1美元=130日元之下，这就给该企业还本付息增加了负担。

3. 外汇买卖业务中的交易风险

是指待交割的远期外汇合同的一方，在该合同到期时，由于外汇汇率变化，交易的一方可能要承受用更多或更少货币去换取另一种货币的风险。

对于买入外汇的企业来说，其面临着到期支付更多本币的风险；对于卖出外汇的企业来说，其则面临到期本币升值、外币贬值的风险。相应地，外汇银行在中介性外汇买卖中，持有外汇头寸的多（空）头，多（空）头货币汇率下跌（上涨）了，外汇银行就要蒙受损失。

【案例分析】

某日本银行从客户手中买入100万美元，卖出了80万美元，还剩下20万美元，通常将这20万美元称为多头，这种多头将来在卖出时会因外汇汇率变化而发生盈亏。如果当日收盘价为1美元=130日元，那么该银行卖出20万美元应收回2 600万日元。如果翌日外汇市场1美元=120日元，那么该银行只能收回2 400万日元，损失200万日元。

（二）会计风险（Accounting Risk）

会计风险又称折算风险，是指由于汇率变化而引起资产负债表中某些以外币计量的资产、负债、收入和费用在折算成以本国货币表示的基础上时可能产生的账面损失。

会计风险具有以下几个特点：

（1）存在于会计处理中；

（2）会计风险一旦发生，损失只是账面上的；

（3）跨国公司的海外分公司面临双重折算风险。

（三）经济风险（Economic Risk）

经济风险又称竞争风险，是指由于外汇汇率发生波动而引起国际企业未来收益减少的一种潜在的风险。风险的大小主要取决于汇率变动对该企业产品的数量、价格与成本可能产生影响的程度。经济风险直接关系到企业在海外的经营效果或银行在国外的投资效益。

经济风险是由意料之外的汇率变动所造成的影响，它通过对企业未来现金流量的直接影响，继而影响企业未来的收支，最终影响企业未来的获利能力。企业获利能力的变化又反过来影响企业自身的资产、负债和权益的价值。可以说，经济风险是对企业整体价值的影响。

由于经济风险具有长期性和连续性的特点，在识别经济风险时，不仅要考虑眼前的风险，更重要的是从长远的角度来考虑企业的经济风险。企业的经营环境、原料来源以及汇率的波动等是识别企业经济风险的主要因素。

表 8－1　三种外汇风险的区别

比较项目	交易风险	会计风险	经济风险
风险发生的时间	经营过程中	经营结果	预测企业未来收益
造成损益的情况	真实的	账面的	潜在的
衡量损益的角度	单笔的交易	母公司	企业整体
衡量风险的时间	一次性的	一次性的	长期的
损益的表现形式	客观性	客观性	动态性和主观性

三、外汇风险的构成因素

外汇风险一般包括三个因素：本币、外币与时间。

一个国际企业在它的经营活动中所发生的外币收付，如应收账款、货币资本的借入或贷出等，均需与本币进行折算，以便结清债权债务并考核其经营活动成果，本币是衡量企业经济效益的共同货币指标。通常，从交易达成后到应收账款的实际收进、应付账款的实际付出，以及借贷本息的最后偿付均有一个期限，这些期限就是时间因素。在确定的时间内，外币与本币的折算比率可能发生变化，从而产生外汇风险。

如果一个国际企业在某笔对外交易中未使用外币而使用本币进行计价收付，那么这笔交易就不存在外汇风险，因为它不牵涉外币与本币的折算问题，从而不存在汇率发生波动的风险。一笔应收或应付外币账款的时间结构对外汇风险的大小具有直接的影响，时间越长，则在此期间汇率发生波动的可能性越大，外汇风险相应就越大；反之，时间越短，在此期间汇率发生波动的可能性越小，外汇风险相应就越小。

从时间结构对外汇风险大小的影响这个角度来分析，外汇风险既包括时间风险，也包括外币折本币、本币折外币引起的汇率变动的价值风险。改变时间结构，如缩短一笔外币债权债务的收取或偿付时间，可以减缓外汇风险，但不能消除价值风险，因为本币与外币折算所存在的汇率波动风险仍然存在。要彻底消除外汇风险，意味着既要消除时间风险，又要消除价值风险。

【案例分析】

某企业90天后有一笔外汇收入，既存在时间风险，又存在价值风险。现该企业同时借入一笔金额相等的外汇贷款，偿付时间也规定在90天后，即以90天后的外汇收入来偿还这笔外汇贷款，这样，把将来的时间风险转移到现在，从而消除了时间风险。但受汇率波动影响的价值风险仍然存在，如欲消除该价值风险则尚需采取措施，即将外币借款卖成本币，然后以本币进行投资，借以获得一定的投资利润，这样才能消除全部外汇风险。

总之，防范外汇风险的措施多种多样，近年来，我国一些国际经营企业采用防范外汇风险的措施也取得了一定的效果。以下项目将分别介绍货币选择与保值措施、外汇交易与借贷投资法、综合避险法。

项目2　货币选择与保值措施

一、货币选择法

在对外经济交易中，货币与价格是交易双方谈判过程中的重要议题，选择何种计价结算的货币或计值清偿的货币，都直接关系到交易主体是否能承担汇率风险。货币选择不当往往会造成重大损失。

1．选择本币计价

进出口贸易中买卖双方有三种计价货币的选择方式：

（1）以进口方本国货币计价。

（2）以出口方本国货币计价。

（3）以“第三国”货币计价。一般而言，进出口商均争取以本国货币计价结算，这样就不涉及货币的兑换，不必承担汇率变动的风险。

【任务互动】

美国某公司从国外进口一批货物，两个月后需对外支付一定数量的美元。该公司这笔交易是否存在外汇风险？

分析：目前，主要发达国家的出口贸易大部分以本币计价，如美国、英国、日本等。但是，并不是任何国家都可以使用本币来计价的，以本币计价主要适用于货币可自由兑换的国家。随着中国在WTO框架下的开放进程的加快，人民币将逐步自由化，这将有利于推进以本币结算的进程。

当然，使用本币结算实际上是将汇率风险由一方转嫁到了另一方，所以对方一般不愿意接受，从而可能影响交易的达成。

【任务互动】

阅读以下材料，上网搜集相关信息资料，试讨论跨境贸易人民币结算对我国国际企业经营的影响。

中国2013年跨境贸易人民币结算额大增

中国人民银行（中国央行）公布，2013年全年跨境贸易人民币结算业务累计为4.63万亿元，较上年的2.94万亿元同比大增57%，反映出人民币在国际化的持续推进下，货币使用度飞速增长。央行同时公布，直接投资人民币结算业务为5 337亿元，较上年的2 802亿元同比增长90%。

在以人民币结算的跨境贸易中，货物贸易2013年同比增长46.6%，达到3.02万亿元，服务贸易及其他经常项目全年按年增长约84%，达到1.61万亿元。

在以人民币结算的直接投资中，2013年对外投资累计为856亿元，较上年的292亿元同比增长193%；外商直接投资累计为4 481亿元，按年大幅增长78.5%。

环球银行金融电信协会（SWIFT）的报告也让市场为之一振。报告称，人民币已成为仅次于美元的第二大常用国际贸易融资货币，跨境人民币贸易结算量迅速增加不可否认。

（资料来源：汇通网，http://www.fx678.com/C/20140115/201401151316281228.html）

2. 选择有利的外币计价

注意货币汇率变化的趋势，选择有利的货币作为计价结算的货币，是一种根本性的防范措施。一般的选择原则是"收硬付软"。

当出口或构成债权时，应尽量争取使用硬货币，即汇率呈上浮趋势的货币。

【案例分析1】

美国某公司向日本出口一批货物，3个月后收回货款，此时日元看涨，于是该公司选择以日元计价，金额为1 200 000日元。按即期汇率为1美元=120日元，到期应收回10 000美元；3个月到期时实际汇率变为1美元=105日元，到期可收回11 428美元，则比合同签订时多收入1 428美元。

当进口或构成债务时，应尽量争取使用软货币，即汇率呈下浮趋势的货币。

【案例分析2】

德国某公司从英国进口一批货物，3个月后支付，该公司选择英镑计价，金额为10 000英镑。按即期汇率为1英镑=1.20欧元，购买10 000英镑用于对外支付需12 000欧元；3个月后实际汇率为1英镑=1.10欧元，购买10 000英镑用于对外支付只需11 000欧元，节省了1 000欧元。

但是在实际业务中，货币选择并不是一厢情愿的事，因为交易双方都想选择对自己有利的货币，从而将汇率的风险转嫁给对方，因此，交易双方在计价货币的选择上往往产生争论甚至出现僵局。所以，这种方法只有在对方处于被动或劣势的交易情况下才有效，否则难以成交。

二、货币组合法

1. 软、硬货币搭配

各种货币的“软”与“硬”是相对的，具有时间性。这一段时间是硬币，过一段时间可能成为软币。在进出口贸易中，如果要求确定某一种对己方有利的货币进行计价付款，使交易的另一方单独承担汇率风险，一般难以接受，于是可以使用两种以上软硬搭配的货币，使汇率风险由交易双方合理分担。尤其是一些金额较大的进出口合同，采用四种货币计价，两种硬币、两种软币相互搭配，以缓冲和抵销汇率风险比较合适。

2. 多种货币组合

如果交易金额较大，交易双方难以在计价货币上达成一致意见，那么可以采用货币组合方式，进行软硬搭配。合理的软硬货币搭配，由于此升彼跌，可以在一定程度上减少外汇风险。采用单一货币计价的风险大于组合货币，如果交易金额巨大，可以采用“一篮子货币”，即组合货币的计价方式，其最大的优点是分散风险。

【案例分析】

德国某公司签订一份100万美元的出口合同，3个月后支付。合同规定美元、欧元、英镑以40%、30%、30%的比重，组成一个“货币篮”。订立合同时，汇率为USD 1 = EUR 1.2，USD 1 = GBP 0.5。假设3个月后支付时，汇率变为USD 1 = EUR 0.9，USD 1 = GBP 0.4。试分析该公司如何规避外汇风险。

分析：订立合同时，汇率为USD 1 = EUR 1.2，USD 1 = GBP 0.5，即“货币篮”包括40万美元、36万欧元和15万英镑。如果支付时美元汇率下跌，USD 1 = EUR 0.9，USD 1 = GBP 0.4，那么，“货币篮”中包括40万美元、36万英镑折合40万美元、15万英镑折合37.5万美元，共计117.5万美元，即该公司到时可收回117.5万美元。可见，德国公司采用“货币篮”计价，其结果是不仅避免了汇率风险，还从中获得了17.5万美元的额外收益。

三、货币保值法

由于传统商业习惯或其他原因而不得不采用可能贬值的货币进行计价时，出口商可能面临货币贬值带来的损失。如果在交易合同中加入保值条款，利用某种价值较稳定的货币或综合货币等进行保值，支付时按保值货币对支付货币的新汇率进行调整，可以减少货币贬值给企业带来的损失。

1. 外汇保值条款

利用订立货币保值条款来防范外汇风险的基本原则是以硬币保值，以软币支付。货币保值条款在实际操作时有三种类型：

（1）以硬币计价，以软币支付。支付货款时按照硬币与软币的比价折合成软币进行支付。

【案例分析】

德国A公司向巴西B公司出口一批商品，巴西B公司只能支付软币，为了达成交易，双方经过协商，同意在签订合同时采用硬币计价，合同总价为200万硬币，签合同时的汇率为1硬币=1.5软币，两个月后付款。两个月后付款时，软币贬值为1硬币=1.8软币，这时巴西B公司所支付的货款为360万软币，而不是签约时估计的300万软币，而德国A公司则避免了60万软币的损失。

（2）计价与支付都用软币，但在合同中规定该软币与另一硬币的比价，如果支付货款时这一比价发生变化，则原货款将按比价变化的幅度进行调整。

【案例分析】

法国A公司向马来西亚B公司出口一批商品，马来西亚B公司只能支付软币，为了达成交易，双方经过协商，同意在签订合同时采用软币计价，合同总价为500万软币（价值50万硬币），但规定该软币与另一硬币的汇率：如果支付时这个汇率发生变动，则按变动的幅度进行调整，重新计算应该支付的软币。假设签合同时的汇率为1硬币=10软币，两个月后付款。两个月后付款时，软币贬值为1硬币=11软币，那么马来西亚B公司所支付的货款为550万软币（可兑换到50万硬币），而不是签约时估计的500万软币，而法国A公司则避免了50万软币的损失。

（3）计价与支付都用软币，但在合同中规定该软币与另一硬币的比价，同时规定软币对硬币贬值幅度如果小于规定幅度，货款则不作调整；如果支付货款时，这一比价发生变化超过规定幅度，则原货款将按比价变化的幅度进行调整。这种方法适用于关系良好的客户，有利于发展交易双方长期的经济往来。

【案例分析】

法国A公司与马来西亚B公司有着长期交易关系，本着互惠互利原则，双方规定一个汇率变动的幅度为5%。如果支付时汇率贬值幅度小于5%，则软币贬值为1硬币=10.4软币，那么马来西亚B公司仍按照原来的金额支付给法国A公司500万软币。如果支付时汇率贬值幅度大于5%，则软币贬值为1硬币=11软币，那么马来西亚B公司应该按照保值条款支付给法国A公司550万软币。

2. 综合货币单位保值条款

综合货币单位保值条款也称为“一篮子货币”保值，是指交易双方在签订合同时规定“一篮子货币”与计价支付货币的比价。在实际支付时，如果这一比价发生变动，则根据变动幅度对原货款金额进行相应调整。

“一篮子货币”指由交易双方共同选定的若干种货币加权平均计算出来的货币单位，常见的如国际货币基金组织的特别提款权（SDR），双方也可以自定义为“一篮子货币”。因为“一篮子货币”是按不同权数将多种货币（软币与硬币搭配）组合而成的，因此币值相对稳定，类似外汇保值条款中的硬币。

3. 滑动价格保值条款

滑动价格保值条款是指交易双方在合同中用专门的条款规定合同价格只是参考价格，不是最终的成交价格，成交价格等到交货时再按照国际市场上的价格或根据成本费用的变动进行调整。在交货时间较长、金额较大的成套设备交易中，为避免汇率变动带来损失，通常双方协商在合同中加入滑动价格保值条款。

4. 物价指数保值条款

物价指数保值条款是指以消费品的物价指数或双方同意的某种商品的物价指数进行保值，合同的价格仅为参考价格，成交时根据物价指数的变动情况再对货价进行调整。如果汇率变动与物价指数变动脱节，那么采用物价指数保值条款更能防范风险。

四、平衡法与组对法

1. 平衡法

平衡法指交易主体在一笔交易发生时，再进行一笔与该笔交易存在相同币种、相同金额、相同期限，但资金流向相反的交易，使两笔交易面临的汇率风险相抵销。

【案例分析】

A公司于3月1日进口一批价值100万欧元的机电设备，9月1日付款。为了避免遭受欧元升值的损失，该公司可设法出口一批货物，价值100万欧元，9月1日付款来进行平衡。这样，到9月1日结算时，用所收入的欧元支付进口所需的欧元，达到规避风险的目的。

2. 组对法

某公司具有某种货币的外汇风险，它可以创造一个与该货币相联系的另一种货币的反方向流动来消除某种货币的外汇风险：另一种货币与某种货币流动方向相反，但金额相当、时间相同。

组对法与平衡法的区别在于：平衡法是基于同一种货币的对冲，而组对法则基于两种货币的对冲。

作为组对的两种货币通常是由一些机构采取盯住汇率而绑在一起的货币，具有外汇风险的货币对本币升值或贬值时，作为组对的第三国货币也随之升值或贬值。如中国香港实行联系汇率制度，可以根据港元与美元同一走势的特点，建立相同的债权债务关系，将汇率风险抵销，但不能消除全部的风险。

五、提前或推迟收付法

提前或推迟收付法是指根据汇率预测及相关利率，对在未来一段时期内必须支付和收回的外汇款项采取提前或推迟结算的方式以减少交易风险。

一般而言，如果预计计价结算货币汇率趋跌，那么出口商或债权人应设法提前收汇，以避免应收款项的贬值损失，而进口商或债务人则应设法推迟付汇；反之，如果预计计价结算货币汇率趋升，出口商或债权人则应尽量推迟收汇，而进口商或债务人则应设法提前付汇。

表 8－2 企业提前或推迟收付的选择

企业选择	预测外币升值	预测外币贬值
出口商（收进外币）	推迟收汇	提前收汇
进口商（支付外币）	提前付汇	推迟付汇

【任务互动】

加拿大某公司从美国进口一批货物，有一笔3个月美元应付款，若预测3个月到期时加元对美元汇率将下跌，为减少汇率风险损失，该公司应该提前付汇还是推迟付汇？为什么？

项目3 外汇交易与借贷投资法

一、利用外汇交易，防范外汇风险

（一）即期外汇交易法

也称即期合同法，是指具有外汇债权或债务的公司与外汇银行签订卖出或购买外汇的即期合同来消除外汇风险。利用即期外汇交易防范外汇风险需要实现资金的反向流动。企业若在近期预定时间有出口收汇，就应卖出手中相应的外汇头寸；企业若在预定时间有进口付汇，则应买入相应的即期外汇。

【案例分析】

美国A公司从英国B公司进口一批价值10万英镑的货物，两天内支付货款。市场预测英镑趋于升值，A公司直接与银行签订以即期汇率1美元=0.738 2英镑的价格购买10万英镑的即期交易合同。如果两天后英镑升值为1美元=0.718 2英镑，那么A公司只需支付100 000÷0.738 2=135 465美元即可购买10万英镑并支付给B公司，A公司可以减少风险损失100 000÷0.718 2－135 465=139 237－135 465=3 772美元。

（二）远期外汇交易法

又称远期合同法，是指具有远期外汇债务或债权的公司与银行签订卖出或买进远期外汇的合同来消除外汇风险。利用远期外汇交易，通过合同的签订把时间结构从将来转移到现在，并在规定的时间内实行本币与外币的冲销。

具体做法是：出口商在签订贸易合同后，按当时的远期汇率预先卖出合同金额和币种的远期，在收到货款时再按原定汇率办理交割。进口商则预先买进所需外汇的远期，到期支付货款时按原定汇率进行交割。

这种方法的优点在于：一方面可将防范外汇风险的成本固定在一定的范围内；另一方面，可将不确定的汇率变动因素转化为可计算的因素，有利于成本核算。该法能在规定的时间内实现两种货币的风险冲销，能同时消除时间风险和价值风险。

1. 预测计价货币贬值，出售远期外汇收入或债权

国际企业如果有远期的外汇收入或债权，预期该种货币贬值，则可以在外汇市场按远期合同中规定的汇率预先卖出一笔与将要收进的外汇在币种、数额、交割时间上完全相同的远期外汇，等到期收入外汇时，即可按合同规定的汇率把外汇卖给银行，这样就避免了由于外汇汇率下跌而带来的损失。

【案例分析】

某年1月6日，中国香港A公司向美国B公司出口价值100万美元的商品，合同规定3月6日付款。假设签约时香港外汇市场的行情如下：即期汇率1美元=7.763 8港元，两个月远期汇率1美元=7.743 8港元。

因为市场预期美元贬值，因此中国香港A公司在签订贸易合同时，就与银行签订远期外汇交易合同，将100万美元按1美元=7.743 8港元的价格在远期外汇市场卖出，那么无论将来汇率如何变化，3月6日中国香港A公司都可得到100万×7.743 8=7 743 800港元，假设3月6日市场价格为1美元=7.733 8港元，那么中国香港A公司就可以避免损失7 743 800-7 733 800=10 000港元。

2. 预测计价货币升值，预先买入远期外汇以备支付

国际企业有远期的外汇支付或债务，预期该种货币升值，可以在外汇市场按一定汇率预先买进一笔与将要支付的外汇在币种、数额、交割时间上完全相同的远期外汇，等到期支付外汇时，即可按合同规定的汇率从银行购买外汇，用于支付货款或偿清债务，这样就避免了由于外汇汇率上涨而带来的损失。

【案例分析】

某年2月3日，美国C公司从德国D公司进口价值100万欧元的商品，合同规定5月3日付款。假设签约时纽约外汇市场行情如下：即期汇率1美元=0.876 3欧元，三个月远期汇率1美元=0.856 3欧元。

因为市场预期美元贬值，欧元升值，因此美国C公司在签订贸易合同时，就与银行签订远期外汇交易合同，将按1美元=0.856 3欧元的价格在远期外汇市场买入100万欧元，那么无论将来汇率如何变化，5月3日美国C公司都可得到100万×（1/0.856 3）=1 167 815美元；假设5月3日市场价格为1美元=0.846 3欧元，那么美国C公司就可以避免损失100万×（1/0.846 3）-1 167 815=1 181 614-1 167 815=13 799美元。

采取远期外汇交易避险措施后，该进口商就能确切知道应付货款的美元数额，而不用再担心3个月内的美元贬值情况，从而避免汇率变动所造成的外汇风险。如果当时该进口商没有对这笔外汇采取任何防范的风险措施，而是等到3个月后再以即期汇率从市场买进100万欧元，那么一旦美元对欧元大幅度贬值，购买欧元的成本将大大上升，进口商将因汇率下跌而遭受损失。

（三）掉期外汇交易法

又称掉期业务合同法，是指有外汇债权或债务的国际企业与银行签订两个合同以消除

外汇风险，其做法是在买进或卖出即期外汇的同时，卖出或买进相同金额同一货币的远期外汇。

【案例分析】

3 月 5 日，英国 A 公司从美国 B 公司进口一批商品，将在 3 个月后向美国 B 公司支付 100 万美元货款。假设签约时伦敦外汇市场行情如下：即期汇率 1 英镑 =1.516 7 美元，三个月远期汇率 1 英镑 =1.536 7 美元。英国 A 公司账户拥有 100 万美元，但不必马上支付，此时英国 A 公司可以做掉期交易避免风险而且获利。

英国 A 公司可以同时签订两个合约，一个是即期交易合约，以 1 英镑 =1.516 7 美元的价格卖出 100 万美元，获得 659 326 欧元；另一个是远期交易合约，以 1 英镑 =1.536 7 美元的价格在三个月后买进 100 万美元，需支付银行 650 745 欧元，3 个月后，公司除了需支付货款的 100 万美元，还将获利 659 326 - 650 745 =8 581 欧元。

（四）外汇期货合同法

外汇期货合同法是指具有远期外汇收入或支出的国际企业，可以在期货市场购买或出售相应的外汇期货以消除外汇风险。外汇期货业务可以避免汇率剧烈变动的风险。对于拥有外汇债权债务的国际企业，因为其目前或未来将持有一定数额的外汇，可能会遭受外汇汇率变动的风险，所以进行外汇期货交易可以减少或防范外汇风险。

具体做法是：进口商需要支付一笔远期外汇，担心外汇升值，可以买入与现货市场数量相当但方向相反的期货合同，以期在将来通过卖出期货合同来对冲风险。出口商为了防范将来结汇时的外汇贬值风险，在签订贸易合同后，可以在期货市场上卖出相当货款金额的期货合同，到收回货款时，再买入外汇期货合同进行对冲。这样，无论计价货币到期是升值还是贬值，通过现汇和期货市场的反向交易，进出口商都能损益互补，避免外汇风险带来的损失。

【任务互动】

3 月 9 日美国 A 公司对英国 B 公司出口商品，价值 10 万英镑，货款 3 个月后收回，该美国公司担心 3 个月后英镑下跌，货款贬值，于是在外汇期货市场上卖出英镑期货进行保值。美国 A 公司具体应如何操作？

分析：交易程序如下：

表 8-3 3月9日—6月9日卖出期货保值操作

现货市场	期货市场
3月9日 1英镑=1.836 5美元 买入100 000英镑 价值：183 650美元	3月9日 1英镑=1.823 5美元 卖出4份英镑期货合同（每份2.5万英镑） 价值：182 350美元
6月9日 1英镑=1.826 5美元 卖出100 000英镑 价值：182 650美元	6月9日 1英镑=1.802 5美元 买进4份英镑期货合同 价值：180 250美元
损失：1 000美元	利润：2 100美元

美国A公司由于能正确地预测英镑贬值，故在期货市场先以高价卖出英镑期货，在英镑贬值之后，又以低价买回期货。贵卖贱买所得收益冲销了现货市场的损失之后，还赢利1 100美元。

（五）外汇期权合同法

外汇期权业务是在远期外汇交易的基础上发展起来的一种外汇业务，它为期权的购买者提供了一定的选择权，弥补了远期外汇业务的不足。远期外汇业务可以帮助国际企业避免外汇风险带来的经济损失，但如果外汇汇率变动没有向预期方向发展或没有与预期贬值或升值的幅度接近，那么利用远期外汇合同法的企业就可能不能避免外汇风险，甚至出现更大损失。

通常，预测计价货币将贬值时，有远期债权的国际企业卖出远期外汇后，在到期日如果外汇汇率持续下跌，企业则可以避免少收本币的损失；然而如果外汇汇率上涨，企业却得不到以即期卖出多得本币的收益。反之，预测计价货币将升值时，有远期债务的国际企业买入远期外汇后，在到期日如果外汇汇率持续上升，企业则可以避免多付本币的损失；然而如果外汇汇率下跌，企业却得不到以较低价格买入外汇支付的收益。

外币期权交易解决了远期外汇交易的问题，则既可以防范外汇风险，也可能赚取利润。对于国际企业来说，与经营外币期权的银行签订外汇期权合同是避免外汇风险的一种较优方法。

【案例分析】

美国A公司从德国B公司进口大型成套设备，3个月后将支付货款1 000万欧元。根据签约时即期汇率1欧元=1.153 6美元核算，进口成本为1 153.6万美元。外界预测欧元将升值，美国进口商为防止欧元升值导致进口成本提高，便以期权汇率1欧元=1.163 6美元从银行买进1 000万欧元的期权，并支付1万美元的保险费。3个月后，无论出现下述哪一种情况，对美国A公司而言，都能达到保值、预防风险的目的。

1. 市场汇率高于期权汇率

假设支付时，市场汇率由原来的1欧元=1.153 6美元上涨为1欧元=1.183 6美元。在这种情况下，美国A公司将履行期权合约，用1 163.6万美元买进1 000万欧元，支付进口成套设备的货款。如果该公司在签进口合约时没有购买欧元期权，此时就要按1欧元=1.183 6美元的价格购买1 000万欧元来支付进口货款，这比当初核算进口成本1 153.6万美元多支付30万美元。按照期权价格，公司用1 163.6万美元购买1 000万欧元，减去1万美元的保险费，仍可减少19万美元的经济损失。

2. 市场汇率低于期权汇率

假设支付时，市场汇率由原来的1欧元=1.153 6美元下跌为1欧元=1.143 6美元。在此情况下，美国A公司可以放弃履行期权合约，按贬值后的即期汇率，在市场上花1 143.6万美元购买1 000万欧元来支付进口成套设备的货款，这比当初核算进口成本1 153.6万美元少支付10万美元，减去1万美元的保险费，仍可减少9万美元的经济损失。

3. 市场汇率与期权汇率一致

假设支付时，市场汇率与期权汇率一致，欧元对美元的汇率仍维持1欧元=1.163 6美元的水平。在此情况下，美国A公司可以履行期权合约，也可以不履行。因为该公司并没有因汇率变动而产生盈利或亏损，只是为防范风险而支出1万美元的保险费，这是为预防风险本应支出的费用。然而，在当今的浮动汇率制度下，两种货币的比价经过一段时间以后，仍能维持在原有的汇价水平上是几乎不可能的。实际汇率由于受到各个方面的影响，不是上涨，就是下跌。

从以上可以看出：第一，当市场汇率高于期权汇率时，购买外汇的期权购买者应该执行期权合同，出售外汇的期权购买者应该放弃执行期权合同；第二，当市场汇率低于期权汇率时，购买外汇的期权购买者应该放弃执行期权合同，出售外汇的期权购买者应该执行期权合同；第三，当市场汇率与期权汇率一致时，期权购买者执行和放弃合同的结果一致。总之，做外汇期权交易既可保值，还可能获得盈利，外汇期权交易已成为国际企业用以防范外汇风险的一种重要手段。

（六）择期外汇交易法

择期外汇交易法是指有外汇债权或债务的国际企业与银行签订预约购买或出卖远期外汇的合同以消除外汇风险。使用择期外汇交易法时，远期外汇的购买者或出卖者在合约有效期内的任何一个工作日，有权要求银行执行交割，这有利于不知道确切收汇或支出时间的进出口商避免汇率变动的风险。

【案例分析】

5月8日，中国香港A公司向印度B公司出口价值100万美元的商品，合同规定7月8日付款。假设签约时香港外汇市场的行情如下：即期汇率1美元＝7.715 9港元，两个月远期汇率1美元＝7.718 6港元。

因为市场预期美元贬值，因此中国香港A公司在签订贸易合同时，就与银行签订择期外汇交易合同，将100万美元按择期汇率在外汇市场卖出，那么在6月20日，按照银行给出的择期汇率1美元＝7.715 9港元，中国香港A公司可得到100万×7.715 9＝7 715 900港元。假设7月8日市场价格为1美元＝7.705 9港元，那么中国香港A公司就可以避免损失7 715 900－7 705 900＝10 000港元。

需要注意的是，择期汇率与远期交易合同中的远期汇率是不同的，择期汇率是不固定的，由银行根据择期合同执行时的市场汇率调整而确定。

二、利用外汇借贷投资法，防范外汇风险

1. 借款法

借款法是指具有远期外汇债权债务的国际企业向银行借入一笔外汇或本币资金，该借款的币种、数量和期限与企业的远期外汇债权债务相同，企业将外汇借款兑换成本币或将本币兑换成外汇，以避免外汇风险。使用借款法需要向银行支付一定的利息，这是避免外汇风险的成本。

对于有应收货款的国际企业，借款法实际上是将未来的外汇收入提前从银行借出，等到期收入外汇后正好用于偿还银行的借款，避免了外汇贬值风险。

【任务互动】

8月9日，荷兰A公司向巴西B公司出口价值100万美元的货物，3个月后付款。假设签约时阿姆斯特丹外汇市场行情如下：即期汇率1欧元＝1.253 7美元，三个月远期汇率1欧元＝1.263 7美元。市场预测美元对欧元将贬值，请分析：荷兰A公司如何利用借款法规避外汇风险？

分析：荷兰A公司为了避免美元贬值带来损失，预先向银行借入相同金额（100万美元）、相同期限（3个月）的美元借款，同时将借入的100万美元在即期外汇市场出售，以补充自己的欧元流动资金。3个月后，荷兰A公司将收到的100万美元货款用来偿还银行的贷款。3个月后，即使美元大幅度贬值，荷兰A公司也不会因此遭受损失，实际上已将外汇风险的损失转嫁给了银行。荷兰A公司付给银行的利息是其防范外汇风险的成本。

对于有应付货款的国际企业，借款法实际上是将提前从银行借出的本币兑换成外币，等到期后支付给进口商，再用本币偿还银行的借款，避免因外汇升值增加进口成本的风险。

【任务互动】

2月10日，中国香港A公司从印度B公司进口价值100万美元的货物，预计3个月后付款。假设签约时香港外汇市场行情如下：即期汇率1美元=7.732 8港元，3个月远期汇率1美元=7.752 8港元。市场预测美元对港元将升值，请分析：中国香港A公司如何利用借款法规避外汇风险?

分析：中国香港A公司为了避免美元升值带来损失，预先向银行借入可以在即期市场上买进100万美元的773.28万港元，期限为3个月，同时将借入的773.28万港元在即期外汇市场买进100万美元，这100万美元公司可存放在银行获得利息，或在短期资本市场运作（投资时间限于3个月，因为公司3个月后要支付货款）获得投资收益。3个月后，中国香港A公司将100万美元支付给印度B公司，同时用本币773.28万港元还银行的贷款。3个月后，即使美元大幅度升值，中国香港A公司也不会因此遭受损失，A公司付给银行的利息是其防范外汇风险的成本。

借款法的要点是计算利息成本，估计利息成本低于将遭受的外汇风险损失。一方面，采用借款法，实际上改变了外汇风险的时间结构，缩短了外汇风险存在的时间，将国际企业从签约到收汇较长时间的风险，转变为从签约到银行借款较短时间的风险，减缓了风险的严重程度。另一方面，公司将借到的外汇立即转换成本币，消除了价值变动的风险。因此，采用借款法一定要在借款后将外汇兑换成本币，只有这样才能完全地避免外汇风险。

2. 投资法

投资是指将一定的资金投放在某一市场，一定时期后连同利息或利润收回资金的过程。投资法是指具有远期外汇债务的国际企业将现有的外汇资金进行投资，投资期限与远期支付的期限相同，到期需要支付时，将投资收回支付。如果企业现有资金为本币，则需要先将本币兑换成外币再进行投资。投资法适用于在短期资本市场投资，如银行定期存款、国库券、商业票据、银行大额存单等。投资法实际上是将未来的支付转移到现在，只有在企业存在闲置资金时才能运用。

【任务互动】

5月10日，中国香港A公司从韩国B公司进口价值100万美元的货物，预计3个月后付款。假设签约时香港外汇市场行情如下：即期汇率1美元=7.741 9港元，3个月远期汇率1美元=7.753 9港元。

中国香港A公司可将手中持有的100万美元投放在短期资本市场上，时间为3个月，到期后连本带息收回资金，将其中的100万美元用于偿付给韩国B公司的货款。如果A公司手中没有美元，市场又预期美元升值，A公司可以将持有的本币774.19万港元兑换成外币100万美元再进行投资，以减少外汇风险带来的损失。如果A公司不采取任何防范风险的措施，等到3个月后，假设市场价格为1美元=7.7539港元，此时A公司需要拿出775.39万港元才能买到100万美元以支付货款，公司将遭受外汇风险损失达12000港元。

【知识链接】

投资法与借款法虽然相似，都能改变外汇风险的时间结构，但两者也有区别。投资法是将未来的支付转移到现在，借款法则是将未来的收入转移到现在。

三、各种外汇风险防范方法的比较

以上介绍了诸多外汇风险的防范方法，一些防范方法是在风险存在后采取的，一些则是在风险发生前采取的。此外，防止外汇风险的方法与技术有些可消除时间风险，有些只可消除价值风险，有些则两者均可消除。现将各种外汇风险防范方法的效果列入表8－4，以便掌握区分。

表8－4 外汇风险防范方法的比较

消除的风险			减弱风险的影响	避免风险环境
时间风险	时间风险与价值风险	价值风险		
提前或推迟收付法 借款法 投资法	即期外汇交易法 远期外汇交易法 平衡法 外汇期货合同法 外汇期权合同法 掉期外汇交易法	即期合同法	计价货币选择 多种货币组合 保值条款	本币计价法

项目4 综合避险法

前面介绍的一些风险防范方法，有些只能消除时间风险，不能消除价值风险，有些只能消除价值风险，不能消除时间风险。只有将这些简单方法相互配合，综合运用，才能形成综合的避险方法，以达到完全消除时间风险和价值风险的目的。在管理外汇交易风险时，企业可综合运用BSI法和LSI法的来达到目的。

一、BSI 法

BSI 即 Borrow－Spot－Invest（借款—即期外汇交易—投资），是借款法、即期合同法、投资法的综合运用。

现分两种情况介绍：

1. BSI 法在应收外汇账款中的运用

BSI 法可以被进出口商用来管理外汇风险。以出口商为例，BSI 法的基本操作过程如下：

（1）核算应收外汇账款金额；

（2）向外汇银行借入期限、金额与预期应收外汇账款一致的该种外汇；

（3）将所借外汇在现汇市场上卖出，换成本币；

（4）将换得的本币进行投资或存入银行（投资收益贴补借款利息和其他费用）；

（5）收回外汇账款，偿还所借外汇。

【任务互动】

中国某公司在 60 天后有一笔 USD 100 000 的应收货款，为防止将来收汇时美元贬值带来损失，该公司运用 BSI 法避险，具体该如何操作？

分析：（1）借款：该公司向银行借入 60 天期限的 USD 100 000 账款；

（2）即期外汇交易：设外汇市场的即期汇率为 USD 1＝CNY 6.471 6，该公司借款后用美元在外汇市场兑换成本币 CNY 647 160；

（3）投资：将所得人民币进行 60 天的投资；

（4）60 天后，以收回的 USD 100 000 应收货款归还银行贷款（以上操作未考虑利息因素）。

BSI 方法把未来的外币收入现在就从银行借出来，以供支配，消除了时间风险；届时外汇收入进账，正好用于归还银行贷款，剩下的是一笔本币的流入，外汇风险全部消除。

2. BSI 法在应付外汇账款中的运用

进口商也可使用 BSI 法来规避外汇风险。以进口商为例，BSI 法的基本操作过程如下：

（1）核算应付外汇账款金额；

（2）借入相应数量的本币；

（3）将借得的本币即期卖出，买入一定数额的外币；

（4）将买入的外汇在国际金融市场上做相应期限的短期投资。到期时，收回外汇投资用于支付应付账款。

【任务互动】

某日本公司从美国进口100万美元的商品，60天后付款。为防止将来付汇时美元升值带来损失，该公司运用BSI法避险，具体该如何操作？

分析：（1）借款：借入日元若干；

（2）即期外汇交易：将借得的日元即期卖出，买入一定数额的美元；

（3）投资：将买入的美元投资60天，到期后收回投资，用于支付应付货款。

虽然运用BSI法消除应收账款和应付账款汇率风险的操作程序，都是借款、即期外汇交易、投资三部曲，使收入和支出的外币完全抵销，但币种操作顺序是不同的。在应收账款运用中，借款是借外币，投资是用本币；在应付账款运用中，借款是借本币，投资是用外币。

二、LSI法

LSI即Lead - Spot - Invest（提前收付—即期现汇交易—投资），是提前收付法、即期合同法、投资法三种简单避险方法的综合运用。

1. LSI法在应收外汇账款中的运用

LSI法同样可以被进出口商用来管理外汇风险。以出口商为例，LSI法的基本操作过程如下：

（1）核算应收外汇账款金额；

（2）以一定折扣为条件提前收回货款；

（3）将提前收回的外汇在现汇市场上卖出，换成本币；

（4）将换得的本币进行投资或存入银行（投资收益贴补提前收汇的折扣损失）。

【任务互动】

中国某公司60天后有一笔USD 100 000的应收货款。为防止美元贬值给公司带来损失，该公司运用LSI法避险，具体该如何操作？

分析：（1）提前收汇：征得美国进口商的同意，在给其一定付现折扣的情况下，要求其在两天内付清应收货款USD 100 000（暂不考虑折扣数额）；

（2）即期外汇交易：取得美元货款后，立即即期卖出美元，即期汇率为USD 1 = CNY 6.471 6，取得本币CNY 647 160；

（3）投资：用兑换回的本币CNY 647 160进行60天的投资（暂不考虑利息因素）。

LSI法通过提前收款、即期外汇交易，把美元变成了本币，消除了外汇风险。

2. LSI法在应付外汇账款中的运用

进口商也可以采用LSI法避免外汇风险。以进口商为例，LSI法的基本操作过程如下：

（1）核算应付外汇账款金额；

（2）进口商借入相应数量的本币；

（3）将借得的本币即期卖出，买入一定数额的外汇；

（4）将买入的外汇用于提前付款，并从债务人处获得一定金额的提前付款折扣。

从这个程序看，应该是 Borrow－Spot－Iead，但习惯上人们仍把其称为 LSI 法，而不叫作 BSL 法。在这个过程中，通过借本币、换外币及提前支付外汇应付账款，使外汇风险得以消除。未来只有一笔本币借款需要偿还，借款的利息损失尚可在提前偿付货款时从出口商处获得的折扣中予以部分冲抵。

【任务互动】

英国进口商有一笔300万美元的应付外汇账款，期限为90天，签约时1英镑＝1.5美元。为避免90天后美元升值带来的风险，该进口商运用 LSI 法避险，具体该如何操作？

分析：（1）借款：借入英镑若干，期限为90天；

（2）即期外汇交易：将借得的英镑即期卖出，买入一定数额的美元；

（3）提前付款：将所买入的美元提前付给债权人，并获得一定数额的折扣。

虽然运用 LSI 法消除应收账款和应付账款汇率风险的操作程序，都是三部曲，都是使收入和支出的外币完全抵销，付出的成本以投资收益可完全或部分抵补，但两者是有区别的。在应收账款运用中，是请付款方提前支付货款，将外币换成本币，用本币投资；在应付账款运用中，是借本币，将本币换成外币，提前支付应付账款。

【任务互动】

某年6月，美国A公司从德国进口500万欧元的农产品，6个月后付款，签订进口合同时即期汇率 EUR 1＝USD 1.127 9，6个月远期汇率 EUR 1＝USD 1.128 5，已知欧元利率为10%，美元利率为8%，提前付款折扣为3%。试分别分析运用 BSI 法和 LSI 法来防范外汇风险的结果，比较哪种方法更有利。

分析：1. BSI 法：

（1）向银行借入 x 万美元，期限为6个月；

（2）将 x 万美元即期卖出，买入（$x/1.127\ 9$）万欧元；

（3）将（$x/1.127\ 9$）万欧元投资6个月，本利和共计500万欧元

即：$(x/1.127\ 9) \times (1+10\% \times 6/12) = 500$

解得 $x = 537.10$ 万美元；

（4）6个月后收回投资500万欧元对外付款，并偿还银行借款本息合计：

$537.10 \times (1+8\% \times 6/12) = 558.58$ 万美元。

2. LSI 法：

（1）向银行借入 x 万美元，期限为6个月；

（2）将 x 万美元即期卖出，买入（$x/1.1279$）万欧元；

（3）将（$x/1.1279$）万欧元提前支付给债权人，并获得3%的折扣，即：

$x/1.1279 = 500 \times (1-3\%)$

解得 $x = 547.03$ 万美元；

（4）6个月后偿还银行借款本息共计：

$547.03 \times (1+8\% \times 6/12) = 568.91$ 万美元

所以，运用BSI法最有利。

【模块小结】

一、外汇风险

（一）外汇风险的概念

（二）外汇风险的类型

（三）外汇风险的构成要素

二、货币选择与保值措施

（一）货币选择法

（二）货币组合法

（三）货币保值法

（四）平衡法与组对法

（五）提前或推迟收付法

三、外汇交易与借贷投资法

（一）利用外汇交易，防范外汇风险

（二）利用外汇借贷投资法，防范外汇风险

（三）各种外汇风险防范方法的比较

四、综合避险法

（一）BSI 法

（二）LSI 法

【课后训练】

一、单项选择题

1. 一个国际企业在其经营活动中存在的外汇风险属于（　　）

A. 交易风险　　　　B. 会计风险

C. 经济风险　　D. 经营风险

2. 一个国际企业在其经营活动的结果中存在的外汇风险属于（　　）

A. 交易风险　　B. 会计风险

C. 经济风险　　D. 经营风险

3. 一个国际企业在其预期收益中存在的外汇风险属于（　　）

A. 交易风险　　B. 会计风险

C. 经济风险　　D. 经营风险

4. 国际企业最主要的外汇风险是（　　）

A. 交易风险　　B. 会计风险

C. 经济风险　　D. 经营风险

5. 引起交易风险的原因是（　　）

A. 外汇汇率变动　　B. 本币汇率变动

C. 汇率制度的改变　　D. 国际金融市场的扩大

6. 假设某企业 90 天后有一笔外汇收入，则这笔业务（　　）

A. 存在时间风险　　B. 存在价值风险

C. 既存在时间风险，又存在价值风险　　D. 既存在时间风险，又存在利率风险

7. 根据外汇风险构成要素之间的关系，下列选项中具有双重风险的是（　　）

A. 只以本币收付　　B. 一种外币流出，另一种外币流入

C. 只有外币资金流入　　D. 只有外币资金流出

8. 我国某外贸公司有一笔 30 天后的 50 万美元收入，同时有一笔 90 天后的 50 万美元支出，则该外贸公司将面临（　　）

A. 价值风险　　B. 时间风险

C. 经济风险　　D. 交易风险

9. 进出口合同中使用两种以上的货币来计价以消除外汇汇率波动风险的方法是（　　）

A. 平衡法　　B. 组对法

C. 多种货币组合法　　D. 远期外汇交易法

10. 一个企业在未来有一笔外汇资金流入，处于多头地位时，为消除外汇风险，该企业应当（　　）

A. 先借外币　　B. 先借本币

C. 抛出本币　　D. 适当借入本币和外币

11. 为防范外汇风险，在出口贸易中应选择的计价货币是（　　）

A. 硬币　　B. 软币

C. 第三国货币　　D. 进口国的货币

12. 某公司有一笔 90 天的美元应付款，若预测人民币对美元汇率将下跌，为减少外汇风险损失，该公司应（　　）

A. 提前收付　　B. 如期收付

C. 推迟收付　　D. 无法确定

13. 根据平衡法，A 公司在 3 个月后有一笔欧元的应付货款，为防范外汇风险，该公

司应该（　　）

A. 设法出口，使3个月后有一笔同等数额的欧元应收货款

B. 设法进口，使3个月后有一笔同等数额的欧元应付货款

C. 设法出口，使3个月后有一笔同等数额的美元应收货款

D. 设法进口，使3个月后有一笔同等数额的美元应付货款

14. 根据平衡法，A公司在3个月后有一笔英镑的应收货款，为防范外汇风险，该公司应该（　　）

A. 设法出口，使3个月后有一笔同等数额的英镑应收货款

B. 设法进口，使3个月后有一笔同等数额的英镑应付货款

C. 设法出口，使3个月后有一笔同等数额的美元应收货款

D. 设法进口，使3个月后有一笔同等数额的美元应付货款

15. 外汇保值条款一般是以（　　）

A. 硬币保值，软币支付　　B. 软币保值，硬币支付

C. 综合货币单位保值，硬币支付　　D. 综合货币单位保值，软币支付

16. 既能消除时间风险，又能消除价值风险的方法是（　　）

A. 远期合同法　　B. 提前收付法

C. 拖延收付法　　D. 投资法

17. 只能消除时间风险的方法是（　　）

A. 远期合同法　　B. 即期合同法

C. 平衡法　　D. 借款法

18. 只能消除价值风险的方法是（　　）

A. 即期合同法　　B. 期权合同法

C. 择期合同法　　D. 掉期合同法

19. 借款—即期外汇交易—投资的方法是（　　）

A. LSI法　　B. BSI法

C. 多种货币组合法　　D. 平衡法

20. 提早收付—即期外汇交易—投资的方法是（　　）

A. BSI法　　B. LSI法

C. 多种货币组合法　　D. 借贷法

二、多项选择题

1. 对具有外币资产与负债的关系人来讲，外汇风险可能具有的结果是（　　）

A. 获得的利益超过遭受的损失

B. 获得的利益小于遭受的损失

C. 获得的利益等于遭受的损失

D. 获得利益

E. 遭受损失

2. 外汇风险一般包括的因素有（　　）

A. 时间 B. 地点 C. 本币
D. 外币 E. 贸易条款

3. 根据外汇风险构成要素之间的关系，下列选项中存在外汇风险的是（ ）
A. 以本币收付
B. 流入和流出的外币资金在币种、金额、时间上相同
C. 流入和流出的外币资金在币种、金额上相同，但时间不同
D. 一种外币流出，另一种外币流入
E. 只有外币资金流出

4. 根据外汇风险构成要素之间的关系，下列选项中不存在外汇风险的是（ ）
A. 以本币收付
B. 只有外币资金流出
C. 一种外币流出，另一种外币流入
D. 流入和流出的外币资金在币种、金额、时间上相同
E. 流入和流出的外币资金在币种、金额上相同，但时间不同

5. 出口商向国外出口商品时，其计价货币的选择有利于避免外汇风险的是（ ）
A. 以硬通货计价 B. 以软通货计价 C. 以出口商本国货币计价
D. 以进口国货币计价 E. 以该商品的贸易传统货币计价

6. 属于做好货币选择、优化货币组合方面的外汇风险防范方法有（ ）
A. 提前收付法 B. 拖延收付法 C. 平衡法
D. 组对法 E. 远期合同法

7. 外汇风险管理的基本方法是指（ ）
A. 远期合同法 B. 期权合同法 C. 借款法
D. BSI 法 E. LSI 法

8. 外汇风险管理的三种基本方法在应收外汇账款的运用过程中的机制是（ ）
A. 消除从现在到未来应收外币与本币价值之间下跌的风险
B. 消除从现在到未来应收外币与本币价值之间上升的风险
C. 只剩下本币的流入
D. 只剩下本币的流出
E. 只剩下外币的流入

9. 只能用于防范时间风险的方法有（ ）
A. 提前收付法 B. 拖延收付法 C. 借款法
D. 投资法 E. 平衡法

10. 应收外币账款中运用 BSI 法的程序是（ ）
A. 先借本币 B. 先借外币 C. 把外币换成本币
D. 把本币进行投资

三、判断题

1. 对于买入外汇的企业而言，面临到期支付更多本币的风险。（ ）

2. 进行外汇风险管理后一定会盈利。(　　)

3. 美国出口商以美元作为出口计价货币，不存在汇率波动风险。(　　)

4. 由于汇率变化而引起资产负债表中某些外汇项目金额变动的风险称为经济风险。(　　)

5. 交易风险是一种潜在风险。(　　)

6. 运用借款法防范外汇风险是有成本的，因为借款要支付利息。(　　)

7. 利用外汇期权保值，出口商应买进看涨期权。(　　)

8. 某美国公司30天后有一笔欧元的应付货款，若预测美元对欧元汇率将下跌，该公司可推迟支付，以减少汇率变动的风险损失。(　　)

9. 在获悉人民币汇率将贬值时，如果合同规定以外币计价，则我国出口公司应争取延期收款，进口公司应提前支付，以获得汇率变动的收益。(　　)

10. 外汇期权合同法可以同时消除时间风险和货币风险。(　　)

11. 通过借贷法可以消除全部外汇风险。(　　)

12. 平衡法可消除全部外汇风险。(　　)

13. 通过价格调整可以消除外汇风险。(　　)

14. 在进出口合同中使用综合货币单位计价，有分散外汇风险的作用。(　　)

15. 通常情况下，推迟软币债权收取的时间可以降低外汇风险。(　　)

四、技能训练

1. 中国某外贸公司出口一批玩具到意大利，报价5万欧元，报价当日汇率为EUR 1 = USD 1.404 3 –67，意大利进口商提出要用美元成交，请分析：

(1) 假设近期欧元有升值的趋势，而美元有贬值的趋势，中国某外贸公司是否愿意用美元成交?

(2) 若进口方坚决要求用美元成交，中国某外贸公司在签订合同时，如何订立保值条款?

2. 某年9月，一美国公司购买日本某企业商品，货款为50万美元，3个月后支付。该美国公司担心12月底美元汇率上涨会给自己带来损失，于是决定通过外汇期权交易来防范风险。现在假设：在签订期权合约时，即期汇率为USD 1 = JPY 240，期权合约协定价格USD 1 = JPY 245，期权费为0.6% (不考虑佣金)。

(1) 该美国公司的做法是 (　　)

A. 从银行买入买进美元的期权合约　　B. 向银行卖出买进美元的期权合约

C. 从银行买入卖出美元的期权合约　　D. 从银行卖出卖出美元的期权合约

(2) 如果到12月底，市场汇率为USD 1 = JPY 265，则该美国公司选择 (　　)

A. 放弃执行该期权合约，不能节约进口成本

B. 执行该期权合约，从而节约进口成本

C. 放弃执行该期权合约，从而节约进口成本

D. 执行该期权合约，但是不能节约进口成本

(3) 如果到12月底，市场汇率为USD 1 = JPY 220，则该美国公司选择 (　　)

A. 放弃执行该期权合约

B. 执行该期权合约，从而节约进口成本

C. 放弃执行该期权合约，从而节约进口成本

D. 执行该期权合约，但是不能节约进口成本

3. 某年5月，法国某公司出口一批货物，90天后有一笔100万美元的应收账款，假设当日巴黎外汇市场的即期汇率为1美元=1.157 5-95欧元，为防范美元对欧元的汇率下跌风险，该公司可以：

(1) 采用平衡法，(　　)

A. 签订一笔90天后收款金额为100万美元的进口合同

B. 签订一笔与美元同幅度波动的第三种货币的进口合同，金额相当于100万美元，3个月后收款

C. 可以消除时间风险

D. 可以消除价值风险

(2) 采用组对法，(　　)

A. 签订一笔90天后收款金额为100万美元的进口合同

B. 签订一笔与美元同幅度波动的第三种货币的进口合同，金额相当于100万美元，3个月后收款

C. 可以减少风险的影响

D. 可以消除时间风险和价值风险

(3) 利用远期外汇交易法，(　　)

A. 在外汇市场以欧元买入美元远期

B. 在外汇市场以欧元卖出美元远期

C. 可以消除时间风险

D. 可以消除价值风险

(4) 利用BSI法（不考虑利息因素），(　　)

A. 向银行借入100万美元，借期为90天

B. 将100万美元借款立即按即期汇率卖出，买入欧元

C. 将买入的欧元投资于法国货币市场，投资期为90天

D. 可以消除时间风险和价值风险

(5) 利用LSI法（不考虑利息因素），(　　)

A. 请进口方提前支付100万货款，给予对方一定折扣

B. 将这100万美元立即按即期汇率卖出，买入欧元

C. 将买入的欧元投资于法国货币市场，投资期为90天

D. LSI不能用于应付账款时消除外汇上升风险

模块九

外汇管制

【知识目标】

1. 理解外汇管制的概念
2. 了解外汇管制的机构、对象及类型
3. 掌握外汇管制的内容和作用
4. 熟悉我国外汇管制的基本情况

【技能目标】

1. 能运用所学知识，对一国实行外汇管制的利弊进行分析、评价
2. 能运用外汇管制的基本理论，分析我国现行的外汇管制措施
3. 树立法制观念，能按照有关国家外汇管制法规要求从事相关经济活动

【情境导入】

阿根廷外汇管制引发的社会动荡

自2001年12月以来，拉丁美洲的第三经济大国——阿根廷正经历着一场由债务危机引发的噩梦。为了偿还巨额债务，防止银行挤兑和外汇流失，德拉鲁阿总统于12月初颁布法令，规定居民个人每周限从银行账户内提取现金250美元，每月提取现金最高限额不得超过1 000美元，其他的消费或支付活动只能选择信用卡或支票结算，从而防止过多的外汇流出银行系统，严格限制居民出国携带的美元数量，防止外汇流出国境。同时出台了一系列紧缩财政开支的政策措施。这些措施引起了以中产阶级为首的广大阿根廷民众的强烈不满，首都布宜诺斯艾利斯爆发了声势浩大的示威游行。

随着事态的恶化，起初为和平形式的示威活动很快恶化成一场席卷全国的暴力冲突，在这场冲突中，有数十人丧生。债务危机导致的社会动荡引发了阿根廷的政治危机。2001年12月下旬以后，阿根廷政局动荡不安，内阁更换频繁，在两周多的时间里走马灯似的更换了5位总统，其中包括两位上台时间不到48小时的临时总统。

阿根廷外汇管制措施不断升级。自2011年10月31日起，阿根廷政府实施了一系列新的外汇管制措施，进一步严格控制企业或居民购买外汇。2012年5月，阿根廷公共收入管理局决定将阿根廷居民个人每月购买外汇的最高上限由不超过月工资的40%下调至25%。此外，如果购买美元金额超过3万美元，就必须提交关于资金来源的申报表。2012年9月1日，阿根廷政府开始对离岸借记卡交易和网上购物征收15%的税。

2014 年 1 月 23 日，阿根廷比索遭遇 2001 年金融危机以来最严重的单日跌幅，黑市汇率跌至 1 美元兑换 13 比索（官方汇率为 1 美元兑换 6.5 比索）。阿根廷政府于当地时间 24 日宣布，将放宽现行的美元及其他外汇的购买管制措施，减少购买美金时需要缴纳的附加税，将购买外汇的税率从 35% 下降到 20%，并将允许以储蓄为目的的外汇购买行为。

项目 1 外汇管制

外汇管制（Foreign Exchange Control）又称外汇管理，它是一国为了防止资金外逃或流入，维持国际收支平衡和本国货币汇率水平稳定，通过法律、法令、条例等形式对外汇资金的收入和支出、输出，存款和放款，对本国货币的兑换及汇率所进行的管理。

一、外汇管制的产生与发展

外汇管制始于第一次世界大战期间。当时国际货币制度陷于崩溃，美、法、德、意等参战国都发生了巨额的国际收支逆差，本币对外汇率剧烈波动，大量资本外逃。为集中外汇资财进行战争，减缓汇率波动程度及防止本国资金外流，各参战国在战时都取消了外汇的自由买卖，并禁止黄金输出，实行了外汇管制。在 1929—1933 年世界经济危机时期，很多在战后取消外汇管制的国家又重新实行外汇管制，一些实行金块和金汇兑本位制的国家也纷纷实行外汇管制。1930 年，土耳其首先实行外汇管制，1932 年，德国、意大利、奥地利、丹麦、阿根廷等 20 多个国家也相继实行了外汇管制。

第二次世界大战爆发后，参战国立即实行全面严格的外汇管制。1940 年，在 100 个国家和地区中，只有 11 个国家没有正式实行外汇管制，外汇管制范围也比以前更为广泛。战后初期，西欧各国基于普遍存在的“美元荒”等原因，继续实行外汇管制。20 世纪 50 年代后期，西欧各国经济有所恢复，国际收支状况有所改善，从 1958 年开始，各国不同程度地恢复了货币自由兑换，并对国际贸易收支解除了外汇管制，但对其他项目的外汇管制仍维持不变。1961 年，大部分国际货币基金组织的会员国表示愿意承担《国际货币基金组织协定》第 8 条所规定的义务，即避免外汇限制而实行货币自由兑换。但时至今日，绝大多数国家仍在不同程度上实行外汇管制，即使是名义上完全取消了外汇管制的国家，仍时常对居民的非贸易收支或非居民的资本项目收支实行间接的限制。

二、外汇管制的主体与客体

（一）外汇管制的主体

外汇管制的主体，即实施外汇管制的机构，是负责制定和监督执行外汇管理的政策、法令、规章和条例，并随时根据情况变化和政策需要，采取各种措施，控制外汇收支的部门。实行外汇管制的国家，一般都设立有外汇管理机构。大多数国家都由政府授权中央银行作为执行外汇管制的机构，有一些国家直接设置外汇管制专门机构，还有一些国家则是由国家行政部门直接负责外汇管理工作，外汇管理机构的设立主要有四种类型：

1．中央银行

由中央银行行使外管权力，如荷兰、瑞典等。

2．专门机构

由政府设置专门机构负责，如我国的外汇管理局、意大利的外汇管制署。

3．某一职能部门

由政府的某一职能部门行使管汇权，如法国的经济部财政司是主管外汇工作的机构。

4．几个职能部门共同管理

由政府几个职能部门在适当分工的基础上共同管汇，如日本是由大藏省、通产省和日本银行合作行使管汇职能。

【知识链接】

瑞士联邦中央银行简介

瑞士联邦的中央银行是瑞士国家银行，创建于1907年。在银行之间，它主要是“银行的银行”；对于不同的联邦代表处，它是联邦的银行。瑞士国家银行在制定货币政策和汇率政策上有着极大的独立性。不像大多数其他国家的中央银行，瑞士央行并不使用特定的货币市场利率来指导货币状况。直到1999年秋，瑞士联邦的央行一直使用外汇互换和回购协议作为影响货币供应量和利率的主要工具。瑞士联邦的中央银行的主要职能是货币发行和执行货币政策。

（二）外汇管制的客体

外汇管制的客体，即外汇管制的对象，是指外汇管理法规和政策等作用的对象，包括对人的管制、对物的管制和对地区的管制。

1．对人的管制

在外汇管制中，一般把人分为“居民”和“非居民”两类。对人的外汇管制通常分为对居民的管制和对非居民的管制。居民又称境内户，是指长期居住在本国境内的自然人（包括本国人和外国侨民），依照本国法律在本国境内设立的具有法人地位的本国和外国机关、团体、企业以及本国驻外外交、领事、商务机构和派往国外的工作人员。非居民也称境外户，是指长期居住在本国境外的自然人，依据当地法律设立的本国和外国机关、团体、企业及外国派驻本国的外交、领事、商务等机构及其工作人员。对居民和非居民的外汇管制往往采取不同的政策和规定。由于居民的外汇收支涉及居住国的国际收支，所以多数国家对居民实行严格的外汇管制，而对非居民的外汇管制较宽。

【任务互动】

查一查：阿根廷政府在2011年底为了遏制资金外流和抢购美元，实施的一系列新的外汇管制措施是什么？

分析：为了遏制资金外流和抢购美元，从2011年10月31日起，阿根廷政府实施了一系列新的外汇管制措施，进一步严格控制企业或居民购买外汇。措施包括强制石油和矿产品企业的出口在阿根廷国内结汇；对每年购汇超过25万美元的企业和个人进行严格限制；要求外国居民使用自有外汇在阿根廷购买不动产等。

同时，阿根廷经济部和联邦公共收入管理局宣布，从2011年10月31日起，阿根廷将停止通过互联网、自动提款机和电话银行进行外汇交易，所有外汇交易必须到银行或货币兑换所的柜台进行。所有外汇交易都在联邦公共收入管理局的控制之下。购买外汇者需要首先提交申请，提供企业或者个人的税务登记号码、工资收入单，说明购买外汇的用途。阿根廷联邦公共收入管理局将根据申请者的财产申报和税务记录决定其是否具备购买外汇的资格，以及可以购买外汇的额度。

阿根廷联邦公共收入管理局于2012年5月决定，将阿根廷居民个人每月购买外汇的最高上限由不超过月工资的40%下调至25%。此外，如果购买美元金额超过3万美元，居民就必须提交关于资金来源的申报表。2012年9月1日，阿根廷政府开始对离岸借记卡交易和网上购物征收15%的税，此举旨在限制美元资金外流。为了执行新规，阿根廷政府强制银行提供客户国内外信用卡和借记卡交易的详细信息，阿根廷外汇管制措施逐渐升级。

2. 对物的管制

对物的管制，即对外汇及外汇有价物进行管制，其中包括外国货币（钞票、铸币）、外币支付凭证（汇票、本票、支票、银行存款凭证、邮政储蓄凭证）、外币有价证券（政府公债、国库券、公司债券、股票、息票），以及其他在外汇收支中所使用的各种支付手段和外汇资产。大多数国家把黄金、白银等贵金属也列入管制对象之中。

【任务互动】

2013年8月，深圳沙头角海关在一香港旅客随身携带的公文包中，查获黄金转运珠、黄金耳钉、黄金项链、黄金手链、黄金手镯等足金首饰共643.2克，以及银项链、银手链、银吊坠等白银饰品共250.1克。猜一猜：该名游客海关可以顺利放行吗？

分析：该香港旅客违规超量携带黄金、白银类饰品制品出境，海关将不会正常放行。一般情况下，旅客携带黄金、白银类饰品制品超过50克，须向海关书面申报，超出自用、合理数量范围的，视同进出口货物，须凭中国人民银行总行批准，依照《中华人民共和国海关进出口税则》予以征税放行。涉嫌走私的，将会承担相应的法律责任。

3. 对地区的管制

“地区”一般以本国为限，但还常指因政治经济关系而形成的国家集团之间，如欧洲联盟、以美国为中心的北美自由贸易区等。因此，对地区的外汇管制包括两层含义：

一是指在本国境内实行外汇管制，但对国内不同的地区实行不同的外汇管制措施。如我国的外汇管理条例规定，在我国保税区内的外汇收支活动和外汇经营活动，目前适用《保税区外汇管理办法》，保税区的外汇政策优于区外，保税区内企业可以保留外汇账户，实行自愿结汇制度，区内企业经济交往活动以及区内企业与区外企业经济交往可以外币进行计价结算。

二是指在一个国家集团货币区内，成员国统一对外实施外汇管制，而在成员国内部办汇兑、结算则相对自由，如欧盟。

三、外汇管制的类型

目前，无论是发达国家还是发展中国家，大多数国家都不同程度地存在着外汇管制，只是由于各国发展情况不同，它们对外汇管制的具体方式和程度有所差异。而且，一般说来，如果一国经济发展稳定，国际收支呈现顺差或基本平衡，外汇储备比较充裕，那么该国的外汇管制就较为宽松，甚至可能取消管制；反之，则可能加强管制，以维护本国利益和促进经济协调发展。国际上根据管制的内容和程度的不同，把实行外汇管制的国家分为三种类型：

1. 实行严格外汇管制的国家和地区

实行严格外汇管制的国家和地区，即对国际收支的所有项目，包括经常项目、资本项目都进行较严格的管制。这类国家和地区通常经济不发达，外汇资金短缺，为了有计划地组织稀缺的外汇资源并合理运用，调节外汇供求，稳定金融，其外汇管制措施都比较严格。苏联、东欧国家和大多数发展中国家基本上都属于这一类型，如印度、缅甸、巴西、哥伦比亚、伊拉克、阿富汗、摩洛哥、乍得、塞拉利昂、葡萄牙等国家。据统计，这类国家和地区大约有90个。

2. 实行部分外汇管制的国家和地区

实行部分外汇管制的国家和地区对非居民的经常项目的外汇收支（包括贸易和非贸易）不加限制，准允自由兑换或汇出国外，而对资本项目的外汇收支，则加以限制。这类国家包括一些比较发达的资本主义工业国（其对外贸易规模较大，有较雄厚的黄金外汇储备，国民生产总值也较高，如法国、澳大利亚、丹麦、挪威等国）和一些经济金融状况较好的发展中国家，如圭亚那、牙买加、南非等国。目前，这类国家和地区有20~30个。

3. 名义上取消外汇管制的国家和地区

名义上取消外汇管制的国家和地区准许本国和本地区货币自由兑换成其他国家和地区的货币，对经常项目和资本项目的收付原则上不进行直接管制，但事实上还存在一些间接管制。属于这一类型的主要是发达的工业化国家，如美国、德国、日本、瑞士、卢森堡等，还有国际收支持续顺差的国家，如科威特、沙特阿拉伯、阿拉伯联合酋长国等石油输出国家。这类国家和地区有20多个。

由以上外汇管制的分类可看出，一个国家和地区外汇管制的宽严程度，完全取决于这个国家和地区的经济情况和国际收支情况，以及外汇和黄金储备的多少。因此，随着世界经济格局的变化和经济秩序的重新组织，每个国家和地区对外汇进行管制的程度也会不断变化和发展。

四、外汇管制的利弊分析

从外汇管制的历史演变来分析，各国实行外汇管制的主要目的是促进国际收支平衡和维持本币汇率的稳定，以利于本国经济、金融的稳定发展。但不同的国家实行外汇管制的具体目的不尽相同。发达国家在战争时期实行外汇管制，是为了保证军费开支的需要；在经济危机时期，是为了防止资本外逃，改善国际收支逆差。顺差国在必要时实行外汇管制是为了限制外来资金大量流入，防止输入性通货膨胀，以减轻对国内经济的冲击。发展中国家因经济实力薄弱，外汇资金匮乏，所以实行外汇管制是为了保证本国经济的独立发展，防止外国商品大量进口冲击本国民族工业；避免资本大量外逃，并鼓励外国资金流入；谋求本币汇率稳定，并运用行政手段来调节国际收支。

外汇管制作为一种经济政策，在实施过程中，既有一定的积极作用，同时又有一定的消极作用。

（一）外汇管制的积极作用

外汇管制是国际货币基金组织早已原则规定应予禁止的行为。但各国政府出于维护本国经济利益或促进经济发展的需要，往往被迫求助于外汇管制。这是因为外汇管制对管制国来说，通过对商品和劳务的奖出限入，以保护和促进本国经济发展，从而有利于本国国际收支的改善；防止外汇投机活动和资本国际流动对国内金融的冲击，以增加本国外汇储备，稳定本币汇率；避免国际市场价格波动对国内市场的影响，稳定国内物价水平，促进国内某些工业的发展；迫使他国改变其贸易政策和关税政策，以争夺国际市场和贸易的主动权。

1. 促进国际收支平衡或改善国际收支状况

长期的国际收支逆差会给一国经济带来显著的消极影响，维持国际收支平衡是政府的基本目标之一。政府可以用多种方法来调节国际收支，但是对于发展中国家来说，其他调节措施可能意味着要付出较大代价。例如，政府实行紧缩性财政政策或货币政策可能会改善国际收支，但它会影响经济发展速度，并使失业状况恶化。

2. 稳定本币汇率，减少涉外经济活动中的外汇风险

汇率频繁、大幅度的波动所造成的外汇风险会严重阻碍一国对外贸易和国际借贷活动的进行。拥有大量外汇储备的国家或有很强的借款能力的国家可以通过动用或借入储备来稳定汇率。对于缺乏外汇储备的发展中国家来说，外汇管制是稳定本币对外币的汇率的重要手段。

3. 防止资本外逃或大规模的投机性资本流动，维护该国金融市场的稳定

经济实力较弱的国家存在着非常多的可供投机资本利用的缺陷。例如，在经济高速发

展时，商品价格、股票价格、房地产价格往往上升得高于其内在价值。在没有外汇管制的情况下，这会吸引投机性资本流入，或者会显著加剧价格信号的扭曲。一旦泡沫破灭，投机性资本外逃，又会引发一系列连锁反应，造成经济局势迅速恶化。外汇管制是这些国家维护该国金融市场稳定运行的有效手段。

4. 增加本国的国际储备

任何国家都需要持有一定数量的国际储备资产。国际储备不足的国家可以通过多种途径来增加国际储备，但是其中多数措施需要长期施行才能取得明显成效。外汇管制有助于政府实现增加国际储备的目的。

5. 有效利用外汇资金，推动重点产业优先发展

外汇管制使政府拥有更大的对外汇进行运用的支配权。政府可以利用它限制某些商品进口，来保护该国的相应幼稚产业；或者向某些产业提供外汇，以扶植重点产业优先发展。

6. 增强本国产品的国际竞争能力，保护民族工业发展

在本国企业不足以保证产品的国际竞争能力的条件下，政府可以借助于外汇管制，为企业开拓国外市场。例如，规定官方汇率是外汇管制的重要手段之一，当政府直接调低本币汇率时，或限制短期资本流入时，都有助于该国增加出口。

7. 增强金融安全

金融安全指一国在金融国际化条件下具有抗拒内外金融风险和外部冲击的能力。开放程度越高，一国维护金融安全的责任和压力越大。影响金融安全的因素包括国内不良贷款、金融体制改革和监管等内部因素，也涉及外债规模和使用效益、国际游资冲击等外部因素。发展中国家经济发展水平较低，经济结构有种种缺陷，特别需要把外汇管制作为增强该国金融安全的手段。

（二）外汇管制的消极作用

外汇管制实质上是一种保护某国或集团利益的手段，它的实行对整个世界经济、贸易和金融发展产生了诸多负面影响，主要有：

1. 汇率扭曲，不利于资源的国际合理配置

外汇管制使国际市场机制作用难以充分发挥，造成市场供求脱节，无法进行成本价格变现的国际比较，无法充分利用国际分工和成本比较优势，从而影响资源在国际范围内的合理配置。

2. 不利于各国间的多边结算，不利于资本的国际流动和金融市场发展

外汇管制会加剧各国经济、政治矛盾，在一定程度上影响国际贸易的发展。因为在外汇管制条件下，资本有盈余的国家不能顺利输出其剩余资金，而资本短缺的国家亦无法以最有利的条件取得经济发展所需资金，最终导致国际经济发展的不平衡加剧。

3. 出现外汇黑市，不利于国际贸易的正常顺利发展，加剧市场动荡与混乱

外汇管制使进出口手续繁杂，各种附加成本增加，资金结算收付时间延长，使贸易商人利益受损。同时外汇管制还容易刺激逃汇、套汇、走私和外汇黑市交易等不法行为的加剧。

【任务互动】

查一查，指出阿根廷政府在2011年底为了遏制资金外流和抢购美元，实施的一系列新的外汇管制措施所产生的消极影响。

分析： 阿根廷政府实施的一系列新的外汇管制措施激发了居民对美元的需求，造成外汇“黑市”的汇率上升，并加剧资金外流。因为政府的限购造成外汇“黑市”价格暴涨，2012年9月6日，在阿根廷受监管的现汇市场上，1美元约对4.63巴西雷亚尔；阿根廷“黑市”上的汇率高达1美元对6.39巴西雷亚尔。据媒体报道，2013年上半年，阿根廷中央银行来自旅游业购汇14.47亿美元，而外国游客在阿根廷实际消费为42.07亿美元。这意味着进入阿根廷旅游业的外汇中仅34%是按官方汇率兑换，其余部分均通过非正规渠道买卖。

项目2　外汇管制的内容

从外汇管制的历史演变来看，尽管各国由于国际收支状况不同，实行外汇管制的侧重点不尽一致，但是所有国家的外汇管制都围绕着国际收支等主要项目进行，管制的基本内容包括对外汇资金收入与运用的管制、货币兑换管理、对黄金和现钞输出输入的管制、对汇率管制等。

一、对外汇收支的管制

（一）对贸易外汇的管制

贸易外汇收支是决定一国国际收支状况的最主要项目。实行比较严格的外汇管制的国家，对贸易外汇的管制就成为外汇管制的重点。对于出口收汇，各国一般都规定出口商必须将其所得外汇结售给国家指定的银行，也就是说出口商必须向外汇管理机构申报出口价款、结算所使用的货币、支付方式和期限等。在收到出口货款后又必须向外汇管理机构申报，并按官方汇率和管理规定将全部或部分外汇结售给外汇指定银行。此外，许多国家为了鼓励出口，实行“奖出限入”政策，通过出口退税、出口信贷等措施鼓励出口，而对一些国内急需的、供应不足的或对国计民生有重大影响的商品、技术及战略物资则限制出口，通常实行出口许可证制度。

1. 出口收汇管制

出口收汇管制是大部分国家普遍实行的外汇管理措施。国家为了减少和防止逃汇、套汇现象，保持国际收支平衡，一般都要求出口商在商品出口后将货款调回境内，存放在境内的银行，或按规定在外汇指定银行办理结汇。但在具体实施过程中，由于政治、经济等方面的影响，各国对出口收汇的管理程度和方式都有所不同，概括起来，可分为三种类型：

（1）一般性出口收汇管理。实行出口收汇管理的发达国家和新兴工业化国家大多管制较松，原则上要求出口货款必须调回国内，但允许出口商将货款存放在商业银行账户上自行支配，或经有关部门批准存放境外（个别要求将部分货款通过市场出售给国家）。采用这种做法的国家和地区一般经济贸易比较发达，国内资金比较充足。法国、韩国属此类国家。

（2）指定银行全面负责出口收汇管理。目前，许多国家都采用这一方式。这些国家的中央银行授权某个或某些指定经营外汇业务的银行负责出口收汇，要求出口商在出口前到指定银行办理登记，发运货物后按照规定日期将货款调回国内，在指定银行开立账户或办理结汇。指定银行在办理结汇时，对出口商品的数额和收回货款的金额逐笔进行核销。菲律宾、泰国、巴西属此类国家。

（3）中央银行对出口收汇实行直接监督管理。中央银行直接参与出口收汇管理是一些发展中国家为确保货款如数、如期收回而实行的一种比较严格的行政管理办法。印度是实行这种方式的代表性国家。

各国普遍实行"奖出"原则，对出口的限制比较少见。但在个别情况下，有的国家出于政治上的原因，会禁止某些尖端技术和战略物资的出口；或者是迫于国际贸易保护主义的压力，对于某些本国在国际市场上具有很强竞争力的商品采取措施，限制出口。

2. 进口付汇管制

进口付汇管制是进口国对进口商进口用汇实行某些直接或间接的限制措施。各国对进口用汇进行管制主要有两个目的：一是减少外汇支出，防止资本外逃，避免出现较大贸易逆差；二是保护民族工业，防止大量外国商品冲击本国市场。实行严格外汇管制的国家，对进口用汇实行的限制措施主要有：

（1）进口许可证制。进口许可证制是指进口国规定某些商品必须事先领取许可证才可进口，否则一律不准进口。为了限制进口，多数国家实行进口许可证制，由外汇管制机关签发进口许可证，进口商只有获得进口许可证，才能购买进口所需外汇。

（2）进口存款预交制。实行外汇管制的国家，为了限制进口，要求进口商在进口某项商品时，向指定银行预存一定的进口货款，银行不付利息。这部分存款可在商品进口时或最后支付完成时退还，也可于存款后一定期限予以退还。存款数额的确定有两种情况：一种根据进口商品的类别或性质，按进口货款总值，收取一定的比例；另一种则根据进口商品所属的国别或地区，按进口货款总值，收取一定的比例。进口存款预交制通过占压进口商品资金，减弱其进口支付能力，从而减少进口。

（3）税收。征收进口税和进口附加税，有些工业化国家为了保护本国工业，还对某些商品的进口征收反倾销税，以限制其进口。

（4）进口配额制。进口配额制就是一国政府在一定时期以内，对于某些商品的进口数量或金额加以直接限制，在规定时间内，超过配额的商品不许进口，或者须被征收较高的关税或罚款才能进口。

另外，实行外汇管制的国家，政府还通过其他手段达到限制进口的目的。比如实行国家统一控制，所有进口统一由国家指定的进口单位办理，其他企业不能参与进口业务，以保证外汇的集中使用；限制进口商对外支付使用的货币；进口商品要获得外国提供的一定数额的出口信贷，否则不准进口；设置进口押金制，提高或降低开出信用证的押金额，以控制进口；进口商在进口获得批准以前，必须完成向指定银行的交单工作，这使进口商不能与有关银行做进口押汇、融通资金，从而增加了成本；设置技术性贸易壁垒、最低限价、歧视性政府采购政策等。

【案例分析】

委内瑞拉的外汇管制给我国企业带来的出口交易风险

中国某出口企业于2006年向委内瑞拉某大型电信运营商C公司出口10 000台手机，价值200余万美元。由于委内瑞拉外汇管理制度较为严格、复杂，为了获得支付货款所需的外汇，C公司随即向委内瑞拉外汇管理委员会（CADIVI）提出美元购汇申请，并取得相应的许可AAD。

2006年底，C公司根据已取得的购汇许可AAD，申请以美元支付到期货款时，恰逢委内瑞拉政府对C公司实行国有化，CADIVI以C公司需要审计为由，拒绝了C公司的购汇请求。由于投保了出口信用保险，此公司遂委托中国出口信用保险公司（中国信保）代为追讨欠款。

由于本案涉及委内瑞拉复杂的外汇管理制度，广大出口企业在向实行外汇管制的国家出口时，要谨慎交易。

【任务互动】

请分析：我国某出口企业本次遇到的交易风险是什么原因造成的？公司今后如何规避类似风险？

分析：（1）我国某出口企业此次遇到的出口交易风险来自进口国特殊的外汇管制制度；

（2）我国某出口企业要深入了解进口国具体的外汇管制措施。

【知识链接】

中国出口企业应对外汇管制国家的措施

（1）咨询我国驻外经济商务参赞处；

（2）充分利用中国信保等专业机构保障收汇安全。

（二）对非贸易外汇的管制

除贸易外汇和输出输入国境的国际资本以外的一切外汇收入均属于非贸易外汇收支，主要包括与进出口贸易有关的从属费用，如运费、保险费和佣金等的收付，承包工程和劳务费的收支，旅游外汇收支，退休金、养老金、赡养费和遗产的移出和汇入，以及货币出入境等。其中，除了对运费、保险费和佣金等贸易从属费的管理按贸易外汇管理办法进行管制以外，目前，实行外汇管制的国家，对其他各类非贸易外汇收支的管制大体上采用如下几种方法：

1. 在非贸易外汇收入方面的管制

目前各国比较通用的非贸易外汇收入管制的方式有：

（1）外汇留成制度。即规定企业在外汇收入发生后，按一定比例向指定银行结汇，其余部分企业可留用。与出口外汇留成制度一样，这是一项鼓励企业积极创汇的制度。一些发展中国家常采用此种制度。

（2）开立外币账户和免征利息收入税。即一些国家的居民自然人可将个人劳务收入、国外汇入或携入款项存入指定银行，并开立外币账户，所得利息国家免征利息收入税。这也是鼓励非贸易外汇收入的一项措施。

（3）按期结汇制度。即规定在非贸易外汇收入发生后，收汇人必须在一定时间内向指定银行全部结汇的一种制度。这是带有强制性的一种收汇办法，目的是使非贸易外汇收入能按期收回，以防流失。一般外汇短缺的国家常采用此制度，如巴基斯坦要求非贸易所得外汇必须在3个月内向银行结汇。

（4）强制兑现。有的国家规定非居民旅游者在该国旅游逗留期间，根据逗留时间的长短，要在指定银行兑换一定数额的当地货币。这是对非居民旅游外汇管制的一项措施，目的是使旅游外汇收入能及时控制在国家手中。

（5）限期出售。有的国家要求所得的全部非贸易外汇收入或一部分收入必须在一定时期内，通过指定银行在外汇市场上出售。如西班牙规定所有非贸易外汇收入必须在收款后的15天内，通过指定银行在外汇市场上出售。

（6）许可证制度。一些国家规定从事某项高科技生产的科技人员，以及涉及国防等领域的研究人员在向国外提供劳务之前，须经政府有关部门批准，持政府发放的许可证才能进行劳务输出，这是工业发达国家为限制技术劳务输出通常采用的方法，也是防止高科技流向非集团内国家的一种限制手段。

2. 在非贸易外汇支出方面的管制

非贸易外汇支出管理大体采用以下几种做法：

（1）征收外币兑换税。这是一种在以本币购买外币时，按本币价值征收一定比例税收以限制此类开支的做法。这一做法大多用于出国旅费和那些必需的开支方面。

（2）征收外币兑换附加费。是指兑换外币时，加收一定比例的附加费。这也是在旅游外汇支付管理中使用的一种做法。

（3）规定因私和公务出国旅费购买限额和购买间隔期。这是发展中国家普遍采用的一种管理出国旅费的做法，即规定因私和公务出国者可在一定时期内（一般为一年）向指定银行购买一定数额的外汇用作出国旅费。

（4）实行限额制。即对出国访问、留学、旅游等规定用汇限额，并按限额供售外汇；规定携带本币、外币出入境限额。

各国在对本币、外币出入境管理上，大多采用申报制度。数额较大的本币、外币出入境须在有关部门注册登记，或须经批准。一般说来，工业发达国家由于其货币均为国际市场上比较流通的可自由兑换的货币，政府对本币、外币的出入境没有限制；某些发展中国家，其货币多为非自由兑换货币，因此，为维持本币币值的稳定，各国对本币的出入境限制较严。同时，这类国家对外币出入境的限制也比较严格。

【任务互动】

查一查：2012 年第一季度亚美尼亚入境游客流量减少的原因是什么？

分析：2012 年第一季度，亚美尼亚入境游客流量仅为 10.44 万人次，同比下降 9%，来自伊朗的游客为 1.5 万人次，比 2011 年同期减少 1 万人次。据分析，其主要原因是伊朗政府实行外汇管制，限制每人可兑换额度不超过 400 美元。400 美元对于赴亚旅游来说显然不够，而黑市汇率又极其不合理，故而影响到游客出行。

（三）对资本输出输入的管制

资本项目是国际收支的一个重要内容，所以无论是发达国家还是发展中国家，都非常重视资本的输出输入，并根据不同的需要对资本输出输入实行不同程度的管理。

1. 对资本输入的管制

对于发展中国家来说，通常把资本流入作为发展本国经济的一个资金来源，因而采取一系列措施鼓励外国资本在本国投资，大力吸引外资流入的措施。具体措施包括：

（1）对外资企业实行优惠税率政策，鼓励外国资本流入。

（2）对外商投资提供完备的基础设施配套，提供各方面的优惠服务。

外汇资金过剩、国际收支长期顺差的国家，为了避免本币汇率过分上浮，影响出口商品的竞争能力，往往采取限制资金流入的措施。具体做法有：

（1）通过银行限制资本流入。如规定银行吸收非居民存款要缴纳较高的存款准备金，规定银行对非居民存款不付利息或倒收利息，限制商业银行对非居民出售本国的远期货币业务等。

（2）通过企业限制资本流入。如限制非居民购买本国的有价证券，限制居民借用外国资本等。

2. 对资本输出的管制

一般来说，发展中国家由于外汇资金短缺，一般限制资本外流。具体措施包括：

（1）冻结账户，指未经管汇机构批准，在账户上的资产，包括外国人的银行存款、证券及其他资产，不能动用，严禁汇出。

（2）直接限制企业在国外投资，限制居民购买外国有价证券。

（3）征收利息平衡税。规定本国居民购买外国证券时一律征税，使国外投资的收益和国内投资收益相等，甚至更低，从而达到限制资本流出的目的。

虽然限制资本输入、鼓励资本输出是发达国家的一个总趋势，但根据一国国际收支和汇率变动情况，外汇管制有时宽松，有时严格，对资本输出输入的管制也在不断调整。

二、货币兑换管理

货币兑换管理是外汇管理最基本、最主要的内容，实施货币兑换管制的原因主要有：外汇短缺；金融秩序混乱；国内外经济体制不同；国内外价格体系存在差异等。

1. 经常项目下货币可兑换

根据国际货币基金组织的规定，一旦成员国外汇管理制度符合国际货币基金组织协定第八条的要求，其货币就可以称为可兑换货币，也就是实现了经常账户下的可兑换。

2. 资本项目可兑换

资本项目可兑换是指一种货币不仅在国际收支经常性往来中可以本国货币自由兑换成其他货币，而且在资本项目上也可以自由兑换。这意味着一国取消对一切外汇收支的管制，居民不仅可以通过经常账户交易，也可以自由地通过资本账户交易，所获外汇既可在外汇市场上出售，也可自行在国内或国外持有；国内外居民也可以将本币兑换成外币在国内外持有，满足资产需求。

3. 自由兑换货币

当一种货币的持有人能把该种货币兑换为任何其他国家货币而不受限制时，则这种货币就称为可自由兑换货币。根据《国际货币基金协定》的规定，所谓自由兑换，是指对在国际收支经常性往来的付款和资金转移不得施加限制。也就是说，这种货币在国际收支经常性往来中，随时可以无条件地作为支付手段使用，对方亦应无条件接受并承认其法定价值。不施行歧视性货币政策或多种货币汇率措施。在另一成员国要求下，随时有义务换回对方在经常性往来中所结存的本国货币，即参加该协定的成员国具有无条件承兑本币的义务。

从国际上货币可兑换进程来看，在经常项目实现可兑换后，逐步推进资本项目可兑换大体要十年时间。

【任务互动】

查一查：国际上可自由兑换的货币主要有哪些？人民币是可自由兑换货币吗？

分析：可自由兑换货币指在进口、出口、兑换和进行跨境借贷方面，不存在任何限制或监管要求的货币。目前，世界上已有67个国家接受了《国际货币基金协定》中关于货币自由兑换的规定，也就是说，这些国家的货币被认为是可自由兑换的货币，主要有美元、日元、英镑、瑞士法郎、丹麦克朗、瑞典克朗、挪威克朗、港元、加元、澳元、新西兰元、新加坡元等。人民币只实现了经常项目下的可自由兑换，不属于可自由兑换货币。

【知识链接】

货币的兑换性

货币按其兑换性分为不可兑换货币、可兑换货币和自由兑换货币。实行严格外汇管制的国家不管是在经常账户下还是资本账户下都严格限制本币兑换成外币和外币兑换成本币，该国货币就称为不可兑换货币；按照国际货币基金组织的定义，一国若能实现贸易账户和非贸易账户下的货币自由兑换，即经常项目下的自由兑换，则该国的货币被列为可兑换货币；自由兑换货币是指在外汇市场上能自由地用本国货币兑换成某种外国货币或用某种外国货币兑换成本国货币，即实现了经常账户和资本账户的自由兑换。

三、对黄金和现钞输出输入的管制

实行严格外汇管制的国家对黄金交易也进行管制，一般由中央银行独家办理黄金的买卖和输出输入，不准私自输出输入黄金。

对现钞管理习惯的做法是对携带本国货币出境规定限额和用途，有时甚至禁止携带本国货币出境以防止本国货币输出用于商品进口、资本的外逃以及冲击本国货币。因为输出本国货币不仅可以被利用，作为资本输出的手段，还会导致在外国市场上本币汇率下跌，因此许多国家都明令禁止本币现钞的大量出入境，有些国家只规定携带出入境的最高数额或要求携带者必须向有关部门登记，以监测与控制本币现钞的国际转移。

四、对汇率的管制

汇率管制是指政府有关部门为调节国际收支、稳定本币价值而对本国所采用的汇率制度、汇率种类和汇率水平进行管理。汇率管制主要有直接管制和间接管制两种方法。

1. 直接管制汇率

即由一国政府指定一个部门按照国家政策、货币相对购买力和国际收支状况制定、调整、公布汇率，并规定各项外汇收支必须按照公布的汇率兑换本国货币。许多发展中国家都采取直接管制汇率的办法。

2. 间接管制汇率

即国家外汇管制机构通过买卖外汇和对国际收支各项目的控制，间接影响外汇供求及价格的管制方式。

【案例分析】

韩国放松外汇管制引发金融危机

20世纪80年代中期之前，由于当时韩国国际收支状况不佳，对外债务较大，韩国政府一直保持着广泛的资本控制制度。80年代中后期，韩国国际收支出现顺差，政府逐渐放松了对外直接投资的管理控制。管理制度方面简化了申请手续，加快了审批程序；1992年，韩国又颁布了《海外直接投资制度改善方案》和《外汇管理规定修正案》等涉及海外投资的相关法律，支持了企业的海外投资；1994年，韩国实行了“限制目录单”制度，除少数政府规定的业务范围外，放开了对外直接投资的行业控制。

20世纪90年代以来，韩国外汇管制进一步放松，规定只有1 000万美元以上的外汇投资项目才需报批，30万美元以下的小项目只需获得外汇银行的认可，即可进行对外直接投资。但是这种做法也诱发许多韩国企业将大宗项目分割为小项目投资海外，逃避外汇监管，从而也成为引发1997年金融危机的因素之一。

【任务互动】

请分析韩国政府在20世纪80年代中期之前、中后期外汇管制政策不同取向的原因。80年代中后期放松外汇管制可能出现哪些问题？

分析：（1）80年代中期之前外汇管制政策较为严格；后期较为宽松。

（2）放松外汇管制可能导致外汇投机活动和资本国际流动对国内金融的冲击，减少本国外汇储备，造成本币贬值，使国内经济混乱。

项目3　中国的外汇管理措施

一、中国外汇管理体制的发展

我国是实行外汇管理较严格的国家。但是，我国外汇管理真正的发展是从新中国成立后开始的。新中国成立以来，我国外汇管理的发展经历了由分散到集中，由不完全到正在逐步完善这样一个过程。这个过程大体可分为以下五个阶段：

1. 新中国成立初期到私营工商业社会主义改造完成阶段（1949—1956年）

新中国成立初期，我国外汇资金严重短缺，华北、华南、华东、华中四大行政区分别颁布了外汇管理暂行办法。1950年10月，中央人民政府综合上述办法，颁布了《外汇分配、使用暂行办法》，对外汇开始实行统一管理。

2. 私营工商业社会主义改造完成到党的十一届三中全会阶段（1956—1978年）

随着私营工商业社会主义改造的完成，我国进入了全面建设时期，全国实行高度集中的计划管理体制，外汇管理的重点为建立国营单位外汇收支的计划管理制度，外汇管理工作由对外贸易部、财政部、中国人民银行三个单位分口管理。对外贸易部负责进出口贸易外汇；财政部负责中央部门的非贸易外汇；中国人民银行负责地方非贸易外汇和私人外汇。国家实行“集中管理，统一经营”的方针，一切外汇收支由国家管理，一切外汇业务由中国银行经营。

3. 党的十一届三中全会到1993年底阶段（1979—1993年）

党的十一届三中全会以来，我国实行对外开放、对内搞活的经济政策，国际经济、金融、技术合作、利用外资、鼓励外商来华直接投资都有很大发展，这些发展变化给我国外汇管理工作提出了新的任务和要求。

1979年3月，国务院正式批准设立我国外汇管理主管机构——国家外汇管理局，1980年12月颁布了《中华人民共和国外汇管理暂行条例》，随后又陆续制定并颁布了一系列的外汇管理施行细则等。

在这个时期，外汇管理的最大特点是实行外汇额度留成制度。所谓额度留成就是当一企业通过商品、劳务的出口获得外汇收入后，可按规定的比例获得外汇留成并归其支配；同时，人民币汇率实行有浮动的官方汇率和调剂市场汇率并存的双重汇率制；外汇分配实行计划分配和市场配置两个渠道：中央外汇的供需通过计划渠道实现，企业的一般外汇和三资企业外汇需要通过市场渠道实现；外汇市场实行公开调剂市场和外汇调剂中心两种模式；外汇储备包括上缴中央外汇和企业留成外汇两个部分，有中央银行直接管理和中国银行代管两种形式。

4. 1994年的外汇管理体制改革

1993年12月28日，中国人民银行发布了《关于进一步改革外汇管理体制的公告》。公告宣布从1994年1月1日起，实现汇率并轨，取消人民币官方汇率，建立银行间外汇市场，改进汇率形成机制，实行以市场供求为基础、单一的、有管理的浮动汇率制。

这次外汇管理体制改革的近期目标是实现经常项目下人民币有条件的可兑换，其长期目标是实现人民币自由兑换。实现人民币的自由兑换意味着取消经常项目和资本项目的外汇管制，对国际正常的汇兑活动和资金流动不进行限制。

5. 1994年以来的外汇管理体制改革

1994年以来我国外汇管理体制改革的进一步深化，主要体现在两大方面：一是人民币实现经常项目下可兑换，二是资本项目下的外汇管理逐渐放宽。我国政府在前期改革已取得良好成效的基础上，继续对外汇管理体制实行一系列调整的措施，主要包括：

1996年4月颁布并实施《中华人民共和国外汇管理条例》，7月将外商投资企业结售汇纳入银行结售汇体系，12月实行人民币经常项下自由对换。

1997年1月，根据我国银行结售汇范围及人民币可兑换性的变化，对《中华人民共和国外汇管理条例》进行修订并重新颁布实施，10月允许部分条件良好的中资企业在境内开立外汇账户，保留限额外汇。

1998年12月关闭外汇调剂市场，完善银行同业外汇市场等。上述措施的实施及效果表明，我国的外汇管理工作正逐渐走向法制规范化轨道，与世界其他国家的差异正在缩小，这也为我国实行自由外汇制度奠定了基础。

2002年11月，我国加入WTO，承诺将逐步开放金融业，对人民币汇率形成机制、资本项目的自由兑换、允许境外合格投资者参与国内金融市场投资等方面进行改革，加快了我国金融国际化的进程。

2005年7月21日，中国人民银行发布公告，宣布将实行以市场供求为基础，参考“一篮子货币”进行调节，有管理的浮动汇率制度。这次汇率改革意味着中国购买力的提高，人民币更加坚挺，对国民经济的影响利大于弊。汇率改革表明中国整体开放程度的进一步提高。

2011年10月24日，在北京举行的新浪金麒麟论坛上，央行行长周小川称，中国未来可能将更多的资源分配转向民间。所谓“藏汇于民”并不是老百姓把外汇藏在自己手里，而是有自行决定运用外汇包括投资外汇等权利。

2012年3月，中国人民银行、财政部、商务部、海关总署、国家税务总局和银监会等六部委联合发布了《关于出口货物贸易人民币结算企业管理有关问题的通知》，放开跨境贸易人民币结算试点企业，明确所有具有进出口经营资格的企业均可开展出口货物贸易人民币结算业务，并对出口贸易人民币结算企业实行重点监管名单管理。

2012年9月17日，央行发布《金融业发展和改革“十二五”规划》，其中提出，“十二五”时期我国金融业发展和改革的主要目标之一是在信息监测及时有效、风险可控的基础上，人民币资本项目可兑换逐步实现。

二、我国外汇管理机构

国家外汇管理局是中国外汇管理的执行机构，其机构设立和主要职责如下：

1. 国家外汇管理局的机构设立

1979年3月，国务院正式批准设立我国外汇管理主管机构——国家外汇管理局。

国家外汇管理局是中国外汇管理机构，为副部级国家局，内设综合司、国际收支司、经常项目管理司、资本项目管理司、管理检查司、储备管理司、人事司（内审司）7个职能司和机关党委。设置中央外汇业务中心、信息中心、机关服务中心、《中国外汇》杂志社4个事业单位。

2. 国家外汇管理局的主要职责

根据中国国务院“三定方案”，国家外汇管理局的主要职责是：

（1）研究并提出外汇管理体制改革和防范国际收支风险、促进国际收支平衡的政策建议；研究逐步推进人民币资本项目可兑换、培育和发展外汇市场的政策措施，向中国人民银行提供制定人民币汇率政策的建议和依据。

（2）参与起草外汇管理有关法律法规和部门规章草案，发布与履行职责有关的规范性文件。

（3）负责国际收支、对外债权债务的统计和监测，按规定发布相关信息，承担跨境资金流动监测的有关工作。

（4）负责全国外汇市场的监督管理工作；承担结售汇业务监督管理的责任；培育和发展外汇市场。

（5）负责依法监督和检查经常项目外汇收支的真实性、合法性；负责依法实施资本项目外汇管理，并根据人民币资本项目可兑换进程不断完善管理工作；规范境内外外汇账户管理。

（6）负责依法实施外汇监督检查，对违反外汇管理的行为进行处罚。

（7）承担国家外汇储备、黄金储备和其他外汇资产经营管理的责任。

（8）拟订外汇管理信息化发展规划和标准、规范并组织实施，依法与相关管理部门实施监管信息共享。

（9）参与有关国际金融活动。

（10）承办国务院及中国人民银行交办的其他事宜。

三、我国外汇管理的主要内容

根据《中华人民共和国外汇管理条例》的规定，我国的外汇包括外币现钞、外币支付凭证或者支付工具、外币有价证券、特别提款权以及其他外汇资产。我国实行国际收支统计申报制度，凡有国际收支的单位和个人都必须进行国际收支申报。

（一）经常项目和资本项目外汇管理

我国的外汇收支分为经常项目外汇和资本项目外汇，并对它们分别实施不同的管理措施。

1．经常项目外汇管理

经常项目是指国际收支中经常发生的项目，包括贸易收支、劳务收支和单方面转移等。

我国对经常项目下的外汇收入实行银行结汇制，境内机构的经常项目外汇收入必须汇回国内，并按照国家关于结汇、售汇及付汇管理的规定卖给外汇指定银行，或者经批准在外汇指定银行开立外汇账户。境内机构原则上不得将经常项目外汇账户中的外汇资金转作定期存款；确需转作定期存款的，须凭法定的文件向开户行所在地的外汇局申请。境内机构的经常项目用汇，可按国家关于结汇、售汇及付汇管理的规定，持有效凭证和商业单据向外汇指定银行购汇支付。境内机构的出口收汇和进口付汇，应当按照国家关于出口收汇核销管理和进口付汇核销管理的规定办理核销手续。

对于属于个人所有的外汇，可以自行持有，也可以存入银行或卖给外汇指定银行。外汇局对居民个人购汇实行指导性限额及核销管理，购汇金额在规定限额以内的，居民个人可以持规定的证明材料直接到银行办理；购汇金额在限额以上的，居民个人应当持相应的证明材料向外汇局申请，然后再凭外汇局的核准件和相应的证明材料到银行办理。外国驻华机构和来华人员的合法人民币收入，需要汇出境外的，可以持有关的证明材料和凭证到外汇指定银行兑付。由驻华机构和来华人员境外汇入或者携带入境的外汇，可以自行保存，可以存入银行或者卖给外汇指定银行，也可以持有效凭证汇出或者携带出境。

【案例分析】

香港旅客持550万现金入境被罚百万

近年来，有不少香港人北上买楼置业和存款赚高息。2014年2月10日21时左右，香港一名准备在内地置业的男子，经皇岗口岸出境，到达深圳入境关闸，未将手提购物袋放上X光机检查，被深圳海关截停。后经当地关员查验，发现其购物袋内装满叠放整齐的千元港元现钞，经过逾10分钟点算，发现现钞总值达550万港元。由于男子超额带款，又未曾申报，海关遂将其实时扣查。

被查获男子声称要赴内地买楼，担心经香港银行汇款至内地，会被收取5%手续费，于是决定携带全部现金过境。深圳海关指出，涉事男子事后可携带限额下约4万港元离开，并继续自由出入境，但需缴罚款逾百万元，其他余款暂时仍被深圳海关扣查，当事人须经申报才可取回。

【任务互动】

请阅读上述材料，指出外汇管制客体的类型，并谈一谈材料中当事人被罚的理由。

分析：该项管制属于外汇管制中“对人的管制”。根据内地《携带外币现钞出入境管理暂行办法》规定，任何人出入境不得携带超过5 000美元等值外币现钞过关，否则须申报，并向内地的外汇管理局或指定银行申领携带许可证。该名香港旅客随身携带550万港元，却未申报，因此被罚。

2. 资本项目外汇管理

资本项目是指国际收支中因资本输出和输入而产生的资产与负债的增减项目，包括直接投资、各类贷款、证券投资等。

境内机构的资本项目外汇收入，除国务院另有规定外，应当调回国内，在外汇指定银行开立外汇账户；卖给外汇指定银行的，须经外汇管理机关批准。

境内机构向境外投资，在向审批主管部门申请前，须由外汇管理机关审查其外汇资金来源。境内投资者以外汇资金向境外投资的，应向外汇管理当局缴存所投资金的5%作为汇回利润保证金；以设备作为投资的，应按资本设备投资额的2.5%缴存汇回利润保证金。

外债是指境内机构对非居民承担的以外币表示的债务。外债一般可分为外国政府贷款、国际金融组织贷款和国际商业贷款。国际金融组织贷款和外国政府贷款由国家统一对外举借；国家对国有商业银行以及境内中资企业举借的中长期商业贷款实行余额管理；外商投资企业举借的中长期外债累计发生额和短期外债累计发生额之和应当控制在审批部门批准的项目总投资和注册资本之间的差额之内。在差额范围内，外商投资企业可以自行举借外债，超出差额的，须经原审批部门重新核定项目总投资。外债资金的使用应当符合国家的相关规定，同时，国家外债管理部门应当根据国家法律对外债和对外担保实施监管。

外商投资企业经营期满或因其他方面的影响而无法继续经营而依法终止的，应当依法进行清理并照章纳税。清理纳税后的剩余财产属于外方投资者所有的人民币，可以向外汇指定银行购汇或携带出境；属于中方投资者所有的外汇，应全部卖给外汇指定银行。

（二）金融机构的外汇业务管理

1．金融机构经营外汇业务管理

根据《中华人民共和国外汇管理条例》的相关规定，我国对金融机构经营外汇业务进行如下管理：金融机构经营外汇业务必须报经国家外汇管理机构批准，并领取经营外汇业务许可证；应按规定为客户开立账户，办理有关外汇业务；应按规定缴存外汇存款准备金，遵守外汇资产负债比例管理的规定，并建立呆账准备金；外汇指定银行办理结汇业务所需的人民币资金，应当使用自有资金。

2．金融机构经营外汇业务的监督管理

金融机构经营外汇业务，应接受外汇管理机关的检查、监督，同时，应当向外汇管理机关报送外汇资产负债表、损益表以及其他财务会计报表和资料。

（三）人民币汇率管理和外汇市场管理

1．人民币汇率管理

汇率的高低由外汇市场供求关系和其他有关的政治、经济因素所决定，同时又对一国的国际收支和经济发展起着重要的反作用。

我国过去一直实行单一的汇率制度。1979 年实行改革开放政策以后，我国实行有管理的浮动汇率制度，形成官方汇率和调剂市场汇率并存的双重汇率局面。自 1994 年 1 月 1 日起，我国取消外汇留成，将两种汇率并轨，实行以市场供求为基础、单一的、有管理的浮动汇率制度。2005 年 7 月 21 日，中国人民银行发布关于完善人民币汇率形成机制改革的相关事宜公告。自 2005 年 7 月 21 日起，我国开始实行以市场供求为基础、参考“一篮子货币”进行调节、有管理的浮动汇率制度。

【任务互动】

人民银行宣布人民币从原本紧盯美元的汇率制度，改为参考“一篮子货币”。请思考：何为参考“一篮子货币”？人民币汇率形成新机制所参考的“一篮子货币”主要有哪些货币？

分析：所谓参考“一篮子货币”，是指某一个国家根据贸易与投资的密切程度，选择数种主要货币，作为设定汇率参考的一个外币组合。不同货币在组合中所占的比重通常以该外币在本国国际贸易中的重要性为基准来设定不同权重，并设定浮动范围。该国货币汇率就根据这“一篮子货币”在范围内浮动。人民币汇率形成新机制中，美元、欧元、日元、韩元等是主要的“一篮子货币”，同时还有新加坡元、英镑、马来西亚林吉特、澳元、加元等大约共 20 种。

2．外汇市场管理

外汇交易市场是指进行外汇买卖的场所，在外汇市场进行交易应当遵循公开、公平、公正和诚实守信的原则。

在我国，外汇市场交易的币种和形式由国务院外汇管理部门规定和调整。目前允许交易的币种有人民币对美元、港元、日元、欧元等。交易的形式包括即期交易和远期交易；对银行间的外汇市场只允许进行即期交易，对银行与客户之间则允许进行远期交易。

（四）违反外汇管理的法律责任

违反外汇管理的各种行为，一般包括逃汇行为、套汇行为、扰乱金融行为、违反外债管理行为、违反外汇账户管理行为、违反外汇核销管理行为以及违反外汇经营管理行为等，我国的相关法律法规都对这些违反外汇管理的行为予以了定义，并规定了相应的民事、刑事、行政责任。

【任务互动】

查阅我国企业、个人外汇违规处罚案例，树立法制观念，按照有关国家外汇管制法规从事相关经济活动，做到守法经营。

分析：案例1：2009年初至2010年3月，广东省东莞市新亚电子科技有限公司共有65笔、合计483.13万美元的预收货款，超过6个月未办理核销手续，违反了出口收汇核销管理有关规定。外汇局依据《中华人民共和国外汇管理条例》对该公司作出处以罚款的行政决定。

案例2：2009年5月，江苏省海门市飞华纺织品有限公司凭借与海门市梅丹建材贸易有限公司签订的虚假购销合同，将共计11笔、306.79万美元的外商投资资金结汇，结汇所得资金合计2 091.03万人民币，并最终由海门市梅丹建材贸易有限公司通过网上银行划入个人借记卡，这违反了资本金结汇管理有关规定。外汇局依据《中华人民共和国外汇管理条例》对该公司作出处以罚款的行政决定。

四、我国货物贸易外汇管理制度改革

为大力推进贸易便利化，进一步改进货物贸易外汇服务和管理，国家外汇管理局、海关总署、国家税务总局决定，自2012年8月1日起在全国实施货物贸易外汇管理制度改革，并相应调整出口报关流程，优化升级出口收汇与出口退税信息共享机制。

（一）货物贸易外汇管理制度改革的主要内容

1．全面改革货物贸易外汇管理方式，简化贸易进出口收付汇业务办理手续和程序

外汇局取消货物贸易外汇收支的逐笔核销，改为对企业货物流、资金流实施非现场总量核查，并对企业实行动态监测和分类管理。银行为企业办理收付汇的单证和流程均大幅简化。

2. 调整出口报关流程

取消出口收汇核销单，企业办理出口报关时不再提供核销单。

3. 简化出口退税凭证

对自2012年8月1日起报关出口的货物，企业申报出口退税时不再提供出口收汇核销单；税务部门参考外汇局提供的企业出口收汇信息和分类情况，依据相关规定，审核企业出口退税。

4. 提升监管手段，防范外汇收支风险

通过总量核查和分类管理对企业进行动态监测，对少数异常、可疑的企业进行重点监管，使监管资源配置更加合理，并增强了监管的针对性、有效性和威慑力。

5. 加强部门联合监管

国家外汇管理局、海关总署、国家税务总局将进一步加强合作、完善协调机制、实现数据共享、形成监管合力，严厉打击各类违规跨境资金流动以及走私、骗税等违法行为。

【任务互动】

请思考：货物贸易外汇管理制度改革对企业的便利化体现在哪些方面？

分析：(1) 企业贸易收付汇后，无须办理核销手续。

(2) 调整出口报关流程，取消出口收汇核销单，企业办理出口报关时不再提供核销单。

(3) 简化出口退税凭证。对自2012年8月1日起报关出口的货物，企业申报出口退税时不再提供核销单。

(4) 绝大多数企业贸易收付汇手续得到简化，A类企业可凭进口货物报关单、合同或发票等任一能够证明交易真实性的单证在银行办理付汇，出口收汇无须联网核查。

(5) 有利于增强企业诚信意识，降低企业运营成本，促进对外贸易的可持续发展。

（二）新制度下企业有关业务流程

新制度下，企业办理与核销有关的业务流程如下图所示：

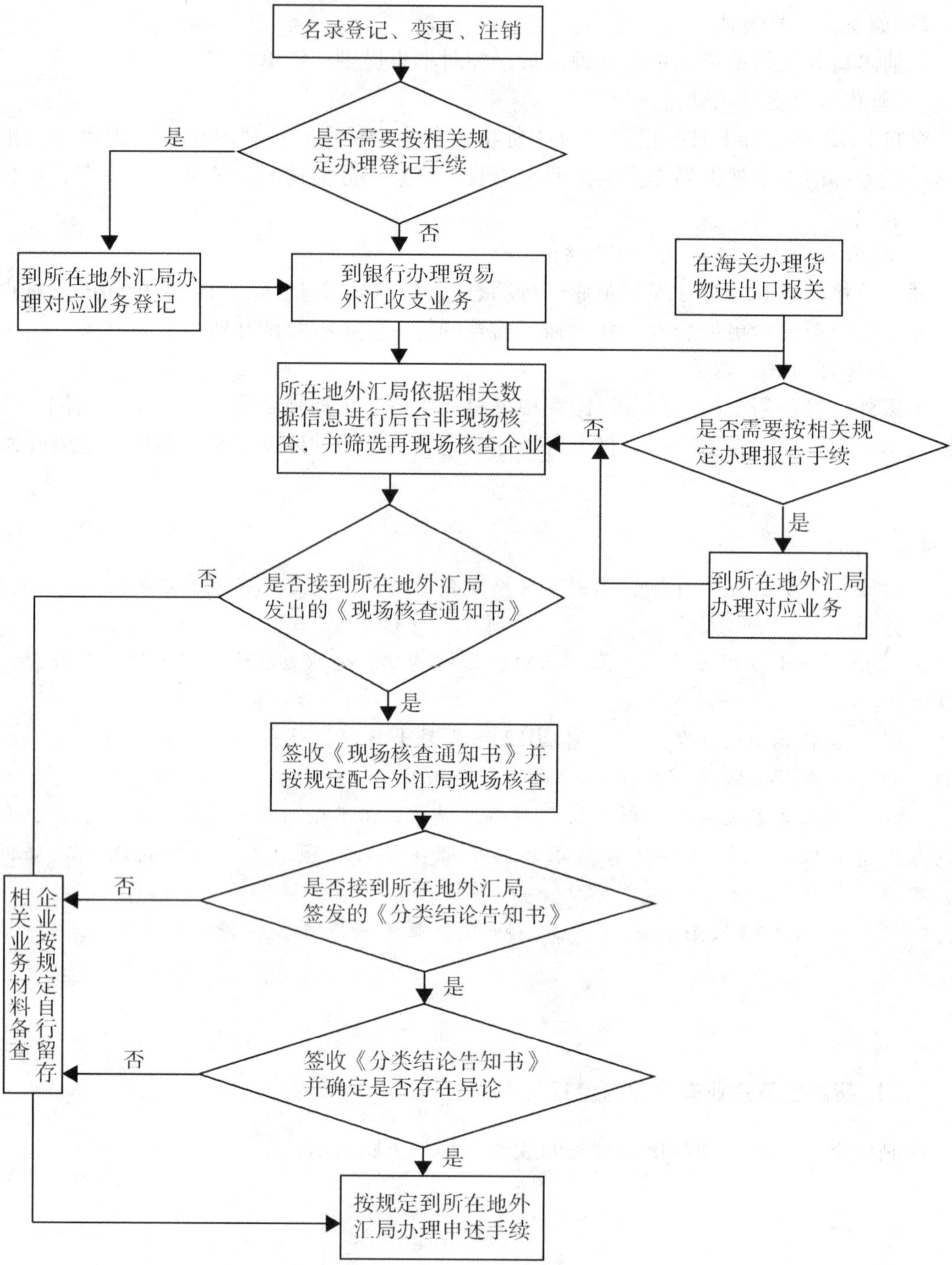

新制度下企业有关业务流程图

新制度下企业外汇核销业务流程与改革前业务流程变动的对比情况如表9－1所示：

表9－1　新制度下企业外汇核销业务流程与改革前业务流程变动的对比情况

业务项目	改革前	改革后	对比
出口收汇核销	到外汇局办理核销员备案、企业档案备案	到外汇局办理名录登记手续	取消核销员备案，增加名录登记
	到电子口岸办理IC卡，到外汇局领取出口收汇核销单	取消出口收汇核销单	外汇局业务无须使用IC卡，无须领取出口收汇核销单
	办理出口报关手续，并通过电子口岸系统提交核销单信息	办理出口报关手续	取消在电子口岸提交核销单信息
出口收汇联网核查	到银行办理开户，到款银行确定贸易性质后入待核查账户，提交联网核查申请，核查后结汇或划转	到银行办理开户，到款银行确定贸易性质后入待核查账户，对企业的名录和分类状态进行不同的操作，银行对交易单证的真实性和一致性进行合理审查后办理结汇或划转（除进口付汇退汇外，A类企业待核查账户资金的结汇、划转，银行审核单证的要求由各银行自行把握）	仅B类企业需要进行出口收汇电子数据核查
进口付汇	货到项下付汇需凭进口报关单、合同、发票办理，三者缺一不可	凭进口报关单、合同、发票之一即可办理	简化单证
	预付货款还需先向外汇局申请额度，经系统确认或外汇局人工确认后方可到银行办理付汇	凭进口合同、发票之一即可办理	取消额度控制，简化单证
贸易信贷	贸易信贷登记，包括合同登记、提款登记、注销登记	A类企业30天以上（不含）的预收、预付货款，90天以上（不含）的延期收款、延期付款，90天以上（不含）的远期信用证（含展期）、海外代付等进口贸易融资，B、C类企业在分类监管有效期内发生的预收货款、预付货款，以及30天以上（不含）的延期收款、延期付款，在进出口或收付汇业务实际发生之日起30天内，需要通过监测系统进行义务性报告	全流程三次登记转变为事中一次报告
出口退税	须在货物出口之日起210天内，向税务部门提供盖有核销章的出口收汇核销单出口退税专用联或已核销的电子信息，另外还须提供出口报关单、增值税发票等资料	凭发票和报关单即可办理退税	出口退税和出口收汇管理脱钩，但在改革前形成的出口逾期未收汇核销

五、我国外汇管理改革的目标

1．促进国际收支平衡是外汇管理改革的战略目标

国际收支平衡是我国宏观调控的四大目标之一，是保持社会总供求基本平衡和宏观经济稳定的重要标志。因此，维护和促进国际收支平衡，既是外汇管理的核心职责之一，也是长期以来外汇管理改革所要实现的战略目标。

【任务互动】

查一查：我国宏观经济调控的四大目标是什么？

分析：我国宏观经济调控的四大目标是：促进经济增长、增加就业、稳定物价、保持国际收支平衡。

2．现阶段外汇管理改革的着力点在于推进贸易和投资便利化

随着对外开放的深化和社会主义市场经济体制的完善，我国跨境资金流动规模不断扩大，促使外汇管理改革不断深化，以满足市场主体日益增长的贸易和投资便利化需求。

2009 年，我国提出了新时期深化外汇管理改革的“五个转变”：从重审批转变为重监测分析，逐步从较为依赖审批和核准的管理方式转变为重点加强跨境资金流动的监测分析和预警；从重事前监管转变为强调事后管理，逐步从事前逐笔审核转变为事后核查和重点查处；从重行为管理转变为更加强调主体管理，逐步从按交易行为和业务性质监管转变为以经济主体为单位进行管理；从“有罪假设”转变为“无罪假设”，逐步从事前排查经济主体外汇收支的真实性转变为事后举证查处违法违规经济主体；从“正面清单”转变为“负面清单”，逐步从“法无明文授权不可为”转变为“法无明文禁止即可为”。

2012 年 8 月 1 日起在全国实施的货物贸易外汇管理制度改革，大力推进了贸易的便利化，进一步改进了货物贸易外汇服务和管理。

当前，外汇管理部门以外汇管理理念和方式（“五个转变”）为指导，稳中求进，改革创新。

3．我国外汇体制改革的最终目标是实现人民币自由兑换

我国外汇体制改革的最终目标是实现人民币自由兑换。1996 年，人民币已实现了国际收支经常项目下的可兑换，然而随着我国国际贸易的大力发展、投资规模的迅速增长及我国金融市场的壮大，客观上国家要求人民币早日实现资本项目下可兑换。

2012 年 9 月 17 日，央行发布《金融业发展和改革“十二五”规划》，将“人民币资本项目可兑换逐步实现”作为我国金融业发展和改革的主要目标之一。依照“突出重点、整体推进、顺应市场、减少扭曲、积极探索、留有余地”的总体原则，进一步放宽跨境资本流动限制，健全资本流出、流入均衡管理体制，完善对外债权债务管理，稳妥有序推进人民币资本项目可兑换。以直接投资便利化为出发点，实现直接投资基本可兑换；以开放国内资本市场和扩大对外证券投资为重点，进一步提高证券投资可兑换程度；以便利跨境

融资为重点，加快改革信贷业务外汇管理，深化外债管理体制改革，规范对外债权管理和监测；以扩大个人用汇自主权为着力点，进一步放开个人其他资本项目跨境交易。

【知识链接】

跨境贸易和投资人民币结算

受国际金融危机影响，美元、欧元等主要国际结算货币汇率大幅波动，我国及周边国家和地区的企业在使用第三国货币进行贸易结算时面临较大的汇率波动风险，不少企业希望使用人民币进行贸易结算。2009 年 4 月，国务院决定在上海市和广东省的四个城市开展跨境贸易人民币结算试点。2009 年 7 月，试点正式启动。2010 年 6 月，国务院取消了境外地域范围限制，明确业务范围涵盖跨境货物贸易、服务贸易和其他经常项目人民币结算。2011 年 8 月，跨境贸易人民币结算境内地域范围扩大至全国。截至 2011 年末，全国累计办理跨境贸易人民币结算业务金额达到 2.6 万亿元。2012 年，跨境贸易人民币结算量保持较快增长速度，银行累计办理跨境贸易人民币结算业务 2.94 万亿元。

项目 4　人民币汇率制度改革

对汇率的管制是我国外汇管理的一项基本内容，人民币汇率制度改革是我国金融体系改革的重要组成部分，也是我国发展和完善社会主义市场经济不可或缺的配套措施。

人民币汇率制度改革，是指中国的法定货币——人民币在不同的时代，为了适应中国自身发展与对外贸易的需要而不断调整其与其他货币的汇率及相关政策的制定和变更的过程。

一、人民币汇率制度改革的历程

改革开放至今的人民币汇率制度改革历程以 1994 年为分界线，可以分为“以政府调控为主的汇率制度”和“以市场调节为主的汇率制度”两个时期。以政府调控为主的汇率制度时期为 1978—1993 年，以市场调节为主的汇率制度（1994 年至今）又可分为两个阶段：1994—2005 年的人民币汇率制度和 2005 年至今的“以市场供求为基础、参考‘一篮子货币’进行调节、有管理的浮动汇率制度”。

（一）人民币汇率制度改革历程

1. 第一阶段（1979—1984 年）

1979 年，我国开始对外贸管理体制进行改革，对外贸易由国营外贸部门一家经营改为由多家经营。由于我国的物价一直由国家计划规定，长期没有变动，许多商品价格偏低且比价失调，形成了国内外市场价格悬殊且出口亏损的状况，这就使人民币汇价不能同时照顾到贸易和非贸易两个方面。为了加强经济核算并适应外贸体制改革的需要，国务院决定从1981年起实行两种汇价制度，即另外制定贸易外汇内部结算价，并继续保留官方牌价用作非贸易外汇结算价。这就是所谓的双重汇率制或汇率双轨制。

2. 第二阶段（1985—1993年）

在人民币双重汇率制下，外贸企业政策性亏损，加重了财政补贴的负担，而且国际货币基金组织和外国生产厂商对双重汇率提出异议。1985年1月1日，我国又取消了贸易外汇内部结算价，重新恢复单一汇率制，即1美元=2.80人民币。但自1991年4月9日起，我国开始对人民币官方汇率实施有管理的浮动运行机制。国家对人民币官方汇率进行适时适度、机动灵活、有升有降的浮动调整，改变了以往阶段性大幅度调整汇率的做法。实际上，人民币汇率实行官方汇率与市场汇率（即外汇调剂价格）并存的多重汇率制度。

3. 第三阶段（1994—2005年）

从1994年1月1日起，我国实行人民币汇率并轨。1993年12月31日，官方汇率1美元兑换5.8人民币；调剂市场汇率为1美元兑换8.7人民币左右。从1994年1月1日起，我国将这两种汇率合并，实行单一汇率，人民币对美元的汇率定为1美元兑换8.80人民币。同时，取消外汇收支的指令性计划，取消外汇留成和上缴，实行银行结汇、售汇制度，禁止外币在境内计价、结算和流通，建立银行间外汇交易市场，改革汇率形成机制。这次汇率并轨后，我国建立的是以市场供求为基础、单一的、有管理的浮动汇率制度。

4. 人民币汇率安排的新阶段（2005年至今）

2005年7月21日，中国人民银行发布关于完善人民币汇率形成机制改革的相关事宜公告。自2005年7月21日起，我国开始实行以市场供求为基础、参考"一篮子货币"进行调节、有管理的浮动汇率制度。人民币汇率不再盯住单一美元，形成更富有弹性的人民币汇率机制。

从长远战略来看，人民币汇率新机制的建立，有利于推进人民币汇率安排的市场化改革进程，最终为人民币在资本项目下实现可兑换创造渐近条件。

我国实行以市场供求为基础、参考"一篮子货币"进行调节、有管理的浮动汇率制度，包括三个方面的内容：一是以市场供求为基础的汇率浮动，发挥汇率的价格信号作用；二是根据经常项目主要是贸易平衡状况，动态调节汇率浮动幅度，发挥"有管理"的优势；三是参考"一篮子货币"，即从"一篮子货币"的角度看汇率，不片面地关注人民币与某个单一货币的双边汇率。

多年来，人民币汇率制度的演进不是一蹴而就的，更不是无章可循的，其有内在的逻辑性、方向性和原则性。它既体现了我国不同时期经济发展的需要，也体现了与国际汇率制度的接轨，人民币汇率逐渐靠近市场认可的水平。改革开放以来人民币汇率制度改革历程如表9-2所示：

表 9-2 改革开放以来人民币汇率制度改革历程

阶段	政策目标	制度特征	外部环境	汇率水平	效果评价
第一个阶段（1979—1984 年）	扶持出口，增加外汇	官方汇率与贸易外汇内部结算价并存	因 1980 年美国的扩张性财政政策和紧缩性货币政策，美元汇率连年上升	汇率水平轻微下降	降低了企业换汇成本，促进贸易收支好转，但造成外汇市场秩序混乱
第二个阶段（1985—1993 年）	保持国际收支平衡，扶持出口，增加外汇储备	官方汇率与外汇调剂价格并存	美国的贸易顺差逐步减小并成为贸易逆差国，力图以美元贬值刺激国内经济	官方汇率多次以一步到位的方式下跌，但稳定是常态。外汇调剂价格随行就市	汇率政策目标和汇率制度正确，汇率下调幅度较大
第三个阶段（1994—2005 年）	维持汇率稳定，稳定货币币值，促进经济发展	以市场供求为基础、单一的、有管理的浮动汇率	1998 年亚洲金融危机爆发，亚洲多种货币贬值，人民币贬值预期增强	汇率并轨，汇率稳中有升	促进了出口，国际收支状况改善，外汇资源得以有效配置，宏观经济内外失衡现象较为突出
第四个阶段（2005 年至今）	平衡国际收支，避免货币政策受制，促进经济发展	参考“一篮子货币”、有管理浮动汇率制度，增强人民币汇率弹性	人民币升值预期增强，金融危机拖累全球经济，呼吁人民币升值声音高涨	汇率持续上升	汇率升值预期升高，贸易顺差持续扩大，货币政策日益被动

（二）人民币汇率改革进程大事记

改革开放以后，人民币汇率改革进程中出现的主要历史性事件如下：

1979 年至 1984 年，计划内部的双轨制，人民币经历了从单一汇率到双重汇率再到单一汇率的变迁。

1985 年至 1993 年，盯住美元的管理浮动汇率制，人民币对外币官方牌价与外汇调剂价格并存，向双汇率回归。

1994 年，中国实行以市场供求为基础、单一的、有管理的浮动汇率制度。实行银行结售汇制，取消外汇留成和上缴制度，建立银行之间的外汇交易市场，改进汇率形成机制。

1996 年 12 月 1 日，中国允许用于贸易的人民币与外币完全可兑换，但对买卖外币进行贷款和投资仍有规定和限制。

1997 年至 1999 年，中国因在亚洲危机期间坚守不让人民币贬值的承诺并帮助维护亚洲稳定而获得称赞。通过央行频繁干预，人民币对美元汇率被固定在 1 美元兑换 8.28 人民币。

2001 年至 2005 年，加入世界贸易组织后，中国开始逐渐放松资本管制，但国际社会的日益施压促使中国让人民币更快升值以帮助平衡全球贸易。

2004 年 2 月，中国允许香港银行提供有限的人民币零售银行服务，以促进跨境旅游消费。

2005年7月21日，中国将历时10年的与美元挂钩的制度改为以市场供求为基础、参考"一篮子货币"进行调节的、有管理的浮动汇率制度。人民币升值2.1%，兑换汇率为1美元兑换8.11人民币。

2007年1月11日，人民币对美元7.80关口告破，13年来首次超过港元。

2007年5月21日，央行决定，银行间即期外汇市场人民币对美元交易价浮动幅度由0.3%扩大至0.5%。

2008年4月10日，人民币对美元汇率中间价突破7.00。

2008年中期至2010年6月，人民币自2005年汇改以来已经升值了19%，但受到2008年美国金融危机的影响，人民币停止了升值走势；同时，在危机爆发后，人民币开始紧盯美元。

2010年6月19日，央行宣布，重启自金融危机以来冻结的汇率制度，进一步推进人民币汇率形成机制改革，增强人民币汇率弹性。

2012年4月14日，央行决定自4月16日起，银行间即期外汇人民币对美元交易价浮动幅度由0.5%扩大至1%，为5年来首次。

2014年2月，人民币中间价从6.096 9元快速贬值，几乎将2013年的涨幅全部消耗。

2014年3月17日，扩大银行间即期外汇市场人民币对美元（6.235 0，0.001 5，0.02%）交易价浮动幅度至2%；外汇指定银行为客户提供当日美元最高现汇卖出价与最低现汇买入价之差不得超过当日汇率中间价的幅度由2%扩大至3%。这是央行继2007年和2012年之后第三次扩大人民币汇率波动区间，表明人民币汇率市场化进一步向前迈进。

二、人民币对美元汇率的演变轨迹

1994年以前，人民币汇率一直由国家外汇管理局制定并公布，1994年1月1日人民币汇率并轨以后，实施以市场供求为基础、单一的、有管理的浮动汇率制，中国银行、德意志银行等七家银行根据前一日银行间外汇市场形成的价格，公布人民币对美元等主要货币的汇率，各银行以此为依据，在中国人民银行规定的浮动幅度内自行挂牌。人民币对美元历年平均汇率见表9-3：

表9-3　人民币对美元历年平均汇率一览表

年份	1952年	1953年	1954年	1955年	1956年	1957年	1958年	1959年
平均汇率	2.227	2.604	2.604	2.604	2.604	2.604	2.604	2.617
年份	1960年	1961年	1962年	1963年	1964年	1965年	1966年	1967年
平均汇率	2.617	2.461 8	2.461 8	2.461 8	2.461 8	2.461 8	2.461 8	2.461 8
年份	1968年	1969年	1970年	1971年	1972年	1973年	1974年	1975年
平均汇率	2.461 8	2.461 8	2.461 8	2.461 8	2.240 1	2.200 9	2.200 6	1.97

（续上表）

年份	1976年	1977年	1978年	1979年	1980年	1981年	1982年	1983年
平均汇率	1.97	1.84	1.72	1.55	1.49	1.776 8	1.924 9	1.957 3
年份	1984年	1985年	1986年	1987年	1988年	1989年	1990年	1991年
平均汇率	2.204 3	2.936 6	3.452 8	3.722 1	3.722 1	3.765 1	4.783 2	5.323 3
年份	1992年	1993年	1994年	1995年	1996年	1997年	1998年	1999年
平均汇率	5.514 6	5.762	8.618 7	8.351	8.314 2	8.289 8	8.279 1	8.278 3
年份	2000年	2001年	2002年	2003年	2004年	2005年	2006年	2007年
平均汇率	8.278 4	8.277	8.277	8.277	8.276 8	8.191 7	7.971 8	7.604
年份	2008年	2009年	2010年	2011年	2012年	2013年	2014	
平均汇率	6.945 1	6.831	6.769 5	6.458 8	6.312 5	6.193 2	6.216 6	

三、人民币汇率制度改革目标

2005年人民币汇率形成机制改革以来，参考“一篮子货币”进行调节一直是重点强调的内容。参考“一篮子货币”与盯住单一货币相比，更能发挥调节进出口、经常项目及国际收支的作用，也更能体现出汇率上下浮动的特点。

2012年9月17日，央行发布的《金融业发展和改革“十二五”规划》指出，按照主动性、可控性、渐进性原则，稳步推进人民币汇率形成机制改革。完善以市场供求为基础、参考“一篮子货币”进行调节、有管理的浮动汇率制度，增强人民币汇率双向浮动弹性，保持人民币汇率在合理均衡水平上的基本稳定。协调推进外汇市场发展，丰富汇率风险管理工具。进一步研究建立人民币对新兴市场货币的双边直接汇率形成机制，积极推动人民币对新兴市场经济体的发展和促进周边国家货币汇率在银行间外汇市场挂牌。

中国对人民币汇率改革的立场是：实行人民币汇率制度改革是中国一贯的方针；推进人民币汇率制度改革，要从中国的实际出发；人民币汇率改革是中国的主权。中国政府表明，坚持有管理的浮动汇率制度是中国长期的改革目标。

【任务互动】

想一想：美、欧、日等国家是希望人民币升值，还是贬值？为什么？自2005年以来，人民币汇率持续上升，人民币升值对老百姓的消费有好处吗？

分析：美、欧、日等国家向中国政府施加压力，希望人民币升值。人民币升值，老百姓一般会对“进口品”的消费增加，出国旅游活动、海外购物、出国留学等短时间会变得活跃。

【模块小结】

一、外汇管制

（一）外汇管制的产生与发展

（二）外汇管制的主体与客体

（三）外汇管制的类型

（四）外汇管制的利弊分析

二、外汇管制的内容

（一）对外汇收支的管制

（二）货币兑换管理

（三）对黄金和现钞输出输入的管制

（四）对汇率的管制

三、中国的外汇管理措施

（一）中国外汇管理体制的发展

（二）我国外汇管理机构

（三）我国外汇管理的主要内容

（四）我国货物贸易外汇管理制度改革

（五）我国外汇管理改革的目标

四、人民币汇率制度改革

（一）人民币汇率制度改革的历程

（二）人民币对美元汇率的演变轨迹

（三）人民币汇率制度改革目标

【课后训练】

一、单项选择题

1. 大多数国家都是由政府授权的（　　）作为执行外汇管制的机构

A. 中央银行　　B. 财政部

C. 专门机构　　D. 外汇管理局

2. 经济实力较弱的国家实施外汇管制的目的之一在于（　　）

A. 限制资本流入　　B. 防止资本外逃

C. 加强黄金外汇储备　　D. 平衡经常项目收支

3. 我国外汇体制改革的最终目标是（　　）

A. 实现经常项目下人民币可兑换　　B. 实现经常项目下人民币有条件可兑换

C. 实现资本项目下人民币可兑换　　D. 实现人民币的完全自由兑换

4. 对有关股息、利息的外汇管制属于对（　　）的管制内容

A. 贸易外汇　　B. 非贸易外汇

C. 资本输出　　D. 资本输入

5. 某些国家对非居民存款不付利息或倒收利息是为了（　　）

A. 限制资本输出　　B. 限制资本输入

C. 维持本国的汇率稳定　　D. 赚取利润

6. 我国人民币实现经常项目下的自由兑换的时间是（　　）年

A. 1992　　B. 1994

C. 1996　　D. 2000

7. 目前，我国实行的人民币汇率制度是（　　）

A. 有管理的浮动汇率制　　B. 联合浮动汇率制

C. 可调整盯住汇率制　　D. 单独浮动汇率制

8. 对国际收支的所有项目，即对经常项目和资本项目都实行严格的控制，而且不实行自由浮动的汇率制度，这属于（　　）

A. 严格外汇管制　　B. 部分外汇管制

C. 取消外汇管制　　D. 上述说法都不对

9. 外汇管制的重点往往是（　　）

A. 黄金　　B. 资本输出输入

C. 贸易外汇　　D. 非贸易外汇

10. 1996 年底人民币实现可兑换是指（　　）

A. 经常项目下可兑换　　B. 资本项目下可兑换

C. 金融项目下可兑换　　D. 储备项目下可兑换

二、多项选择题

1. 下面属于宽松的外汇管制的国家有（　　）

A. 以色列　　B. 日本

C. 澳大利亚　　D. 意大利

2. 对出口收汇的管制主要措施有（　　）

A. 出口配额　　B. 允许一定比例的出口外汇留成

C. 外汇倾销　　D. 汇率补贴

3. 外汇管制的目的是（　　）

A. 促进本国经济金融稳定发展　　B. 维持本币汇率稳定

C. 促进国际收支平衡　　D. 加强进口付汇、出口收汇的管理

4. 外汇管制的物包括（　　）

A. 黄金、白银等贵金属　　B. 外币有价证券

C. 具有进出口经营权的企业　　D. 外国铸币

5. 对进口用汇的管制主要措施有（　　）

A. 进口许可证制　　B. 进口配额制

C. 退税制　　D. 进口存款预交制

6. 下列属于非贸易外汇收支的是（　　）

A. 佣金　　B. 运费

C. 专利费　　D. 旅游费

7. 近年非贸易外汇管制的新特点有（　　）

A. 对技术进口的费用支出放松

B. 调整旅游方面管汇措施

C. 不论发展中国家，还是发达国家，大多数都对非贸易外汇收支进行管制

D. 发达国家和新兴工业化国家或地区都放松对贸易外汇的收支管制

8. 对汇率管制的方法有（　　）

A. 直接管制　　B. 间接管制

C. 宏观管制　　D. 微观管制

9. 一国实行外汇管制的可能后果包括（　　）

A. 不利于资本的国际流动和金融市场发展，加剧了各国经济、政治矛盾

B. 加剧市场动荡与混乱，会形成规模较大的外汇黑市

C. 为获得外汇，本国厂商会倾向于高报出口、低报进口

D. 不利于资源的国际合理配置

10. 外汇管制的主要内容有（　　）

A. 对贸易、非贸易外汇的管制　　B. 对国际储备的管制

C. 对汇率的管制　　D. 对资本流出流入的管制

三、判断题

1. 进口存款预交制是通过打击进口商的积极性来限制进口的。(　　)

2. 进行外汇管制的国家大多对贸易外汇实行严格的管制。(　　)

3. 我国外汇管理的机构是中国银行。(　　)

4. 经济实力较强的国家进行外汇管制的主要目的是限制资本外逃。(　　)

5. 严格实行外汇管制的国家一般属于发达国家。(　　)

6. 白金、白银等不属于外汇，所以不是外汇管制的对象。(　　)

7. 一般国家对出口外汇的管制是指出口商必须把出口贸易所得的外汇收入按市场汇率售给指定银行。(　　)

8. 对非居民的存款不付利息或倒收利息，是大多数发展中国家对资本输出输入的管制方法之一。(　　)

9. 实行外汇管制的国家是根据自然人和法人是否在该国内居住或经营而划分居民和非居民的。(　　)

10. 自2012年8月1日起，在全国实施货物贸易外汇管理制度改革，取消出口收汇核销单制度。(　　)

四、简答题

1. 简述外汇管制的产生和发展。

2. 简述外汇管制的利弊。

3. 简述我国外汇管理的主要内容。

4. 简析1994年我国的外汇管理体制改革。

五、技能训练

1. 2002年底以来，日本和美国的某些政要、学者、组织、媒体等先后对人民币汇率发起攻击。他们认为，由于人民币被严重低估，造成中国出口增长，从而使大量低价产品进入本国，国民对本国产品的消费剧减，导致本国物价走低形成通货紧缩，因此他们要求中国政府让人民币升值。他们的要求亦受到亚洲、欧洲一些国家的呼应。

请根据所学的知识对人民币升值的利弊作出分析。

2. 随着人们生活水平的提高，越来越多的人热衷于出国旅游。请查阅国家外汇管理局有关出国旅游购汇规定，并结合国家外汇管理局、海关总署联合制定的《携带外币现钞出入境管理暂行办法》，了解个人出境游购汇额度，为你将来出国旅游购汇早做准备。

模块十

国际金融机构

【知识目标】

1. 了解国际金融机构的产生、类型和作用
2. 掌握国际货币基金组织、世界银行集团等主要国际金融机构的宗旨、业务活动
3. 了解区域性的国际金融机构（国际清算银行、亚洲开发银行）的宗旨、主要业务活动等
4. 了解我国与国际金融机构合作的情况

【技能目标】

1. 能够运用所学知识初步分析国际金融机构产生的原因
2. 会运用所学知识分析当前世界各国利用国际金融机构贷款的项目
3. 会查阅并分析有关中国利用国际金融机构贷款建设项目的情况

【情境导入】

世界银行将大幅增加对新兴经济体贷款

2014 年 4 月 1 日，世界银行行长金墉在华盛顿智库外交关系协会发表演讲时表示，世行决定将对新兴经济体的贷款额度从目前的每年 150 亿美元增加到 280 亿美元，以帮助完成在 2030 年以前消除极端贫困的目标。这意味着世行对发展中国家的贷款在未来十年里将增加 1 000 亿美元，达到 3 000 亿美元。这一金额不包括 2013 年 12 月世行成员国承诺未来三年为世行专门扶持贫困国家的基金——国际开发协会补充的 520 亿美元资金。

金墉说，过去 20 年里平均每年有 3 500 万人脱贫。要实现 2030 年以前消除绝对贫困的目标，还需要每年减少 5 000 万贫困人口。以过去 20 年世界各国的经济增速和收入分配情况为参照，2030 年全球贫困率将从 2010 年的 17.7% 下降到 7.7%。

根据世行的统计，目前全球极端贫困人口主要集中在印度、中国、尼日利亚、孟加拉国和刚果（金）。如果加上印度尼西亚、巴基斯坦、坦桑尼亚、埃塞俄比亚和肯尼亚，那么这 10 个国家的极端贫困人口占全球的 80%。

金墉表示，世行致力于成为一个提供“解决方案”的银行，利用自身掌握的丰富的智力资源和实践经验为成员国解决在发展和减贫方面的具体问题。他强调，世行在提供贷款的同时不会要求成员国作出政策调整，而是为它们提供有说服力的证据帮助它们完善政策制定。

此外，这次增资还将把世行每年的贷款总额从目前的约500亿美元提高到700亿美元。金墉说这样的增长规模对世行来说前所未有。

项目1 国际金融机构

一、国际金融机构的产生与发展

国际金融机构（International Financial Institution，IFI）又称国际金融组织，是指世界多数国家的政府之间通过签署国际条约或协定而建立的从事国际金融业务、协调国际金融关系、维系国际货币和信用体系正常运作的超国家性质的组织机构。国际金融机构能够在重大的国际经济金融事件中协调各国的行动；提供短期资金缓解国际收支逆差、稳定汇率；提供长期资金促进各国经济发展等。通常，国际金融机构的成员为各国政府，名称大多数称为银行，也有的叫基金组织、公司、协会等。

国际金融机构的出现是为了适应生产国际化对超国家金融调节的需要。

第一次世界大战以前没有国际金融机构。因为当时实行金本位制，有自动调节机制，汇率稳定，加上主要资本主义国家的国际收支多呈顺差，货币信用和国际结算制度也未建立起来。因此，在当时的情况下，国际金融机构没有产生的需要。

第一次世界大战后，战胜国集团为处理战后德国赔款问题，在瑞士巴塞尔成立了国际清算银行，这是最早的国际金融机构。

第二次世界大战后，为了结束国际金融秩序混乱的局面，建立了布雷顿森林体系，并相应地建立了几个全球性国际金融机构，并作为实施这一国际货币体系的组织机构。1957年至20世纪70年代，欧洲、亚洲、非洲、拉丁美洲、中东地区的国家因为发展本地区经济的需要，通过互助合作方式，先后建立起区域性的国际金融机构，如泛美开发银行、亚洲开发银行、非洲开发银行等。

二、国际金融机构的分类

国际金融机构按业务范围可分为全球性的国际金融机构和区域性的国际金融机构。

1. 全球性的国际金融机构

全球性的国际金融机构，包括国际货币基金组织（International Monetary Fund，IMF）、以国际复兴开发银行为核心的世界银行集团。世界银行集团包括5个密切相关的机构：世界银行（Word Bank，WB）、国际开发协会（International Development Association，IDA）、国际金融公司（International Financial Corporation，IFC）、解决投资争端国际中心（International Center for the Settlement of Investment Disputes，ICSID）以及多边投资担保机构（Multilateral Investment Guarantee Agency，MIGA）。

2．区域性的国际金融机构

区域性的国际金融机构包括半区域性的国际金融机构和地区性的国际金融机构。半区域性的国际金融机构，是指其成员主要由区域内的国家组成，但也有少数区域外的国家参加，如国际清算银行（Bank for International Settlements，BIS）、亚洲开发银行（Asian Development Bank，ADB）、非洲开发银行（African Development Bank，AFDB）、泛美开发银行（Inter－American Development Bank，IADB）。地区性的国际金融机构，是指由某一地区一些国家组成的真正区域性的国际金融机构，如欧洲投资银行（European Investment Bank，EIB）、阿拉伯货币基金组织（Arab Monetary Fund，AMF）等。

此外，国际金融机构按业务职能可分为：主要从事国际金融业务的协调和监督的国际金融机构、主要从事各种国际信贷业务的国际金融机构、主要从事国际收支结算的国际金融机构。

国际金融机构的分类如图 10－1 所示：

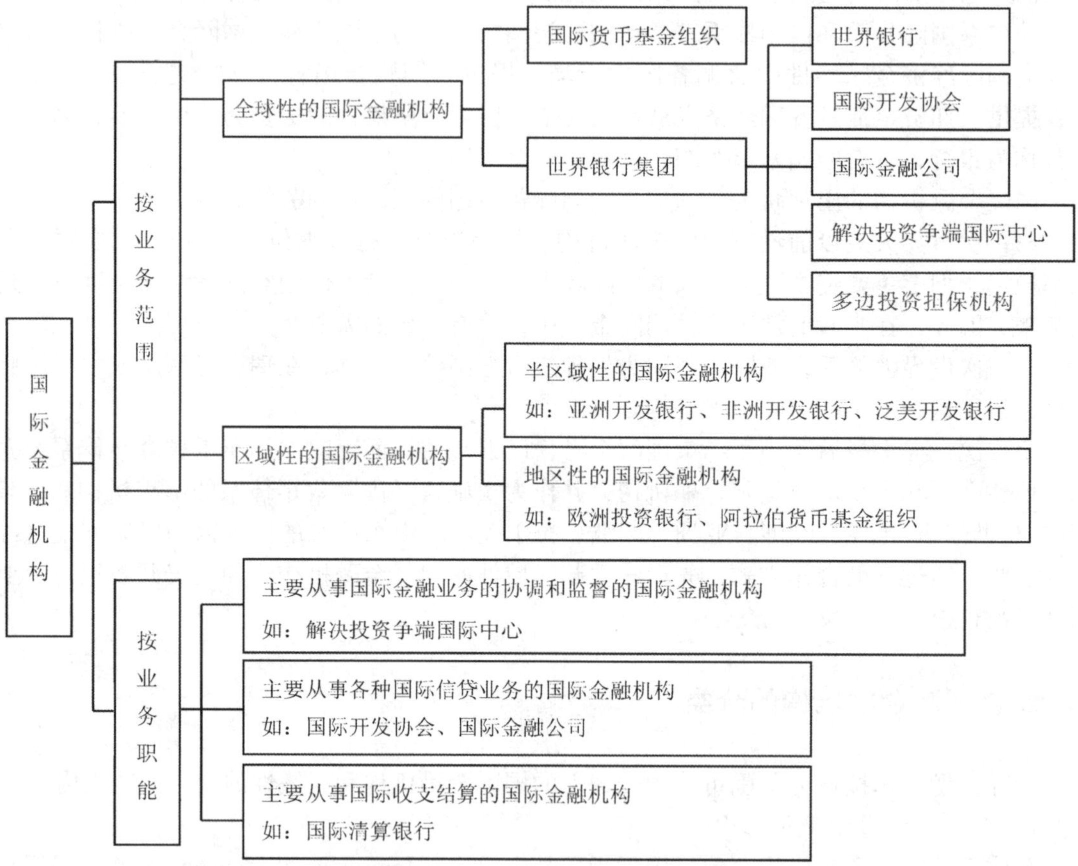

图 10－1 国际金融机构分类

三、国际金融机构的特点

1. 国际金融机构是政府间的金融组织

国际金融机构是以国家为参与单位，由各国共同组成的世界性或区域性的联合组织。在会员国派驻代表处，会员国参加国际金融机构活动有年会和临时性的磋商会议。

2. 国际金融机构是股份公司式的企业组织形式

国际金融机构是由会员国共同出资、共同管理，按照股份制形式经营的经济实体，在组织机构、入股方式和资金来源等方面与股份制企业极为相似。国际金融机构的决定权与会员国的出资有关，出资最多的国家委派代表组成执行董事会管理日常的经营业务。

四、国际金融机构的作用与制度缺陷

国际金融机构在协调国际经济矛盾和加强金融合作方面起着重要的作用。国际金融机构的建立对协调各国的货币金融关系、贯彻国际货币制度、调节各国的国际收支、稳定汇率、监督各国的财政货币政策、促进国际金融合作具有重要作用。

1. 积极作用

（1）对会员国提供短期资金，解决国际收支逆差，在一定程度上缓和国际支付危机。

（2）提供长期发展建设资金，促进发展中国家经济的发展。

（3）促进国际经济，特别是金融事务的协调与合作。

（4）调节国际清偿能力，特别是国际货币基金组织提供的普通提款权和特别提款权，增强了会员国的偿债能力，适应了世界经济发展的需要。

（5）稳定汇率，促进国际贸易和国际投资的增长。

2. 制度缺陷

（1）国际金融机构的领导权掌握在少数发达国家手里，在国际金融机构里也存在霸权主义。

（2）国际金融机构对发展中国家提供贷款的条件过于苛刻。

（3）国际金融机构的贷款有时有干涉他国经济主权之嫌。

【任务互动】

IMF 批准向希腊发放 17 亿欧元救助贷款

2013 年 7 月 29 日，国际货币基金组织（IMF）宣布，在完成针对希腊的第四轮经济评估后，批准向这个陷入主权债务危机的欧元区国家发放 17 亿欧元（约合 23 亿美元）救助贷款。

这笔款项是国际货币基金组织、欧盟等国际救援方去年达成的总额 1 300 亿欧元（约合 1 700 亿美元）希腊救助计划的一部分。希腊在上周批准了国际债权人所要求的、作为获得新一笔援助贷款条件的最后一项法案。

IMF在声明中说，因为相关数据尚未公布，IMF放弃使用希腊原本在6月底须达到的3项改革标准，其中包括政府债务和政府国内欠款总额，同时修改了希腊政府在9月底须达到的推进私有化项目的目标。

该组织总裁拉加德当天说，希腊在削减财政赤字和解决外部失衡方面取得了成果，但在制度和结构性改革上还需付出更多努力，深化公共部门改革对完成财政整顿至关重要。

国际货币基金组织和欧盟等国际救援方于2012年3月通过了针对希腊的第二轮资金救助协议，同时把希腊实施一系列紧缩和改革措施作为发放贷款的条件。

问题：请查阅有关资料，分析希腊本次获得IMF贷款的经济背景。从IMF批准向希腊发放17亿欧元救助贷款中，可以看出IMF在成员国经济发展中起到什么作用？

分析：（1）希腊陷入主权债务危机。

（2）为成员国提供资金融通，在一定程度上缓和国际支付危机，稳定汇率，促进经济发展。

项目2　国际货币基金组织

一、国际货币基金组织的创立与发展

国际货币基金组织（IMF）是根据1944年7月在布雷顿森林会议签订的《国际货币基金协定》，于1945年12月27日在华盛顿成立的，总部设在美国首都华盛顿。

国际货币基金组织是在国际合作的基础上，为协调国际货币政策，加强货币合作而建立的政府间的国际金融机构，它是联合国的一个专门机构。

国际货币基金组织的会员国分为创始会员国和一般会员国两类。凡是参加1944年布雷顿森林会议，并于1945年12月31日以前在协定上签字正式参加的国家为创始会员国，而在此以后参加的国家为一般会员国，两种会员在法律上享受平等的权利和义务。国际货币基金组织的创始会员国为39个；20世纪60年代后，广大亚非拉发展中国家纷纷独立，参加IMF的国家越来越多，截至2014年3月已发展到188个会员国。我国是其创始会员国之一，由于历史等各方面的影响，1980年4月该组织又恢复了我国的合法席位。

二、国际货币基金组织的宗旨

国际货币基金组织的宗旨是促进成员国在国际货币问题上的磋商与协作；促进汇率的稳定和有秩序的汇率安排，从而避免竞争性的汇率贬值；为经常项目收支建立一个多边支付和汇兑制度，消除外汇管制；提供资金融通，缓解国际收支不平衡；促进国际贸易的发展，实现就业和实际收入水平的提高及生产能力的扩大。

国际货币基金组织的使命，是为陷入严重经济困境的国家提供协助。对于出现严重财政赤字的国家，基金组织可能提出资金援助，甚至协助管理国家财政，受援助国需要进行改革。

三、国际货币基金组织的机构

国际货币基金组织由理事会、总裁、执行董事会和业务机构组成。

理事会是国际货币基金组织的最高权力机构，由会员国各派一名理事和副理事组成；总裁由执行董事会推选，负责基金组织的业务工作，为最高行政领导人；执行董事会是国际货币基金组织处理日常业务的常设机构，行使理事会委托的一切权力；执行董事会下设16 个职能部门，负责日常业务活动。

在理事会和执行董事会间还另设两个委员会，临时委员会被看作国际货币基金组织的决策和指导机构；发展委员会是国际货币基金组织与世界银行向发展中国家转移实际资源的部长级委员会。

国际货币基金组织机构如图 10 – 2 所示：

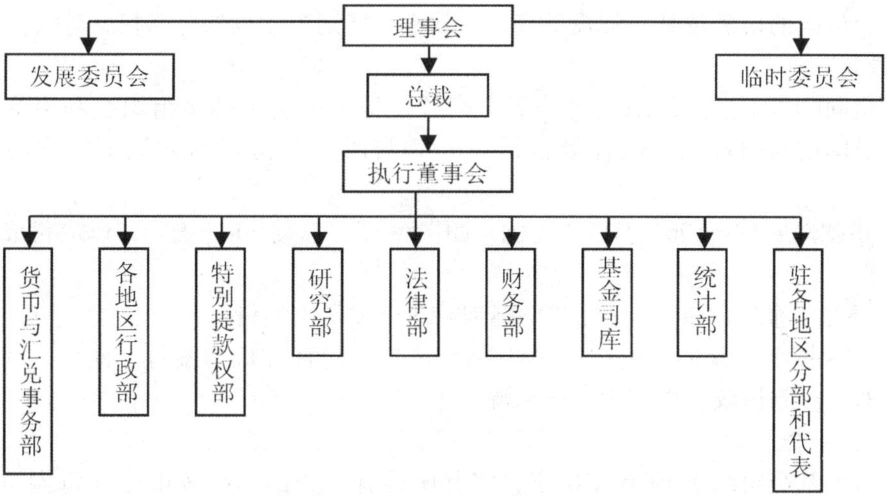

图 10 – 2　国际货币基金组织结构图

【任务互动】

查阅资料，找出关于国际货币基金组织的一些基本信息。

分析： 总部：美国华盛顿特区

成员国：188 个国家

执行董事会：24 位执行董事，分别代表一个国家或一组国家

工作人员：约 2 600 名工作人员，来自 142 个国家

总份额：3 680 亿美元（截至 2014 年 3 月 6 日）

（资料来源：http：//www. imf. org/external/np/exr/facts/chi/glancec. pdf）

四、国际货币基金组织的资金来源

国际货币基金组织的资金主要来源于会员国所缴纳的基金份额、借款和信托基金三个方面。

1. 基金份额

基金份额是国际货币基金组织最主要的资金来源。参加国际货币基金组织的每一个会员国都要认缴一定的基金份额。基金份额的确定与会员国的利益密切相关，因为会员国投票权的大小和向基金组织取得贷款权利的大小取决于一国份额的大小。会员国参加国际货币基金组织时必须向其认缴一定的份额，它在性质上相当于股份公司的入股金。应缴份额的多少，根据各会员国黄金外汇储备、国民收入和对外贸易额的大小及变化，由国际货币基金组织与会员国磋商后确定。份额的计算单位最初为美元，1969 年又创设“特别提款权”的货币（记账）单位。

对于一个会员国来讲，基金份额不仅决定了它加入国际货币基金组织时应缴纳的款项数额，还决定了它在国际货币基金组织的投票权、借款权和特别提款权的分配权。一般而言，一个会员国的份额越高，其投票权、借款权和特别提款权的分配权就越大。

2. 借款

借款是国际货币基金组织的另一资金来源，是国际货币基金组织在和会员国的协商下，向会员国借入的资金。这种借款是在 IMF 与成员国协议的前提下实现的，主要形式有：

（1）借款总安排：1962 年与“七国集团”签订，总额 60 亿美元，以应付成员国临时性困难。

（2）补充资金贷款借款安排：1979 年与 13 个成员国签订。

（3）扩大资金贷款借款安排：1981 年 5 月与一些官方机构签订。此外，IMF 还与成员国签订双边借款协议，以扩大资金来源。

3. 信托基金

国际货币基金组织于 1976 年决定，将其所持有黄金的 1/6 按市价（每盎司 42.22 美元）分 4 年出售，所得利润作为建立“信托基金”的资金来源，以向最贫穷的会员国提供贷款。

【知识链接】

什么是信托基金？

信托基金也叫投资基金，是指通过契约或公司的形式，借助发行基金券（如收益凭证、基金单位和基金股份等）的方式，将社会上不确定的多数投资者不等额的资金集中起来，形成一定规模的信托资产，交由专门的投资机构按资产组合原理进行分散投资，获得的收益由投资者按出资比例分享，并承担相应风险的一种集合投资信托制度。它是一种“利益共享、风险共担”的集合投资方式。

五、国际货币基金组织的主要业务活动

国际货币基金组织最初创立的目的是作为一个核心机构来维护布雷顿森林体系的顺利运行。其业务活动主要是汇率监督及政策协调、储备资产创造、对国际货币问题进行磋商与协商以及对出现国际收支赤字的国家提供短期资金融通，提供各种培训和咨询服务。

（一）汇率监督与政策协调

布雷顿森林体系要求保证有秩序的固定汇率安排，因此，维持汇率稳定成为国际货币基金组织的主要活动之一。在布雷顿森林体系下，国际货币基金组织对会员国的汇率进行直接管理和监督，并对会员国的宏观经济政策进行检查和协调，从而保证有秩序的固定汇率安排。

在浮动汇率制度下，会员国调整汇率不需要征求国际货币基金组织的同意，国际货币基金组织不再对会员国的汇率进行直接管理，但仍然有权对会员国的汇率制度进行监督和评估，并就会员国的内外政策对国际收支、国民经济增长、财政稳定和就业的影响进行全面评估。

【任务互动】

请查阅资料，找出近年来国际货币基金组织在“监督磋商”活动方面的数据。

分析：2011 年进行了 122 次磋商；2012 年进行了 123 次磋商。

（二）贷款业务

根据国际货币基金组织协定，向会员国的财政部、中央银行、外汇平准基金等政府机构提供贷款是国际货币基金组织最主要的业务活动。

1. 国际货币基金组织贷款的形式

（1）普通贷款。亦称普通提款权，是 IMF 最基本的贷款中，期限不超过 5 年，主要用于解决会员国一般国际收支逆差的短期资金需要。贷款最高额度为基金份额的 125%。普通贷款分为储备部分贷款和信用部分贷款。

（2）出口波动补偿贷款。设立于 1963 年 2 月，最初规定，当成员国受自然灾害等无法控制的客观原因的影响而造成初级产品出口收入下降，从而发生国际收支困难时，在原有的普通贷款以外，可另行申请此项专用贷款。1981 年 5 月又规定，当成员国粮食进口价格超过前 5 年的平均价格而造成国际收支困难时，也可申请补偿贷款。该贷款最高限额为成员国份额的 100%，贷款期限为 3～5 年。1988 年 8 月，IMF 再次通过了一个修改方案，将应急机制结合进原来的补偿贷款，并把贷款名称更改为补偿与应急贷款。成员国在执行 IMF 支持的经济调整计划中，如遇突发性、临时性的经济因素而造成经常项目收支偏离预期调整目标时，可申请该项贷款。

（3）缓冲库存贷款。设立于1969年6月，是一种为帮助初级产品出口国家维持库存从而稳定物价而发放的贷款。贷款的额度最高为成员国份额的50%，期限为3～5年。

（4）中期贷款。又称扩展贷款，是基金组织于1974年设立的一种贷款，用于解决会员国由于经济方面的影响而引起的期限较长的国际收支逆差问题。贷款额度最高为基金份额的140%。这种贷款与普通贷款两项总额不得超过借款国份额的165%。

（5）补充贷款。设立于1977年4月，目的是帮助成员国解决庞大的、持续的国际收支逆差问题。贷款期限为3年半至7年，最高借款额为成员国份额的140%。1981年4月，该贷款全部承诺完毕。1985年5月，IMF实施扩张借款政策，提供扩大贷款，其目的和内容与补充贷款相似。该政策规定，贷款额度最高为一年不超过份额的95%，或3年不超过份额的280%。

（6）石油贷款。这是1974年6月至1976年5月期间，专门为解决因中东战争后石油涨价而引起的国际收支困难的资金需要而设立的一种临时性贷款。贷款期限为3～7年。限额最高为基金份额的125%。石油贷款于1976年5月全部贷出。

（7）信托基金贷款。设立于1976年1月，用于援助低收入的发展中国家。低收入发展中国家的标准是：1973年人均国民收入不足300特别提款权单位。此项贷款现已结束。

【任务互动】

猜一猜：截至2014年3月，向国际货币基金组织贷款最大的国家可能有哪些？最大的预防性贷款国家又有哪些？

分析：最大的借款国（依据截至2014年3月6日的批准数额）：希腊、葡萄牙、爱尔兰。最大的预防性贷款国（依据截至2014年3月6日的批准数额）：墨西哥、波兰、摩洛哥和哥伦比亚。

2. 国际货币基金组织贷款的特点

（1）贷款对象：限于会员国政府，对私人企业、组织概不提供贷款；

（2）贷款用途：仅限于解决暂时性的国际收支不平衡问题，一般只用于贸易和非贸易的经常项目的支付；

（3）贷款方式：限于用本币向基金组织提取或购买外汇或特别提款权；

（4）贷款无论使用什么货币均以特别提款权计值、计息。特别提款权的价值每日确定；

（5）国际货币基金组织的贷款是有政策条件的：借款国必须采取能够纠正其国际收支问题的政策，会员国与基金组织必须和需要采取的经济政策行为达成一致。国际货币基金组织还根据借款国实现其预定政策承诺的情况分期拨款。

【任务互动】

IMF 将考虑向乌克兰提供 170 亿美元救助贷款

2014 年 3 月底，IMF 与乌克兰临时政府达成一项初步协议，同意向乌克兰提供至多 180 亿美元紧急贷款，帮助乌克兰避免财政崩溃。作为交换，乌克兰必须推行经济改革，其中包括削减预算、提高天然气价格和其他措施，这些改革将进一步收紧该国脆弱的经济。

据中新网 2014 年 4 月 24 日电，国际货币基金组织理事会将考虑启动 170 亿美元乌克兰救助计划。计划出台后，IMF 工作人员首先检查乌克兰临时政府是否满足 IMF 提供紧急贷款的前提条件。如果 IMF 理事会批准了救助计划，则美国和欧洲此前承诺提供的另外 100 亿美元援助也将解冻，将国际救助总额推升至 270 亿美元。

问题：请查阅有关资料，分析乌克兰本次获得 IMF 贷款的经济背景。IMF 将考虑向乌克兰提供 170 亿美元救助贷款的条件是什么？该条件有何用意？

分析：（1）乌克兰陷入经济危机；乌克兰临时政府在满足 IMF 提供紧急贷款的前提条件下，必须推行经济改革，包括削减预算、提高天然气价格和其他措施。

（2）国际货币基金组织受美国的控制，美国企图通过实质性经济制裁手段，减少乌克兰从俄罗斯进口天然气的数量，从而削弱乌克兰与俄罗斯的国际关系，并希望乌克兰加入欧盟和北约，增强美国在欧洲的势力。

（三）储备资产创造

国际货币基金组织在其 1969 年的年会上正式通过了“十国集团”提出的特别提款权方案，决定创设特别提款权以补充国际储备的不足。SDRs 作为国际货币基金组织创设的一种储备资产，代表会员国在普通提款权以外一种使用资金的特别权利。SDRs 由国际货币基金组织根据各会员国在国际货币基金组织的份额进行分配，分配后即成为会员国的储备资产。

（四）提供培训、咨询等服务

为提高会员国有关专业人员的素质，国际货币基金组织帮助会员国组织人员培训，编辑、出版各种世界经济及国际金融专题的刊物和书籍；此外，国际货币基金组织还积极搜集世界各国的经济、金融信息，并以委派代表团的形式，向会员国提供有关国际收支、货币、银行、财政、外贸、外汇等方面的咨询和技术援助。

【任务互动】

查阅资料，找出 2013 年国际货币基金组织关于提供技术援助的数据。

分析：2013 财年，国际货币基金组织提供了 246 人/年的技术援助。

项目3　世界银行集团

世界银行集团（World Bank Group，WBG）共包括五个成员组织：国际复兴开发银行（International Bank for Reconstruction and Development，IBRD，简称世界银行）、国际开发协会、国际金融公司、解决投资争端国际中心和多边投资担保机构。其中前三个机构为集团的主要业务机构。

一、世界银行

（一）世界银行的创立与发展

世界银行又称"国际复兴开发银行"，是根据1944年7月布雷顿森林会议通过的《国际复兴开发银行协定》，于1945年12月27日与国际货币基金组织同时成立的另一个国际金融机构，也属于联合国的一个专门机构。世界银行于1946年6月25日正式开始营业。

世界银行按股份公司的原则组建，成立初期，世界银行法定资本约为100亿美元，全部资本为10万股，每股10万美元（后改为10万特别提款权）。凡是会员国均要认购银行的股份，认购额由申请国与世界银行协商并经世界银行董事会批准。一般来说，一国认购股份的多少根据该国的经济实力，同时参照该国在国际货币基金组织缴纳的份额大小而定。会员国认购股份的缴纳有两种方法：一是会员国认购的股份，先缴20%。其中2%要用黄金或美元缴纳，18%用会员国本国的货币缴纳。二是会员国认购的另外80%的股份，当世界银行催交时，用黄金、美元或世界银行需要的货币缴付。

世界银行的重要事项都需会员国投票决定，投票权的大小与会员国认购的股本成正比，与国际货币基金的有关投票权的规定相同。世界银行每一会员国拥有250票基本投票权，每认购10万美元的股本即增加一票。

世界银行总部设在华盛顿，并在纽约、日内瓦、巴黎、东京等地设有办事处。世界银行初创时有39个会员国，发展到2012年3月共有会员国187个。1980年5月，中国在世界银行的合法席位得到恢复。1981年起中国开始借用该行资金。世界银行与国际货币基金组织联系紧密，两者共同协作，互相配合。按规定，凡参加世界银行的国家必须是国际货币基金组织的会员国，但国际货币基金组织的会员国不一定都加入世界银行。

【知识链接】

世界银行主要成员国认购的股份与投票权

世界银行会员国中美国认购的股份最多，有投票权226 178票，占总投票数的17.37%，对世界银行事务与重要贷款项目的决定起着重要作用。我国认购的股金为42.2亿美元，有投票权35 221票，占总投票数的2.71%。2010年4月25日，世界银行发展委员会春季会议通过了发达国家向发展中国家转移投票权的改革方案，这次改革使中国在世界银行的投票权从2.77%提高到4.42%，成为世界银行第三大股东国，仅次于美国和日本。

（二）世界银行的宗旨

根据《国际复兴开发银行协定》，世界银行的主要任务是向成员国提供长期贷款，协助发展中国家发展生产、开发资源等，其宗旨是：

（1）为用于生产目的的投资提供便利，协助会员国的经济复兴以及生产的发展和资源的开发；

（2）促进私人对外贷款和投资；

（3）鼓励国际投资，开发会员国的生产资源，促进国际贸易的长期平衡发展，维护国际收支的平衡；

（4）在贷款、担保或组织其他渠道的资金中，保证重要项目或在时间上紧迫的项目，不管大小都能优先安排。

（5）在业务中适当照顾各会员国国内工商业，使其免受国际投资的影响。

【知识链接】

世界银行设定的目标：建立一个没有贫困的世界

世界银行为全世界设定了到2030年要实现的两大目标：一是终结极度贫困，将日均生活费低于1.25美元的人口比例降低到3%以下。二是促进共享繁荣，促进每个国家底层40%人口的收入增长。

每时每刻，世界各地的人们都在从事以提高生活水平和减少贫困为目标的发展项目。2011财年，世界银行向发展中国家的303个项目提供了469亿美元的资金，同时也利用世界银行的财务和技术专长帮助这些国家减少贫困人口。2012财年，世界银行通过国际开发协会对发展中国家的贷款总额超过350亿美元。

当前，世界银行几乎在各行各业和所有发展中国家参与了1 800多个项目。这些项目内容丰富多样，包括在波黑提供小额信贷、提高几内亚的艾滋病预防意识、支持孟加拉国的女童教育、改进墨西哥的医疗服务、帮助东帝汶独立后的重建、帮助印度在大地震后重建古加拉特邦等。

（资料来源：http：//www. shihang. org/zh/about/what-we-do）

（三）世界银行的组织机构

世界银行的组织管理机构由理事会、执行董事会、行长和业务机构组成。

理事会是世界银行的最高权力机构，由每一会员国选派理事和副理事各一人组成。任期5年，可以连任。理事会的主要职权包括：批准接纳新会员国；增加或减少银行资本；停止会员资格；决定银行净收入的分配以及其他重大问题。理事会每年举行一次会议，一般与国际货币基金组织的理事会联合举行。

执行董事会是世界银行负责组织日常业务的机构，行使由理事会授予的职权。按照世界银行章程规定，执行董事会由 22 名执行董事组成，其中 5 人由持有股金最多的美国、日本、英国、德国和法国委派。另外 17 人由其他会员国的理事按地区分组选举。我国和沙特阿拉伯由于拥有一定的投票权，均可自行单独选举一位执行董事。

行长、若干副行长、局长、处长、工作人员等组成世界银行行政管理机构。行长由执行董事会选举产生，是银行行政管理机构的首脑。他在执行董事会的有关方针政策指导下，负责银行的日常行政管理工作，任免银行高级职员和工作人员，同时兼任执行董事会主席，但没有投票权。只有在执行董事会表决中双方的票数相等时，他才可以投关键性的一票。

（四）世界银行的资金来源

世界银行的资金来源主要有以下四个方面：会员国缴纳的股金、借款、出让债权及利润收入。

1. 会员国缴纳的股金

世界银行是按股份公司的原则建立的。每个会员国加入都必须认购该行的股份。世界银行建立时，法定资本约为 100 亿美元，各会员国认缴股金总额为 76 亿美元，实缴股金为认缴股金的 20%（其中 2% 以黄金或美元缴纳，18% 以本国货币支付），其余 80% 为待催缴股金，在必要时缴纳。截至 2002 年 6 月 30 日，该行的各会员国认缴股金总额为 2 107 亿美元。

2. 借款

借款是世界银行的主要资金来源。由于银行的实缴股本比例较低，自有资本有限，不能满足其业务发展的需要，因此，向国际金融市场借款，特别是在国际债务市场发行债券筹措资金就成为其主要的资金来源渠道：其一，直接向会员国政府、政府机构或中央银行发行中短期债券；其二，通过投资银行、商业银行等中间包销商向私人投资市场发行债券，筹集期限较长的资金。近年来，后一种方式的比重不断提高，约占总额的 3/4。

3. 出让债权

世界银行将贷出款项的债权转让给私人投资者（主要是商业银行），以收回一部分资金，扩大银行的资金周转能力。这种方式在 20 世纪 80 年代后的世界银行业务中越来越普遍。

4. 利润收入

世界银行每年都有相当可观的营业利润，仅 1988 年就达 10 亿美元。这笔资金收入不分配给股东，除以赠款形式拨给国际开发协会和撒哈拉以南非洲地区的特别基金款项外，其余部分均留作准备金，作为世界银行的一个资金来源。

（五）世界银行的主要业务活动

世界银行的主要业务活动有三个方面：发放贷款、技术援助和提供担保。

1. 向会员国提供中长期贷款

向会员国提供中长期贷款是世界银行最主要、最大量的业务。世界银行成立之初，主要向欧洲发达国家发放战后复兴经济贷款。1948 年以后，贷款重点开始转向亚、非、拉等发展中国家。世界银行向其提供开发性贷款，资助其兴办特定的长期建设项目，以促进其经济增长与资源开发。

世界银行贷款的方向受该行总的贷款政策的影响，20 世纪 70 年代以前，贷款的 2/3 都得用于资助基础结构方面的项目，特别是运输和电力。70 年代以后，贷款部门结构发生了显著变化，从基础结构转向更广泛的发展目标，将优先发展的重点放在农业和农村项目上。同时，对小型企业、教育、卫生、保健与营养、人口、城市发展和给排水等项目增加了投资。自 1980 年以来，又增设了结构调整贷款。近年来，世界银行着重对能源项目（石油、天然气、电力等）扩大了贷款的数额。同时，为了应对全球经济危机，世界银行加强了贷款能力，并于 2009 年 4 月批准对资金支持机制进行重大调整，2010 年和 2011 年又进行了进一步改革。世界银行改善了贷款工具，以便向具有稳健经济基本面、政策和体制框架的成员国提供灵活的危机预防工具。借助黄金出售的意外收入，世界银行将贷款限额提高了一倍，并增加了对最贫穷国家的贷款，这些贷款在 2014 年底之前是无息的。

【知识链接】

世界银行的贷款特点

（1）期限较长，一般为数年，最长可达 30 年，平均约为 17 年，宽限期为 4 年左右；

（2）贷款利率参照资本市场利率，但一般低于市场利率；

（3）贷款必须与特定的工程项目相联系，并采取国际招标制；

（4）贷款以美元计值，以贷款当时的汇价给付，借款国必须以同样的货币还本付息，须承担该种货币与美元汇价变动的风险，同时贷款要求按期归还；

（5）贷款数额不受会员国份额的限制，有一定的优越性；

（6）非军事性和非政治性。世界银行不会对军事项目和以政治为目的的项目提供贷款。

2. 技术援助

世界银行向会员国提供技术援助也是其业务活动之一。这种技术援助往往是与它的贷款结合起来，帮助借款国进行工程项目的组织与管理，以努力提高资金使用效率。同时，世界银行还设立了一所经济发展学院（Economic Development Institute），旨在为发展中国家培训高级官员。此外，世界银行还经常帮助会员国制订社会经济发展计划，并为会员国在经济发展中遇到的某些特殊技术问题提供咨询和解决方案。

3. 提供担保

1988 年 4 月，在世界银行提议下，设立了“多边投资担保机构”。该机构主要为私人投资者提供担保，以保障和鼓励私人到发展中国家去投资。该机构的设立，进一步完善了世界银行的职能。

【任务互动】

世界银行向中国提供1.28亿美元贷款和全球环境基金赠款1 000万美元

改革开放以来，广东省特别是珠江三角洲地区经历了快速经济发展，但也付出了沉重的环境代价。珠江的许多支流，尤其是广州、深圳、佛山和东莞周围地区的水质低于5类水标准，使得该水系不适于灌溉、水产养殖和娱乐活动，同时也对南中国海及香港、澳门地区的水系造成了严重污染。

2004年6月8日，世界银行执行董事会已批准向中国提供世行贷款1.28亿美元和全球环境基金赠款1 000万美元。这笔贷款主要用于改善广州市污水处理和收集系统，并为广州城区建设和运营一个有毒有害废弃物处理和处置设施，以应对珠江三角洲和南中国海地区的环境挑战。

问题：(1) 我国本次获得的贷款主要用于哪类建设项目？

(2) 近年来，世界银行贷款业务主要支持哪些行业？

分析：(1) 环境改善。

(2) 能源、环境等行业。

二、国际开发协会

(一) 国际开发协会的建立及宗旨

国际开发协会（IDA）是世界银行的一个附属机构，于1960年9月24日正式成立，同年11月开始工作，总部设在华盛顿。该协会以向经济落后的发展中国家提供长期优惠贷款为主旨。该协会的会员国仅限于世界银行的会员国，但世界银行的会员国不一定都必须参加国际开发协会。到目前，共有会员国184个。

国际开发协会的宗旨是：对落后国家给予条件较宽、期限较长、负担较轻并可用部分当地货币偿还的贷款，以促进其经济的发展和居民生活水平的提高。

(二) 国际开发协会的组织机构

国际开发协会的组成方式与世界银行相同，它的最高权力机构是理事会，下设执行董事会，负责日常业务工作。协会的正副理事、正副执行董事由世界银行的正副理事、正副执行董事兼任，经理、副经理也由世界银行的行长、副行长兼任。办事机构各部门的负责人也都是由世界银行相应部门的负责人兼任。可以说它和世界银行是两块牌子，一套人马。

会员国的投票权的大小与会员国认缴的股本成正比。协会成立初期规定，每个会员国拥有基本投票权500票，另外每认缴股金5 000美元增加1票。随后在协会第四次补充资金时，每个会员国有3 850基本票，另外每认缴25美元再增加1票。美国认缴的股本最大，投票权最多。

（三）国际开发协会的资金来源

国际开发协会的资金来源有以下四条渠道。

1．会员国认缴的资本

协会规定法定资本为10亿美元，其中美、英、德、法、日等第一组工业发达国家为7.6亿美元，以黄金或自由外汇缴纳；亚、非、拉等第二组发展中国家为2.5亿美元，10%用黄金或自由外汇缴纳，其余90%用本国货币缴纳。后来又多次增资，自成立以来，会员国认缴资本总额达960亿美元。

2．世界银行的拨款

从1964年起，世界银行每年从其净收入中拨给协会一部分资金，作为其资金来源。

3．协会本身业务经营的利润

由于国际开发协会的贷款十分优惠，所以这部分款项为数甚少。

4．会员国提供的补充资金和特别基金捐款

由于会员国认缴的资本有限，与会员国对信贷的需求相距甚远，同时又由于该协会规定不得依靠在国际金融市场发行债券来筹集资金，所以，协会不得不要求会员国（主要是第一组发达国）政府定期提供补充资金，一般三年一次。此外，有些会员国在必要时还向协会提供特别基金捐款。

（四）国际开发协会的主要业务活动

国际开发协会的主要业务活动是向较贫穷落后的发展中国家提供长期优惠性贷款。这种贷款的特点是：

（1）贷款对象限于人均国民收入低于635美元的会员国政府或公私企业，而且贷款条件非常优惠和宽松。

（2）贷款主要用于发展农业、交通、教育、能源等基础产业。

（3）贷款期限长。贷款最初可长达50年，宽限期为10年。1987年协会执行董事会通过协议，将贷款划分为两类：一是联合国确定为最不发达的国家，信贷期限为40年，包含10年宽限期；二是经济状况稍好一些的国家，信贷期限为35年，也含10年宽限期。

（4）免收利息。即对已拨付的贷款余额免收利息，只收取0.75%的手续费。

（5）信贷偿还压力小。第一类国家在宽限期过后的前两个10年每年还本2%，以后20年每年还本4%；第二类国家在第二个10年每年还本2.5%，以后15年每年还本5%。由于国际开发协会的贷款基本上都是免息的，故称为软贷款；而条件较为严格的世界银行贷款，则称为硬贷款。

【知识链接】

国际开发协会贷款与世界银行贷款的区别

国际开发协会——一个旨在改善地球上贫困人口生活条件的基金，在支持世界银行完成减轻贫困的使命中发挥着关键的作用，主要任务是向较穷的发展中国家和地区的公共工程和发展项目提供比世界银行贷款条件宽的长期贷款，通过为旨在推动经济增长和改善生活条件的方案提供无息贷款和赠款，帮助世界上最贫困的国家。国际开发协会提供的资金称信贷，世界银行则称贷款。两者的区别在于，国际开发协会的信贷条件较宽，原则上只贷给发展中国家中较穷的会员国及其所属地区，而世界银行的贷款条件比较严格。

【任务互动】

喀麦隆经济部与国际开发协会签署喀社会安全网项目贷款协议

2014年4月2日，喀麦隆社会安全网项目贷款协议在雅温得签署，喀麦隆经济部长恩加努·朱梅希·埃玛纽埃尔与世界银行地区部运营经理格列格·宾科特分别代表双方在协议上签字。

根据协议，国际开发协会将在未来五年内向喀政府提供共计250亿中非法郎贷款，用于帮助喀麦隆政府建立社会安全网国家系统和实施有利于贫困人口的汇款与公共工程试点计划，通过对农业、教育和公共工程等行业的扶持，帮助贫困人口进入生产领域。

据报道，喀麦隆社会安全网试点项目旨在通过创造有利条件和提供生产手段，使喀麦隆贫困人口最终实现具备自给自足的能力，项目将惠及喀北部大区等5个大区6.5万户乡村贫困家庭，同时将覆盖雅温得和杜阿拉5 000户城市家庭，直接受益人口达42万。

目前，喀麦隆政府出资的社会安全网项目已惠及喀全国2 000户贫困家庭，平均每户家庭在两年内每月可领取到1.5万中非法郎。

问题：2014年4月2日，喀麦隆与国际开发协会签署的贷款协议主要用于哪类工程项目建设？体现了国际开发协会什么职能？

分析：(1) 建立社会安全网国家系统和实施有利于贫困人口的汇款与公共工程试点计划。

(2) 在支持世界银行完成减轻贫困的使命中发挥着关键作用。

三、国际金融公司

1. 国际金融公司的建立及宗旨

国际金融公司（IFC），与前面的国际开发协会一样，也是世界银行的一个附属机构，正式成立于1956年7月，公司总部设在华盛顿。它是为发展中国家私营投资项目提供贷款和股本投资的最大多边渠道。按规定，只有世界银行的会员国才有资格成为公司的会员国。公司成立之初拥有会员国31个，截至目前，会员国已增加到184个。

国际金融公司的宗旨是：对发展中国家尤其是欠发达地区的重点生产性企业提供无须

政府担保的贷款与投资，通过和私人资本共同投资和提供管理与技术力量的方式，鼓励发展生产性的私人企业，以振兴这些国家的民族经济。

2. 国际金融公司的组织机构

国际金融公司的最高权力机构是理事会，下设执行董事会，负责处理日常事务。世界银行行长兼任公司总经理，也是公司的执行董事会主席。公司内部的其他机构和人员也基本由世界银行相应的机构和人员兼任。

3. 国际金融公司的资金来源

国际金融公司的资金来源主要有：

(1) 会员国股金，这是公司最主要的资金来源。公司成立时法定的资本核定为1亿美元，分为10万股，每股1 000美元。

(2) 借款。向世界银行及个别国家的贷款是公司资金的另一主要来源。此外，公司还通过国际信贷和发行国际债券筹措资金。

(3) 业务经营的净收入。由于公司业务活动主要围绕不发达国家展开，所以此项来源很有限。

4. 国际金融公司的主要业务活动

国际金融公司的主要业务是对会员国私人企业提供不需要政府担保的贷款或进行直接投资，其贷款对象主要是亚、非、拉的发展中国家。贷款方式是联合投资，提供管理，提供技术。贷款的主要用途是支持发展中会员国的制造业、加工业、开采业、金融及旅游等行业。贷款期限较长，一般为7～15年，贷款利率根据投资风险和收益大小等因素决定，一般略高于世界银行的放款利率。贷款数额一般为200万～400万美元。

【知识链接】

申请加入国际金融公司的条件

截至目前，国际金融公司共有184个成员国。申请加入国际金融公司的国家必须符合以下条件：

(1) 是世界银行（国际复兴开发银行）的成员国；

(2) 已签署国际金融公司的协议条款；

(3) 已向世界银行集团的公司秘书处交存《国际金融公司协议条款接受书》。

【案例分析】

国际金融公司向民生轮船公司贷款1 575万美元

2005年6月，重庆市副市长童小平与IFC（国际金融公司）副总裁贾布尔签署协议，IFC向民生轮船公司贷款1 575万美元（折合人民币约1.3亿元），用于建造11艘集装箱船和4艘商品车滚装船项目。这是IFC在重庆的首个贷款项目。此次获贷的1575万美元，为民生轮船公司建一批新型船舶提供了强力的资金支持。此举不仅有望使民生轮船公司这一"老字号"焕发生机，还将促进全市乃至整个西南地区的物流贸易。同时，因IFC是由联合国137个成员国出资组成的国际性组织，其经营范围主要是向发展中国家的民营企业和中小企业提供贷款及投资，所以，IFC此次进入重庆具有标志性的意义，重庆民营企业又增添了新的融资渠道。

四、解决投资争端国际中心

1. 解决投资争端国际中心的建立与宗旨

解决投资争端国际中心是根据1966年10月正式生效的《关于解决国家和其他国家国民投资争端公约》（1965年《华盛顿公约》，以下简称《公约》）成立的国际组织，其办公地点设在美国首都华盛顿的世界银行内。

解决投资争端国际中心（以下简称中心）的宗旨是：依照《公约》的规定为各缔约国的国民之间的投资争端提供调停和仲裁的便利，促进相互信任的气氛，借以鼓励私人资本的国际流动。中国于1993年1月7日递交了批准书，1993年2月6日成为中心的成员国。

2. 解决投资争端国际中心的业务程序

调解和仲裁是中心的两种业务程序。按《公约》规定，在调解程序中，调解员仅向当事人提出解决争端的建议，供当事人参考。而在仲裁程序中，仲裁员作出的裁决具有约束力，当事人应遵守和履行裁决的各项条件。《公约》实际上是为了保障资本输出国（多为发达国家）海外投资者的利益，它尽可能把本来属于东道国的管辖权，转移给中心这一国际组织。由于这一方面及其他各种因素的影响，自中心成立以来，其受理的业务很少。

五、多边投资担保机构

（一）多边投资担保机构的建立及宗旨

多边投资担保机构（MIGA）成立于1988年，是世界银行集团里成立时间最短的机构，于1990年签署第一笔担保合同。

多边投资担保机构的宗旨是：向成员国私人投资者提供政治风险担保，包括征收风险、货币转移限制、违约、战争和内乱风险担保，并向成员国政府提供投资促进服务，加强成员国吸引外资的能力，从而推动外商的直接投资流入发展中国家。

（二）多边投资担保机构的主要业务活动

承保非商业性风险和提供促进性与咨询性服务是多边投资担保机构的两项主要业务。

1. 承保非商业性风险

承保非商业性风险是多边投资担保机构的主要业务，也是多边投资担保机构实现其宗旨的重要手段。多边投资担保机构的投资保险业务并不与各国的官方投资保险机构产生竞争，而是起到"拾遗补阙"的作用。由于官方投资保险机构容易受本国政治的影响，而且对投保项目的股权比例有限制，同时还规定承保金额的上限，所以这些都限制了官方投资保险机构的业务范围，使投资保险市场存在很大的空白。多边投资担保机构的业务恰好填补了这一空白。

2. 提供促进性与咨询性服务

多边投资担保机构通过向发展中成员国提供外国投资促进性与咨询性服务，以帮助成员国创造良好的环境，吸引外国私人的直接投资。

【案例分析】

世界银行多边投资担保机构支持乌兹别克斯坦油气开采

2012 年 7 月 16 日，乌兹别克斯坦当地媒体报道称，世界银行多边投资担保机构向法国巴黎银行提供 1.3 亿美元担保，法国巴黎银行计划向俄“卢克”石油公司提供贷款，用于建设乌兹别克斯坦坎德姆油气田及提高哈乌扎克—沙得地区油气产量。“卢克”石油公司将根据多边投资担保机构确定的社会生态稳定标准进行施工。因哈乌扎克—沙得区块临近腾格斯湖，“卢克”公司为此制订了保持腾格斯湖湿地生物多样性的计划。

“卢克”公司与银行国际财团于 2012 年在塔什干签署了关于吸引 5 亿美元贷款的协议。多边投资担保机构向投资者提供多重保护，并倾向为重要的生态社会型项目提供担保，担保期为 3～20 年。该机构担保与世界银行担保不同，无须被担保国政府回馈投资。

（资料来源：中华人民共和国商务部网站）

项目 4　国际清算银行

一、国际清算银行的创立与宗旨

国际清算银行成立于 1930 年 5 月 17 日，总部设在瑞士巴塞尔，被称为“央行的央行”。中国人民银行于 1984 年与国际清算银行建立业务联系，并于 1996 年 11 月正式加入国际清算银行。

国际清算银行成立之初的宗旨是：处理第一次世界大战后德国赔款的支付和解决德国的国际清算问题。1944 年，根据布雷顿森林会议精神，该行应当关闭，但美国仍将它保留下来，作为国际货币基金组织和世界银行的附属机构。此后，该行的宗旨转变为：增进各国中央银行间的合作，为国际金融业务提供额外的方便，同时充当国际清算的代理人或受托人。

二、国际清算银行的组织机构

国际清算银行是以股份公司的形式建立的，组织机构包括股东大会、董事会、办事机构。股东大会是国际清算银行的最高权力机构，由认缴该行股金的各国中央银行代表组成，每年召开一次股东大会。董事会领导该行的日常业务。董事会下设银行部、货币经济部、秘书处和法律处等具体办事机构。

三、国际清算银行的资金来源

国际清算银行的资金来源主要是会员国缴纳的股金，另外，还有向会员国中央银行的借款以及大量吸收客户的存款。

1. 成员国缴纳的股金

国际清算银行建立时，法定资本为5亿金法郎，1969年增至15亿金法郎，以后几度增资。该行股份80%为各国中央银行持有，其余20%为私人持有。

2. 借款

国际清算银行向各成员国中央银行借款，补充该行自有资金的不足。

3. 吸收存款

接受各国中央银行的黄金存款和商业银行的存款。

四、国际清算银行的主要业务

根据国际清算银行的章程的规定，国际清算银行有权进行下列业务活动：

1. 处理国际清算事务

“二战”后，国际清算银行先后成为欧洲经济合作组织、欧洲支付同盟、欧洲煤钢联营、黄金总库、欧洲货币合作基金等国际机构的金融业务代理人，承担着大量的国际结算业务。

2. 办理或代理有关银行业务

“二战”后，国际清算银行业务不断拓展，目前可从事的银行业务主要有：接受成员国中央银行的黄金或货币存款，买卖黄金和货币，买卖可供上市的证券，向成员国中央银行提供贷款或存款；其也可与商业银行和国际机构进行类似业务，但不得向政府提供贷款或以其名义开设往来账户。目前，世界上很多中央银行在国际清算银行存有黄金和硬通货，并获取相应的利息。

【任务互动】

猜一猜：国际清算银行是否办理私人业务？

分析：国际清算银行以各国中央银行、国际组织（如国际海事组织、国际电信联盟、世界气象组织、世界卫生组织）为服务对象，不办理私人业务。

3. 定期举办中央银行行长会议

国际清算银行于每月的第一个周末在巴塞尔举行西方主要国家中央银行的行长会议，商讨有关国际金融问题，协调有关国家的金融政策，促进各国中央银行的合作。

【任务互动】

猜一猜：2013 年 6 月 22 日至 23 日在瑞士巴塞尔召开的国际清算银行第 83 届股东大会上，我国出席会议的代表是谁？

分析：股东大会是国际清算银行的最高权力机构，由认缴股金的各国中央银行代表组成，每年召开一次股东大会，我国出席国际清算银行第 83 届股东大会的代表是中国人民银行行长周小川。

项目 5　亚洲开发银行

一、亚洲开发银行创立的宗旨及任务

亚洲开发银行是面向亚太地区的区域性政府间的金融开发机构，是由会员国出资合办的不以盈利而以提供经济援助为目的的半区域性国际金融机构。“二战”后，亚洲国家原本不发达的经济受到严重破坏，这些国家迫切需要通过本地区各国间的金融合作提供大量资金援助以恢复生产和发展民族经济。因此，经过多方努力，终于在 1966 年 11 月 24 日在日本东京举行第一次亚洲开发银行理事会，宣布亚洲开发银行正式成立，总部设在菲律宾首都马尼拉。

参加亚洲开发银行的，不仅有联合国亚太经社委员会的会员国和准会员国，还有亚太地区外的经济发达国家或地区。截至 2005 年 9 月，共有会员国 64 个，其中本地区 46 个，亚太地区以外的会员国有 18 个。我国于 1986 年 3 月正式加入亚洲开发银行。

亚洲开发银行的宗旨是向其会员国提供贷款和技术援助，帮助协调会员国在经济、贸易和发展方面的政策，并同联合国及其专门机构进行合作，以促进亚太地区的经济发展。

亚洲开发银行的具体任务是：

（1）为亚太地区发展中会员国或地区成员的经济发展筹集与提供资金；

（2）促进公、私资本对亚太地区各会员国或地区成员的投资；

（3）帮助亚太地区各会员国或地区成员协调经济发展政策，以更好地利用自己的资源在经济上取长补短，并促进其对外贸易的发展；

（4）向会员国或地区成员拟定和执行发展项目与规划提供技术援助；

（5）以亚洲开发银行认为合适的方式，同联合国及其附属机构，向亚太地区发展基金投资的国际公益组织，以及其他国际机构、各国公营和私营实体进行合作，并向他们提供投资与援助的机会；

（6）发展符合亚洲开发银行宗旨的其他活动与服务。

二、亚洲开发银行的组织机构

亚洲开发银行的组织形式是股份制形式，凡是会员国都必须认缴该行的股份。认股越多，投票权相应也越多。按照亚洲开发银行章程，每个会员国均拥有基本投票权 778 票，每认缴 1 万美元可另外增加 2 票。

亚洲开发银行的组织机构由理事会、董事会和亚洲开发银行总部组成。

理事会是亚洲开发银行的最高权力机构，由各会员国或地区指派理事和副理事各 1 名组成，理事大多由会员国的财政部部长或中央银行行长担任。理事会主要负责接纳新会员国、确定银行股本、修改银行章程、选举董事和行长等职责。董事会是亚洲开发银行日常业务的领导机构，行使由亚洲开发银行章程和理事会赋予的权力。董事会的最高领导是董事会主席，由亚洲开发银行行长担任。行长是亚洲开发银行的合法代表和最高行政长官，在董事会的指导下处理日常业务并负责亚洲开发银行官员和工作人员的任命和辞退，行长必须是本地区会员国的公民，自建行以来一直由日本人担任。总部是亚洲开发银行的执行机构，负责亚洲开发银行的业务经营，除总部以外，亚洲开发银行还在一些借款多的国家和地区设立常驻代表处。

【任务互动】

猜一猜：各国际金融机构历任总裁来自哪些国家？

分析：根据不成文规定，IMF 的总裁来自欧洲，世界银行的主席来自美国，亚洲开发银行的行长来自日本。

三、亚洲开发银行的资金来源

亚洲开发银行的资金主要来源于普通资金、开发基金和技术援助特别基金三个方面。此外，亚洲开发银行还从其他资金渠道为项目安排联合融资。1988 年又建立了日本特别基金。

（一）普通资金

普通资金用于亚洲开发银行的硬贷款业务。这是亚洲开发银行进行业务活动最主要的资金来源。普通资金来源于亚洲开发银行的股本、借款、储备金、净收益和预交股本等。

1．股本

亚洲开发银行建立时法定股本为 10 亿美元，分为 10 万股，每股面值 1 万美元，每个会员国或地区成员都须认购股本。亚洲开发银行开始建立时，亚太地区与亚太地区以外的会员国或地区成员认缴股本的办法不同。地区和非本地区会员国的认缴额有不同的确定方法：其中本地区会员国的认缴额由计算分配的方式确定，在计算过程中主要考虑该国人均国内生产总值水平、财政收入和出口额等因素，另外，允许会员国在其配额的基础上自愿增加认购额。非本地区会员国的认缴主要根据各自的对外政策和对多边机构资助预算的分配进行谈判确定。新接纳会员国的认缴股本由亚洲开发银行理事会确定。首批股本分为实缴股本和待缴股本，两者各占一半。实缴部分股本分五次缴纳，每次交20%。其中，每次缴纳金额的50%用黄金或可兑换货币支付，另外50%以本国货币支付。待缴部分只有当亚洲开发银行对外借款以增加其普通资本或为此类资本做担保而产生债务时才催交。会员国或地区成员支付催交股本可选择黄金、可兑换货币或亚洲开发银行偿债时需要的货币支付。亚洲开发银行的股本必要时可以增加。

2. 借款

建行初期，自有资本是亚洲开发银行发放贷款的主要资金来源。随着业务的不断发展，从1969年开始，亚洲开发银行开始从国际金融市场借款。一般情况下，亚洲开发银行多在主要国际资本市场上以发行债券的方式借款，有时也同有关国家的政府、中央银行及其他金融机构直接安排债券销售，有时还直接从商业银行贷款。

3. 储备金

亚洲开发银行理事会根据亚洲开发银行章程，每年从其业务净收益中划拨一部分作为普通储备金，到2002年底，该项资金已达25.81亿美元。亚洲开发银行对1984年3月28日以前发放的未偿的普通资金贷款，除了收取利息和承诺费用外，还收取一定数量的佣金作为特别储备金。从1985年开始，亚行已停止收取这种佣金。

4. 净收益

由提供贷款收取的利息与承诺费形成。

5. 预交股本

亚洲开发银行认缴的股本采取分期缴纳的办法，在法定认缴日期之前认缴的股本即是预交股本。

（二）开发基金

亚洲开发银行基金创建于1974年6月，主要是来自亚洲开发银行发达会员国或地区成员的捐赠，用于向亚太地区贫困国家或地区发放优惠贷款。同时亚洲开发银行理事会还按有关规定从各会员国或地区成员缴纳的未核销实缴股本中拨出10%作为基金的一部分。此外，亚洲开发银行还从其他渠道取得部分赠款。

（三）技术援助特别基金

亚洲开发银行于1967年成立了技术援助特别基金，主要用于提高发展中会员国或地区成员的人力资源素质和加强执行机构的建设。该项基金的来源为：①赠款；②亚洲开发银行理事会1986年10月1日的会议决定，在为亚洲开发基金增资36亿美元时将其中的2%拨给技术援助特别基金。

（四）日本特别基金

在1987年举行的亚洲开发银行第20届年会上，日本政府表示，愿出资建立一个特别基金。亚洲开发银行理事会于1988年3月10日决定成立日本特别基金，主要用于：

（1）以赠款的形式，资助在会员国或地区成员的公营、私营部门中进行的技术援助活动；

（2）通过单独或联合的股本投资，支持私营部门的开发项目；

（3）以单独或联合赠款的形式，对亚洲开发银行向公营部门开发项目进行贷款的技术援助部分予以资助。

四、亚洲开发银行的主要业务活动

1. 贷款

亚洲开发银行的主要业务是为本地区发展中国家提供长期贷款。亚洲开发银行贷款的重点部门是农业和农产品加工业、能源、交通运输业。贷款按条件划分，有硬贷款、软贷款和赠款三类。硬贷款的贷款利率为浮动利率，每半年调整一次，贷款期限为10~30年（2~7年宽限期）。软贷款也就是优惠贷款，只提供给人均国民收入低于670美元（1983年的美元）且还款能力有限的会员国或地区成员，贷款期限为40年（10年宽限期），没有利息，仅有1%的手续费。赠款用于技术援助，资金由技术援助特别基金提供，赠款额没有限制。贷款按方式划分有项目贷款、规划贷款、部门贷款、开发金融机构贷款、综合项目贷款、特别项目执行援助贷款和私营部门贷款等。

2. 技术援助

亚洲开发银行对会员国提供技术援助，主要包括咨询服务、派遣长期或短期专家顾问团、协助拟订和开发计划等。

3. 股本投资

亚洲开发银行自1983年起开拓了股本投资新业务。它通过购买私人企业股票或私人开发金融机构股票等形式，对发展中国家私人企业进行融资。

【案例分析】

亚洲开发银行拟向乌兹别克斯坦提供3亿美元贷款用于热电站

2014年3月29日乌兹别克斯坦当地媒体报道称，亚洲开发银行拟于2014年3季度向乌兹别克斯坦提供3亿美元贷款，用于卡拉卡尔帕克斯坦共和国塔西阿塔什热电站改造，包括新建两个25万千瓦的蒸汽装置。项目融资金额约7亿美元，其余资金来源于乌兹别克斯坦复兴发展基金和乌兹别克斯坦能源公司自有资金。塔西阿塔什热电站额定功率73万千瓦，保障乌兹别克斯坦西北地区供电。

当前，乌兹别克斯坦共有45座电站正在运行，总功率1 240万千瓦，可发电560亿~570亿千瓦时。

（资料来源：中华人民共和国商务部网站）

项目 6　我国与国际金融机构的合作

一、中国与国际货币基金组织

中国是国际货币基金组织（以下简称为 IMF）的创始国之一，但在 1980 年以前，中国在 IMF 的席位一直被台湾当局占据。1971 年，我国在联合国的合法席位得到恢复，在联合国各专门机构的合法席位也相继得到恢复。经积极交涉，1980 年 4 月 17 日，IMF 执行董事会通过决议，恢复了中国的合法席位。之后，我国在 IMF 的份额由原来的 5.5 亿特别提款权增加到 1983 年 23.9 亿特别提款权；到 2006 年 1 月，我国在该组织的份额已达 63.692 亿特别提款权，占份额总数的 2.98%；2010 年，IMF 执行董事会通过改革议案，中国的份额计划由 3.65% 升至 6.19%，位列第 3 位。美国依然是 17.398%，位列第一；日本为 6.461%，位列第二。但 2013 年 3 月 11 日，美国国会否决了这一提案。

自 1980 年以来，我国与 IMF 建立了良好的合作关系，我国与 IMF 的各种业务往来也在不断增加。双方的合作主要有以下四个方面：

1. IMF 通过提供贷款支持我国国际收支的改善

1980 年，我国宏观经济失衡，通货膨胀加剧，国际收支逆差扩大，为此，IMF 向我国提供了 4.5 亿特别提款权的第一档信贷和 3.05 亿特别提款权的信托基金贷款。我国分别于 1983 年和 1990 年全部还清这两个贷款。1986 年，我国再次向 IMF 借入5.977 25亿特别提款权的第一档信贷，从而促进了我国经济的稳定增长，该借款亦于 1991 年还清。

2. IMF 通过提供多次技术援助与人员培训，帮助我国提高管理技术水平

在 IMF 的援助下，我国已在建立外债管理指标与统一监测制度、改进国际收支编制方法、加强中央银行作用、推进税制改革及完善税收管理等方面，取得了明显的进步。

3. 我国也定期与 IMF 磋商与交流

例如，向 IMF 提供我国国民经济统计数字，介绍我国的经济发展状况和政策意向，让世界进一步了解中国；1980 年 11 月、1986 年 11 月和 1990 年 1 月，我国先后与 IMF 举办大型学术研讨会；1997 年 9 月还在中国香港特别行政区召开了 IMF 和世界银行的年会。这些会议就各国宏观经济管理和经济增长，IMF 的地位、作用及其改革，以及中国银行业务、防范金融危机等重要问题进行了讨论，并产生了积极影响。

4. 我国按 IMF 要求进一步改善投资环境，并参与 IMF 的实际救援工作

1994 年，我国推出了汇制改革与货币自由兑换的政策，并于 1996 年实现了货币在经常项目下可兑换。1997 年，东南亚发生货币危机后，我国从大局出发，坚持人民币汇率不贬值的政策，并积极参与了在 IMF 框架下对亚洲金融危机的资金援助计划。这些举措受到了 IMF 及其他成员国的普遍赞扬。

通过参加历届基金组织年会，我国在了解世界的同时，也使世界了解了中国。IMF 是我国阐述国际经济和国际金融立场的重要讲坛，这对国际社会正确了解中国起到了积极作

用。另外，我国通过对国际金融事务的积极参与，不但扩大了与世界各国的联系，也增强了我国在国际政治经济中的地位。

【任务互动】

美国是IMF的最大股东，具有17.69%的份额，中国仅占4%，显然不能准确反映中国在世界经济中日益增强的重要地位。IMF这种以经济实力划分成员国发言权和表决权的做法与传统国际法的基本原则显然是背离的，从而引起了不少国家尤其是发展中国家的不满。2010年，IMF执行董事会通过改革议案，中国的份额计划由3.65%升至6.19%，位列第3位，这意味着超过6%的份额将从代表性过高的成员国转移到代表性不足的新兴市场和发展中国家。但2013年3月11日，美国国会否决了这一提案。请据此思考：IMF存在缺陷吗?

分析：存在制度缺陷。表现在以下几个方面：

（1）IMF的组织机构由美国及欧盟控制，并为其服务；

（2）IMF的基金份额和投票权分配不合理，在IMF的重大决策上，美国拥有一票否决权；

（3）IMF竭力维护美元作为主要国际储备货币的霸权地位，忽视超主权储备货币的作用；

（4）IMF调节国际收支平衡的能力不足，导致全球国际收支严重失衡。

二、中国与世界银行集团

（一）中国与世界银行

中国是世界银行的创始国之一。新中国成立后，中国在世界银行的席位长期为台湾当局所占据。1980年5月15日，中国在世界银行和所属国际开发协会及国际金融公司的合法席位得到恢复。1980年9月3日，该行理事会通过投票，同意将中国在该行的股份从原7 500股增加到12 000股。我国在世界银行有投票权。在世界银行的执行董事会中，我国单独派有一名董事。我国从1981年起开始向该行提供借款。此后，我国与世界银行的合作逐步展开、扩大，世界银行通过提供期限较长的项目贷款，推动了我国交通运输、行业改造、能源、农业等国家重点建设以及金融、文卫环保等事业的发展，同时还通过本身的培训机构，为我国培训了大批了解世界银行业务、熟悉专业知识的管理人才。

根据世界银行对中国的《国别伙伴战略》，世界银行目前主要为中国提供以下援助：

1. 促进中国经济与世界经济的融合

深化中国对多边经济机构的参与，降低对内和对外贸易和投资壁垒，为中国的海外发展援助提供帮助。

2. 减轻贫困、不平等和社会排斥程度

推动城镇化均衡发展，保障农村生活，扩大基本社会服务和基础设施服务，尤其是在农村地区。

3．应对资源短缺和环境挑战

减少大气污染，节约水资源，优化能源利用（部分通过价格改革），改善土地行政管理，履行国际环境公约。

4．深化金融中介作用

扩大金融服务（尤其是中小企业），发展资本市场，应对系统性风险，维护金融稳定。

5．加强公共部门和市场制度

提升企业竞争力，改革公共部门，理顺政府间财政关系。

根据这些目标，世界银行主要通过三种方式实施援助计划：投资贷款、技术援助贷款和赠款（赠款往往由多边合作机构提供，由世界银行管理），以及分析报告、政策咨询、研讨会和培训等非金融服务，根据需要以一种或多种方式相结合来实现具体的目标。

【知识链接】

世界银行累计对华贷款

截至2013年12月31日，世界银行累计对华贷款（国际复兴开发银行和国际开发协会贷款总和）约为530亿美元，实施项目368个。项目主要集中在环境、交通、城市发展、农村发展、能源、水资源管理和人类发展等领域。

（资料来源：http：//www. shihang. org/zh/country/china/projects）

【任务互动】

世界银行批准中国铁路、公交和燃气利用项目6亿美元贷款

世界银行执行董事会在2014年3月28日批准向中国提供三笔贷款，总额6亿美元，用于支持哈尔滨高寒城市智能公交建设项目、哈佳铁路项目和山西燃气利用项目，提升公交系统服务效率与质量，强化哈佳铁路运输通道能力，扩大清洁能源利用空间，减少温室气体排放。

问题：世界银行目前主要为中国提供哪些项目的贷款援助？

分析：应对资源短缺和环境挑战；加强公共部门和市场制度；促进中国经济与世界经济的融合。

（二）中国与国际开发协会和国际金融公司

国际开发协会和国际金融公司是世界银行的附属机构。我国在世界银行的合法席位恢复之后，也就自然成为这两个机构的会员国。在这两个机构中，我国与国际开发协会的业务往来较为密切。截至2002年财年，我国向该协会认缴的款项为3 960.5万美元，同期，我国利用该协会提供的贷款总额为51.69亿美元。我国与国际金融公司也在不断接触的基础上探讨双方扩展业务的可能性。1989年以前，国际金融公司在华仅参与了广州标致汽车、深圳中华自行车等3个项目，从1993年起国际金融公司在华业务迅速增长。

【案例分析】

IFC在中国排放权交易计划上首个项目启动

2014年4月22日，世界银行集团国际金融公司（IFC）与深圳排放权交易所签署了一项谅解备忘录，合作开发产品，增加商业机会，从而减缓气候变化的影响。

深圳排放权交易所交易体系覆盖26个行业的635家企业。在2013年中国7个碳排放权交易试点地区中，深圳是第一个启动碳排放权交易计划的地区。

IFC自2006年开始在中国的可持续能源融资方面开展工作，为178个能源效率和可再生能源项目提供贷款，通过其合作银行提供7.83亿美元的贷款价值，年温室气体减量超过1 860万吨。

三、中国与国际清算银行

我国于1984年与国际清算银行建立了业务联系，中国人民银行自1986年起就与国际清算银行建立了业务方面的联系，办理外汇与黄金业务。此后至1996年，我国每年都派代表团以客户身份参加该行年会。国际清算银行召开股东大会，中国人民银行受邀列席，并以观察员身份多次参加该行年会，这为中国广泛获取世界经济和国际金融与各国中央银行之间的关系提供了一个新的场所。中国的外汇储备有一部分是存放于国际清算银行的，这对中国人民银行灵活、迅速、安全地调拨外汇、黄金储备非常有利。自1985年起，国际清算银行已开始向中国提供贷款。

1996年9月9日，国际清算银行通过一项协议，接纳中国、巴西、印度、韩国、墨西哥、俄罗斯、沙特阿拉伯、新加坡和中国香港地区的中央银行或货币当局为该行的新成员。中国人民银行加入国际清算银行，标志着我国的经济实力和金融成就得到了国际社会的认可，同时也有助于我国中央银行与国际清算银行及其他国家和地区的中央银行进一步增进了解、扩大合作，提高管理与监督水平。

中国人民银行于1996年11月正式加入国际清算银行，中国人民银行是该行亚洲顾问委员会的成员，周小川行长目前担任该委员会主席。中国认缴了3 000股的股本，实缴金额为3 879万美元。

四、中国与亚洲开发银行

我国自从1986年3月10日正式成为亚洲开发银行的会员国之后，就积极参与亚洲开发银行事务，与亚洲开发银行及各会员之间的交流合作不断增加。截至2001年12月，亚洲开发银行累计批准对华贷款112.945亿美元，涉及90个贷款项目。技术援助赠款1.94亿美元，涉及377个技援项目。这些贷款主要用于能源、交通和环境保护等基础设施和国家重点项目，对支持国家的经济建设起到了积极的推动作用。

在亚洲开发银行1987年年会上，中国当选为亚洲开发银行的董事国，从此在亚洲开发银行的事务中起着重要的作用。1989年5月4日至6日，亚洲开发银行理事会第22届年会在我国北京举行，来自47个国家和地区的代表参加了此次会议，这是亚洲开发银行历届年会中规模最大的一次，体现了亚洲开发银行对我国的重视及友好关系。

【案例分析】

青岛智能供热项目首获亚洲开发银行贷款　供1 435万平方米

2014年4月18日，国家发改委、财政部联合下发了经国务院批准的我国利用亚洲开发银行贷款2014—2016年备选项目规划，青岛市于2013年8月通过国家发改委向亚洲开发银行提报的青岛智能低碳区域能源系统改扩建工程被纳入规划，获得亚洲开发银行长期优惠低息贷款1.3亿美元（占项目总投资的1/2）。该项目是本期国家规划所列9个新增贷款项目中唯一的东部省市项目，也是唯一的能源类项目，所获贷款额度占本期亚洲开发银行新增贷款额度的11.5%。

（资料来源：新华网）

【模块小结】

一、国际金融机构

（一）国际金融机构的产生与发展

（二）国际金融机构的分类

（三）国际金融机构的特点

（四）国际金融机构的作用与制度缺陷

二、国际货币基金组织

（一）国际货币基金组织的创立与发展

（二）国际货币基金组织的宗旨

（三）国际货币基金组织的机构

（四）国际货币基金组织的资金来源

（五）国际货币基金组织的主要业务活动

三、世界银行集团

（一）世界银行

（二）国际开发协会

（三）国际金融公司

（四）解决投资争端国际中心

（五）多边投资担保机构

四、国际清算银行

（一）国际清算银行的创立与宗旨

（二）国际清算银行的组织机构

（三）国际清算银行的资金来源

（四）国际清算银行的主要业务

五、亚洲开发银行
(一) 亚洲开发银行创立的宗旨及任务
(二) 亚洲开发银行的组织机构
(三) 亚洲开发银行的资金来源
(四) 亚洲开发银行的主要业务活动
六、我国与国际金融机构的合作
(一) 中国与国际货币基金组织
(二) 中国与世界银行集团
(三) 中国与国际清算银行
(四) 中国与亚洲开发银行

【课后训练】

一、单项选择题

1. 国际金融公司的贷款对象是（　　）
A. 会员国政府　　B. 会员国中央银行
C. 会员国私人企业　　D. 会员国个人
2. 世界银行集团包括（　　）
A. 世界银行、国际开发协会、国际复兴开发银行、多边投资担保机构
B. 世界银行、国际金融公司、国际复兴开发银行、多边投资担保机构
C. 国际复兴开发银行、国际开发协会、国际金融公司、多边投资担保机构
D. 国际货币基金组织、国际开发协会、国际金融公司、多边投资担保机构
3. 在四个国际金融组织中贷款利率最低的是（　　）
A. 国际货币基金　　B. 世界银行
C. 国际开发协会　　D. 国际金融公司
4. 国际开发协会的主要任务是（　　）
A. 向国际收支逆差国提供短期贷款　　B. 向较贫穷国家提供长期免息贷款
C. 向发展中国家提供项目贷款　　D. 向会员国私人企业短期贷款
5. 世界银行最主要的资金来源是（　　）
A. 会员国缴纳的股金　　B. 向国际金融市场借款
C. 转让银行债权　　D. 业务净收益
6. 具有“中央银行的银行”的职能的国际金融机构是（　　）
A. 国际货币基金组织　　B. 世界银行
C. 国际清算银行　　D. 国际金融公司
7. 通常所说的“纸黄金”是指（　　）
A. 黄金　　B. 美元
C. 普通提款权　　D. 特别提款权

8. 我国在国际货币基金组织合法席位得到恢复的时间是（　　）

A. 1980 年　　B. 1981 年

C. 1982 年　　D. 1983 年

9. 国际货币基金组织最主要的资金来源是（　　）

A. 会员国缴纳的份额　　B. 借款

C. 信托基金　　D. 贷款利息

10. 对会员国的生产性私营企业进行贷款的国际金融机构是（　　）

A. 国际金融公司　　B. 世界银行

C. 国际开发协会　　D. 国际货币基金组织

11. 下列国际金融组织中，专门向低收入发展中国家提供优惠长期贷款的是（　　）

A. IBRD　　B. IFC

C. IDA　　D. MIGA

12. 世界银行的主要目标是向发展中国家提供（　　）

A. 软贷款　　B. 消费性贷款

C. 固定利率贷款　　D. 开发性贷款

13. IMF 主要宗旨是向会员国提供（　　），以平衡其国际收支的暂时不平衡，促进汇率稳定，消除外汇管制

A. 抵押贷款　　B. 短期贷款

C. 中长期贷款　　D. 捐款

14. IBRD 的资金主要来源于（　　）

A. 会员国缴纳的股金　　B. 债权转让

C. 投资收入　　D. 金融市场筹资

15. IMF 的最高权力机构是（　　）

A. 股东大会　　B. 理事会

C. 董事会　　D. 总裁

16. 国际复兴开发银行的简称为（　　）

A. IMF　　B. WB

C. IBRD　　D. IMM

17. 特别提款权是（　　）创造的储备资产

A. 世界银行　　B. 本国中央银行

C. 国际金融公司　　D. 国际货币基金组织

18. IMF 向会员国发放信贷的规模与（　　）成正比

A. 会员国所缴份额　　B. 会员国对资金需求的规模

C. 会员国的贫穷程度　　D. 会员国外汇储备缺少的程度

二、多项选择题

1. SDRs 具有如下职能（　　）

A. 价值尺度　　B. 支付手段

C. 贮藏手段　　D. 流通手段

2. 国际金融机构的积极作用有（　　）

A. 加强国际经济协调　　B. 稳定汇率

C. 提供融通资金　　D. 提供国际清偿力

3. 国际货币基金组织成立以后，先后给成员国提供的两类储备资产是（　　）

A. 黄金储备　　B. 外汇储备

C. 在基金组织的储备头寸　　D. 特别提款权

4. 国际货币基金组织的资金来源有（　　）

A. 会员国缴纳的份额　　B. 借款

C. 信托基金　　D. 贷款利息

5. 以下属区域或半区域性国际金融机构的有（　　）

A. 国际货币基金组织　　B. 世界银行

C. 亚洲开发银行　　D. 国际清算银行

6. 国际货币基金组织会员国缴纳的份额的作用有（　　）

A. 投票权　　B. 借款权

C. 特别提款权的分配权　　D. 管理权

7. 世界银行集团包括（　　）

A. 世界银行　　B. 国际金融公司

C. 国际开发协会　　D. 国际清算银行

8. 下列国际金融机构中，根据"布雷顿森林协定"建立起来的有（　　）

A. 世界银行　　B. 国际货币基金组织

C. 国际金融公司　　D. 国际投资银行

9. （　　）共同构成战后国际经济的三大支柱

A. IMF　　B. 世界银行

C. WTO　　D. 国际开发协会

10. IMF 的资金来源主要包括（　　）

A. 会员国缴纳的份额　　B. 借款

C. 信托资金　　D. 金融市场筹资

E. 投资收益

11. 世界银行的贷款分为以下类型（　　）

A. 项目贷款　　B. 部门贷款

C. 结构调整贷款　　D. 技术援助贷款

E. 紧急重点贷款

12. 国际收支平衡表中的经常账户包括（　　）

A. 货物和服务　　B. 收入

C. 经常转移　　D. 投资捐赠

E. 储备资产

13. 属于全球性的国际金融机构有（　　）

A. IMF　　B. 世界银行

C. 国际清算银行　　D. 国际金融公司

三、判断题

1. 国际货币基金组织是最早建立的国际金融机构。（　　）

2. 国际开发协会是专门向低收入发展中国家发放优惠长期贷款的国际金融机构。（　　）

3. 国际货币基金组织会员国的投票权与其缴纳的份额成反比。（　　）

4. 世界银行的主要目的是向会员国尤其是发展中国家提供中长期的开发性贷款。（　　）

5. 国际货币基金组织的贷款只提供给会员国的政府机构。（　　）

6. 世界银行集团就是指国家复兴开发银行和国家金融公司。（　　）

7. IMF 的贷款主要用于弥补成员国的国际收支逆差或经常项目的支付。（　　）

8. 参加 IMF 的国家首先必须是世界银行集团的成员国。（　　）

9. 国际金融公司旨在对落后国家提供无息的长期贷款，以此作为世界银行贷款的补充。（　　）

10. 国际开发协会旨在鼓励发展生产性的私人企业。（　　）

11. 亚洲开发银行是区域性组织，但也有明显的国际性，非亚太地区的国家也可以参加。（　　）

12. SDRs 是联合国给予成员国的一种记账单位。（　　）

四、简答题

1. 简述国际货币基金组织成立的宗旨及主要业务活动。

2. 简述亚洲开发银行的资金来源。

3. 简述世界银行的三个组成部分及其业务分工情况。

五、技能训练

IMF 成员国的份额由该组织根据各国的国民收入、黄金和外汇储备、进出口贸易额以及出口的波动性等经济指标确定。根据国际货币基金组织 2010 年 10 月的改革协议，IMF 基本拟定的份额排名如下表：

名次	1	2	3	4	5	7	8	9
国别	美国	日本	中国	德国	法国、英国	俄罗斯	印度	巴西
份额比例	17.398%	6.461%	6.19%	5.87%	各4.85%	2.75%	2.62%	2.16%

2013年3月11日，美国国会否决了这一提案。请分析：

(1) 中国在IMF份额高低的意义有哪些？

(2) 美国为什么会否定国际货币基金组织2010年10月的改革协议提案？

参考答案

模块一

一、单项选择题

题号	1	2	3	4	5	6	7	8	9	10
选项	B	C	D	C	B	A	C	D	B	C

二、多项选择题

题号	1	2	3	4	5	6	7	8	9	10
选项	ABD	ACD	AD	ABCD	AB	ABD	AC	BCD	AB	AC

三、判断题

题号	1	2	3	4	5	6	7	8	9	10
答案	×	×	√	√	×	√	√	×	√	×

四、技能训练

（略）

模块二

一、单项选择题

题号	1	2	3	4	5	6	7	8	9	10
选项	A	D	B	C	A	B	C	B	D	C

二、多项选择题

题号	1	2	3	4	5	6	7	8	9	10
选项	ABCD	AC	CD	BCD	CD	BD	AB	BC	BCD	ABC

三、判断题

题号	1	2	3	4	5	6	7	8	9	10
答案	×	√	×	×	√	×	√	√	×	×

四、技能训练

1. 解：因为1欧元＝1.315 8美元

所以1欧元＝1÷1.315 8＝0.760 0美元

答：1欧元等于0.760 0美元。

2. 解：因为1美元＝7.753 9－7.778 5港元

所以1港元＝1÷7.778 5＝0.128 6美元

1港元＝1÷7.753 9＝0.129 0美元

即1港元＝0.128 6－0.129 0美元

答：1港元＝0.128 6－0.129 0美元。

3. 解：（1）因为1美元＝7.761 2港元，1美元＝33.257 6泰铢

所以1港元＝1÷7.761 2＝0.128 8美元

1港元＝0.128 8×33.257 6 ＝4.283 6泰铢

（2）因为1美元＝33.257 6泰铢，1美元＝7.761 2港元

所以1泰铢＝1÷33.257 6＝0.030 1美元

1泰铢＝0.030 1×7.761 2＝0.233 6港元

（3）因为原港元报价为每件1 000港元

1 000×4.283 6泰铢＝4 283.6泰铢

所以应报泰铢价格是每件4 283.6泰铢

答：港元兑换泰铢的汇率为1港元＝4.283 6泰铢；泰铢兑换港元的汇率为1泰铢＝0.233 6港元；若原港元报价为每件1 000港元，应报泰铢价格是每件4 283.6泰铢。

4. 解：（1）因为1美元＝0.576 3－0.588 8英镑，

1英镑＝1÷0.588 8＝1.698 4美元

1英镑＝1÷0.576 3＝1.735 2美元

所以1英镑＝1.698 4－1.735 2美元

（2）因为1美元＝0.731 2－0.746 3欧元

1英镑＝1.698 4×0.731 2＝1.241 9欧元

1英镑＝1.735 2×0.746 3＝1.295 0欧元

所以1英镑＝1.241 9－1.295 0欧元

（3）因为1英镑＝1.241 9－1.295 0欧元

1欧元＝1÷1.295 0＝0.772 2英镑

1 欧元 = 1 ÷ 1.241 9 = 0.805 2 英镑

所以 1 欧元 = 0.772 2 – 0.805 2 英镑

答：英镑/欧元和欧元/英镑的汇率分别为：

1 英镑 = 1.241 9 – 1.295 0 欧元

1 欧元 = 0.772 2 – 0.805 2 英镑

5. 解：因为 1 美元 = 0.738 6 欧元

100 万美元 = 1 000 000 × 0.738 6 = 73.86 万欧元

73.86 万欧元小于 75 万欧元，所以我方接受 100 万美元报价会比较有利。

答：我方接受 100 万美元报价会比较有利。

模块三

一、单项选择题

题号	1	2	3	4	5	6	7	8	9	10
选项	C	A	B	C	B	C	C	B	B	B

二、多项选择题

题号	1	2	3	4	5	6	7	8
选项	AC	ABD	ABCD	ABCD	AB	AB	AC	ABC

三、判断题

题号	1	2	3	4	5	6	7	8	9	10
答案	×	×	×	√	×	×	×	×	√	√

四、技能训练

1. 第一，影响汇率变动的因素是多方面的，既有经济层面的，也有非经济层面的。国际收支状况、通货膨胀程度、利率的高低、货币供给量、财政收支状况等属于经济层面的因素；政府干预、外汇投机、政治和新闻和事件、心理预期等属于非经济层面的因素。

第二，俄罗斯货币自 2014 年初开始贬值，这既有经济因素也有非经济因素。乌克兰危机后，美国和欧洲一些国家开始对俄罗斯进行制裁，导致油价大跌，这对俄罗斯经济来说打击严重，因为俄罗斯严重依赖石油出口。俄罗斯收入锐减，经济恶化，同时俄罗斯通货膨胀严重。经济发展困难是卢布下跌的主要原因。同时，国际金融大鳄短期内看不到乌克兰危机的解决，对俄罗斯经济发展的预期越来越负面，短期外汇投机者也迅速撤资，这使得俄罗斯外汇市场雪上加霜，卢布汇率"跌跌不休"。

2. 汇率变动对一国企业的债务是有影响的。如果债务来自国外资金，当本国货币贬值时，偿还同等数量的外汇需要动用更多数量的本币，对企业来说，债务明显增加。假如一俄罗斯企业借外债100万美元，借债时美元对卢布汇率为1:30，借款期为6个月，6个月后需要还本付息共110万美元，换算成卢布为3 300万卢布。而6个月后，假如卢布贬值，美元对卢布的汇率为1:40，这个时候如果要偿还110万美元的外债，就要换算成卢布，为4 400万卢布。所以，该案例中，卢布贬值后，欠有外债的俄罗斯企业的债务量会大量增加。

模块四

一、单项选择题

题号	1	2	3	4	5	6	7	8	9	10
选项	D	B	A	C	C	B	B	B	C	B
题号	11	12	13	14	15					
选项	B	B	D	D	D					

二、多项选择题

题号	1	2	3	4	5
选项	ACE	BDE	CD	ABCDE	ABDE

三、判断题

题号	1	2	3	4	5	6	7	8	9	10
答案	×	×	×	×	×	√	×	√	√	√

四、技能训练

1. （1）经常项目、货物；（2）经常项目、货物；（3）经常项目、服务；（4）资本与金融项目、直接投资；（5）资本与金融项目、直接投资；（6）经常项目、服务；（7）经常项目、经常转移；（8）经常项目、收益；（9）资本与金融项目、证券投资；（10）储备项目。

2. （1）错误与遗漏的数额是 -42.39 亿美元。

（2）逆差　0.61 亿美元

（3）顺差　22.97 亿美元

（4）外汇储备增加了 22.30 亿美元。

3.

一、经常项目差额	-85
货物输出	750
货物输入	-900
贸易差额	-150
服务及收益收入	220
服务及收益支出	-50
服务及收益差额	170
经常转移	-105
二、资本与金融项目差额	185
资本项目	85
金融项目	100
三、储备资产	-123
四、净误差与遗漏	23

（1）见上表。

（2）逆差　85 亿美元

（3）顺差　123 亿美元

（4）该国外汇储备增加了。

4.（略）

模块五

一、单项选择题

题号	1	2	3	4	5	6	7	8	9	10
选项	D	B	C	D	B	A	D	A	C	C

二、多项选择题

题号	1	2	3	4	5	6	7	8	9	10
选项	BCD	ABC	ABCE	ABCDE	ABCD	ABD	AE	ABCDE	ABE	AB

三、判断题

题号	1	2	3	4	5	6	7	8	9	10
答案	√	×	√	√	√	×	×	×	√	√

四、技能训练

（略）

模块六

一、单项选择题

题号	1	2	3	4	5	6	7	8	9	10
选项	B	A	C	A	C	C	B	B	A	B
题号	11	12	13	14	15					
选项	A	D	A	A	D					

二、多项选择题

题号	1	2	3	4	5	6	7	8	9	10
选项	ABC	BC	ABC	BCD	ACD	ABDE	ACE	ACE	AB	ABCD

三、判断题

题号	1	2	3	4	5	6	7	8	9	10
答案	×	√	√	×	×	√	×	×	√	×
题号	11	12	13	14	15	16	17	18	19	20
答案	×	√	√	×	√	√	√	×	×	√

四、技能训练

1．解：因为中国外汇市场为直接标价法，即期汇率为1美元＝6.235 2－6.246 8人民币，贴水用减法，则：

6.235 2－0.030 0＝6.205 2人民币

6. 246 8 - 0. 020 0 = 6. 226 8 人民币

答：三个月远期汇率为 1 美元 = 6. 205 2 - 6. 226 8 人民币。

2. 解：外币折算本币报价应该采用卖出价，香港外汇市场采用直接标价法，前买后卖：

即期汇率为 1 美元 = 7. 751 3 - 7. 763 8 港元

10 000 × 7. 763 8 = 77 638 港元

答：应报每台 77 638 港元。

3. 解：因为香港外汇市场采用的是直接标价方法，前买后卖，即期汇率为 1 美元 = 7. 753 9 - 7. 766 8 港元，银行卖出美元使用的价格是 1 美元 = 7. 766 8 港元。

7. 766 8 × 100 万 = 776. 68 万港元

答：公司需要 776. 68 万港元才可以兑换到 100 万美元。

4. 解：

（1）
$$\begin{array}{rcr} 1.5800 & - & 1.5820 \\ +\ 0.0070 & & 0.0090 \\ \hline 1.5870 & - & 1.5910 \end{array}$$

（2）10 000/1. 591 0 = 6 285. 36（英镑），届时可换回 6 285. 36 英镑。

（3）20 000 × 1. 582 0 = 31 640（美元），本币折外币利用买入汇率。

（4）20 000 × 1. 591 0 = 31 820（美元），因 3 个月美元远期为贴水，故按贴水后的实际汇率来折合。

5. 解：

（1）需付出英镑：100 万 ÷ 1. 462 0 = 68. 399 5（万）

（注：公司买即银行卖，故用卖出价）

（2）3 个月远期美元的实际汇率为：

$$\begin{array}{rcr} 1.4620 & - & 1.4670 \\ +\ 0.0140 & & 0.0180 \\ \hline 1.4760 & - & 1.4850 \end{array}$$

（3）本币换外币用买入价：

70 × 1. 467 0 = 102. 69（美元）

（4）70 × 1. 485 0 = 103. 95（美元）

6. 解：

（1）从伦敦外汇市场买入美元：

GBP 1 000 000 × 1. 502 0 = USD 1 502 000

（2）马上从纽约外汇市场将买入的美元卖出：

USD 1 502 000 ÷ 1. 501 0 = GBP 1 000 666

（3）将获得的英镑减去成本即为套汇利润：

GBP 1 000 666 - GBP 1 000 000 = GBP 666

模块七

一、单项选择题

题号	1	2	3	4	5	6	7	8	9	10
选项	B	A	C	D	A	B	D	A	B	D

二、判断题

题号	1	2	3	4	5	6	7	8	9	10
答案	√	×	×	√	√	×	×	×	×	√

三、技能训练

1.

现货市场	期货市场
3 月 20 日 GBP 1 = USD 1. 657 2 预计收入 USD 103. 575 万	3 月 20 日 GBP 1 = USD 1. 659 2 卖出还是买入：卖出 62. 5 万英镑， 收入 USD 103. 70 万
6 月 20 日 GBP 1 = USD 1. 649 2 卖出 62. 5 万英镑， 实际获得美元：USD 103. 075 万	6 月 20 日 GBP 1 = USD 1. 649 2 买入还是卖出：买入 62. 5 万英镑， 支出 USD 103. 075 万
亏损（盈利）：亏损 USD 5 000	亏损（盈利）：盈利 USD 6 250
净盈利还是净亏损：净盈利 USD 1 250	

2. 实际操作如下表所示：

现货市场	期货市场
7 月 7 日 现汇汇率买入 CAD 1 000 万 USD 1 = CAD 1. 350 6 CAD 1 000 万折合 USD 740. 41 万	7 月 7 日 价格：USD 1 = CAD 1. 345 0 总价值：USD 743. 49 万
10 月 7 日 现汇汇率卖出 CAD 1 000 万 USD 1 = CAD 1. 346 0 CAD 1 000 万折合 USD 742. 94 万 结果：损失 USD 2. 53 万 净盈利：USD 2 500	10 月 7 日 价格：USD 1 = CAD 1. 340 0 总价值：USD 746. 27 万 结果：盈利 USD 2. 78 万

3.（1）若汇率为 GBP 1 = USD 1.400 0：

我国外贸公司选择执行期权，卖出 100 万英镑，收入 149.50 万美元；在现汇市场卖出 100 万英镑，预计收入 140 万美元；扣除期权费 2.12 万美元，则避免损失 149.50 − 140 − 2.12 = 7.38 万美元。

（2）若汇率为 GBP 1 = USD 1.600 0：

若执行期权，协定价格 GBP 1 = USD 1.495 0，可收入 149.50 万美元，扣除期权费 2.12 万美元，共可收入 147.38 万美元；而若不执行期权，直接在外汇市场以现汇卖出 100 万英镑，却可收入 160 万美元，相当于仍可获利 160 − 149.50 − 2.12 = 8.38 万美元。因此，我国外贸公司应选择放弃期权。

4.（1）当 USD 1 = CAD 1.700 0 时：

我国外贸公司执行期权，协定价格 USD 1 = CAD 1.980 2，买入 400 万加元，需支付 202 万美元，加之期权费 6.76 万美元，共付出 208.76 万美元。外汇市场买入 400 万加元，USD 1 = CAD 1.700 0，则需支付 235.29 万美元。所以，执行期权保值收益 26.53 万美元。

（2）当 USD 1 = CAD 2.300 0 时：

我国外贸公司选择放弃期权，直接在外汇市场买入 400 万加元，只需支付 173.91 万美元，加上期权费，仍可获得 202 − 173.91 − 6.76 = 21.33 万美元。

5.

	甲公司	乙公司
筹资付出利率	固定利率 12%	浮动利率 LIBOR + 0.1%
利率互换	付给 B 浮动利率 LIBOR 得到 B 固定利率 12.35%	付给 A 固定利率 12.35% 得到 A 浮动利率 LIBOR
实际筹资成本	LIBOR + 12% − 12.35% = LIBOR − 0.35%	LIBOR + 0.6% + 12.35% − LIBOR = 12.95%
节约成本	LIBOR + 0.1% −（LIBOR − 0.35%）= 0.45%	13.4% − 12.95% = 0.45%

模块八

一、单项选择题

题号	1	2	3	4	5	6	7	8	9	10
选项	A	B	C	A	A	C	B	B	C	A
题号	11	12	13	14	15	16	17	18	19	20
选项	A	A	A	B	A	A	D	A	B	B

二、多项选择题

题号	1	2	3	4	5	6	7	8	9	10
选项	DE	ACD	CDE	AD	AC	ABCD	ABC	CD	ABCD	BCD

三、判断题

题号	1	2	3	4	5	6	7	8	9	10
答案	√	×	√	×	×	√	×	×	×	√
题号	11	12	13	14	15					
答案	×	√	×	√	×					

四、技能训练

1. （1）不愿意。 （2）加价保值、滑动价格保值等。
2. （1）A （2）B （3）C
3. （1）ACD （2）BC （3）ACD （4）ABCD （5）ABC

模块九

一、单项选择题

题号	1	2	3	4	5	6	7	8	9	10
选项	A	B	D	B	B	C	A	A	C	A

二、多项选择题

题号	1	2	3	4	5	6	7	8	9	10
选项	ABD	BCD	ABC	ABD	ABD	ABCD	ABCD	AB	ABD	ACD

三、判断题

题号	1	2	3	4	5	6	7	8	9	10
答案	√	√	×	×	×	×	√	×	√	√

四、简答题

（略）

五、技能训练

（略）

模块十

一、单项选择题

题号	1	2	3	4	5	6	7	8	9	10
选项	C	C	C	B	B	C	D	A	A	A
题号	11	12	13	14	15	16	17	18		
选项	C	D	B	D	B	C	D	A		

二、多项选择题

题号	1	2	3	4	5	6	7	8	9	10
选项	ABC	ABCD	CD	ABCD	CD	ABC	ABC	AB	ABC	ABC
题号	11	12	13							
选项	ABCDE	ABC	ABD							

三、判断题

题号	1	2	3	4	5	6	7	8	9	10
答案	×	√	×	√	√	×	√	×	√	×
题号	11	12								
答案	√	×								

四、简答题

（略）

五、技能训练

（略）

附　录

外汇常用术语中英文对照

（标准的）远期交割日　（Standard）Forward Date
保证金　Margin
本票　Promissory Note
变动（化）保证金　Variation Margin
标准的交割　Value spot or VAL SP
初始保证金　Initial or Original Margin
单一汇率　Single Rate
当日交割　Value Today or VAL TOD
到期月份　Expiration Months
掉期交易　Swap Transaction
多头　Long
多头套期保值　Long Hedge
多头投机　Long Speculation
复汇率　Multiple Rate
隔日交割　Value Tomorrow or VAL TOM
股价指数期货　Stock Index Futures
固定交割日的汇期交易　Fixed Forward Transaction
关键货币　Key Currency
官定汇率　Official Rate
国际货币基金组织　International Monetary Fund（IMF）
黄金货期　Gold or Bullion Futures
汇率　Exchange Rate
汇票　Draft
基本点　Basic Point
基本分析法　Fundamental Approach
基本汇率　Basic Rate
即期对即期的掉期交易　Spot Spot Swaps
即期对远期的掉期交易 Spot Forward Swaps
即期汇率　Spot Exchange Rate
即期外汇交易　Spot Exchange Transaction

即期外汇市场　Spot Exchange Market
即期外汇投机　Spot Speculation
技术分析法　Technical Analysis
间接标价法　Indirect Quotation
交割　Delivery or Settlement
交割结算　Delivery and Settlement
交割日/结算日/起息日　Spot Date/Value Date /Delivery Date
交易所　Foreign Exchange
金融期货　Financial Futures
开盘汇率　Opening Rate
看跌期权　Put Option
看涨期权　Call Option
可兑换性　Convertibility
空头　Short
空头套期保值　Short Hedge
空头投机　Short Speculation
利率期货　Interest Rate Futures
伦敦国际金融期货交易所　London International Financial Futures Exchange（LIFFE）
买空　Buy Long
买入汇率　Buying Rate
卖出汇率　Selling Rate
卖空　Sell Short
美式期权　American Option
欧式期权　European Option
平价　at Par/Parity
期货　Futures
期货价格（履约价格）Exercise Price
期货交易　Futures Trading
期权费　Premium
清算公司　Clearing Firm
清算机构　Clearing House
清算价格　Settle Price
升水　Premium
市场汇率　Market Rate
收盘汇率　Closing Rate
双向报价　Two Way Quotation
套期保值　Hedge
套算（交叉）汇率　Cross Rate

贴水 Discount
投机者 Speculator
外币期货 Foreign Currency Futures
外币期货交易 Foreign Currency Futures Transaction
外汇 Foreign Exchange
外汇交易 Foreign Exchange Transaction
外汇经纪人 Foreign Exchange Broker
外汇期货 Foreign Exchange Futures
外汇期货合约 Currency Future Contract
外汇期货交易 Foreign Exchange Futures Transaction
外汇期权交易 Foreign Exchange Option Transaction
外汇市场 Foreign Exchange Market
外汇投机 Foreign Exchange Speculation
完整汇率 Outright Rate
完整汇率报价方式 Outright Rate Quotation
维持保证金 Maintenance Margin
现钞汇率 Bank Notes Rate
现货交易 Spots Trading
信用卡 Credit Card
选择交割日的期汇交易 Optional Forward Transaction
远期差价 Forward Margin
远期差价报价方式 Swap Rate Quotation
远期掉期率 Forward Swaps Rate
远期对远期的掉期交易 Forward – Forward Swaps
远期汇率 Forward Exchange Rate
远期套期保值 Forward Hedge
远期外汇交易 Forward Exchange Transaction
远期外汇投机 Forward Speculation
择期交易 Optional Forward Transaction
支票 Cheque
国际货币市场 International Monetary Market（IMM）
直接标价法 Direct Quotation
中间汇率 Middle Rate
逐日盯市制度 Mark to Market Daily
最低汇率 Low Rate
最高汇率 High Rate

携带外币现钞出入境管理暂行办法

第一条 为了方便出入境人员的对外交往，规范携带外币现钞出入境行为，根据《中华人民共和国海关法》和《中华人民共和国外汇管理条例》，特制定本办法。

第二条 本办法下列用语含义：

“外币”是指中国境内银行对外挂牌收兑的可自由兑换货币；

“现钞”是指外币的纸币及铸币；

“银行”是指经中国人民银行批准或备案，经营结售汇业务或外币兑换、外币储蓄业务的中资银行及分支机构和外资银行及分支机构；

“出、入境人员”是指出境、入境的居民个人和非居民个人；

“当天多次往返”是指一天内出境或入境超过一次；

“短期内多次往返”是指15天内出境或入境超过一次。

第三条 入境人员携带外币现钞入境，超过等值5 000美元的应当向海关书面申报，当天多次往返及短期内多次往返者除外。

第四条 出境人员携带外币现钞出境，凡不超过其最近一次入境时申报外币现钞数额的，不需申领《携带外汇出境许可证》（以下简称《携带证》），海关凭其最近一次入境时的外币现钞申报数额记录验放。

第五条 出境人员携带外币现钞出境，没有或超出最近一次入境申报外币现钞数额记录的，按以下规定验放：

一、出境人员携出金额在等值5 000美元以内（含5 000美元）的，不需申领《携带证》，海关予以放行。当天多次往返及短期内多次往返者除外。

二、出境人员携出金额在等值5 000美元以上至10 000美元（含10 000美元）的，应当向银行申领《携带证》。出境时，海关凭加盖银行印章的《携带证》验放。对使用多张《携带证》的，若加盖银行印章的《携带证》累计总额超过等值10 000美元，海关不予放行。

三、出境人员携出金额在等值10 000美元以上的，应当向存款或购汇银行所在地国家外汇管理局各分支局（以下简称外汇局）申领《携带证》，海关凭加盖外汇局印章的《携带证》验放。

第六条 “当天多次往返”及“短期内多次往返”的出入境人员携带外币现钞出入境按以下规定验放：

一、当天多次往返的出入境人员，携带外币现钞入境须向海关书面申报，出境时海关凭最近一次入境时的申报外币现钞数额记录验放。没有或超出最近一次入境申报外币现钞数额记录的，当天内首次出境时可携带不超过等值5 000美元（含5 000美元）的外币现钞出境，不需申领《携带证》，海关予以放行，携出金额在等值5 000美元以上的，海关不予放行；当天内第二次及以上出境时，可携带不超过等值500美元（含500美元）的外币现钞出境，不需申领《携带证》，海关予以放行，携出金额超过等值500美元的，海关不予放行。

二、短期内多次往返的出入境人员，携带外币现钞入境须向海关书面申报，出境时海关凭最近一次入境时的申报外币现钞数额记录验放。没有或超出最近一次入境申报外币现钞数额记录的，15天内首次出境时可携带不超过等值5 000美元（含5 000美元）的外币现钞出境，不需申领《携带证》，海关予以放行，携出金额在等值5 000美元以上的，海关不予放行；15天内第二次及以上出境时，可携带不超过等值1 000美元（含1 000美元）的外币现钞出境，不需申领《携带证》，海关予以放行，携出金额超过等值1 000美元的，海关不予放行。

第七条 出境人员可以携带外币现钞出境，也可以按规定通过从银行汇出或携带汇票、旅行支票、国际信用卡等方式将外币携出境外，但原则上不得携带超过等值10 000美元外币现钞出境。如因特殊情况确需携带超过等值10 000美元外币现钞出境，应当向存款或购汇银行所在地外汇局申领《携带证》。

第八条 出境人员向银行申领《携带证》，携带从自有或直系亲属外汇存款中提取外币现钞出境的，应当持护照或往来港澳通行证、往来台湾通行证，有效签证或签注，存款证明向存款银行申请；购汇后携带外币现钞出境的，应当持规定的购汇凭证，向购汇银行申请。

银行审核出境人员提供的材料无误后，向其核发《携带证》，并留存上述材料复印件5年备查。

第九条 银行向出境人员核发《携带证》时，不得超过本行存款证明的金额或购汇金额核发《携带证》，银行核发的《携带证》每张金额不得超过等值10 000美元，但可以低于5 000美元。

第十条 出境人员向外汇局申领《携带证》的，应当持书面申请，护照或往来港澳通行证、往来台湾通行证，有效签证或签注，银行存款证明，确需携带超过等值10 000美元外币现钞出境的证明材料向存款或购汇银行所在地外汇局申请。

外汇局审核出境人员提供的材料无误后，对符合规定条件的，向其核发《携带证》，并留存书面申请及其他材料的复印件5年备查。

第十一条 《携带证》应盖有“国家外汇管理局携带外汇出境核准章”或“银行携带外汇出境专用章”，并自签发之日起30天内一次使用有效。

第十二条 《携带证》一式三联。原《携带证》是由银行签发的，第一联由携带人交海关验存，第二联由签发银行按月交当地外汇局留存，第三联由签发银行留存。原《携带证》是由外汇局签发的，第一联由携带人交海关验存，第二、三联由签发外汇局留存。

第十三条 出境人员遗失《携带证》，原《携带证》是由银行签发的，应当在出境前持第八条规定的材料到原签发银行申请补办，原签发银行应当审核出入境人员提供的材料和原留存材料无误后，向其出具《补办证明》，出入境人员凭银行出具的《补办证明》向银行所在地外汇局申请，凭外汇局的核准件到银行补办《携带证》，银行应当在补办的

《携带证》上加注“补办”字样；原《携带证》是由外汇局签发的，应当在出境前，持补办申请以及第十条规定的材料向原签发外汇局申请，外汇局应当审核出入境人员提供的材料和原留存的材料无误后，为其补办《携带证》，并在补办的《携带证》上加注“补办”字样。禁止外汇局和银行在出入境人员出境后为其补办《携带证》。

第十四条 银行应当在每月终了5日内，将上月签发《携带证》的情况，以《携带外币现钞出境统计表》报送所在地外汇局。

第十五条 各外汇局应当汇总辖区内外汇局和银行签发《携带证》的情况，并在每月终了10日内以《携带外币现钞出境统计表》报送国家外汇管理局。

第十六条 银行应当严格按照本办法规定向出入境人员核发《携带证》，对违反本办法规定的银行，由外汇局给予警告、通报批评、罚款直至取消其签发《携带证》资格的处罚。

第十七条 出入境人员携带外币现钞违反本办法规定的，由海关按有关规定进行处理。

第十八条 出入境人员携带汇票、旅行支票、国际信用卡、银行存款凭证、邮政储蓄凭证等外币支付凭证以及政府债券、公司债券、股票等外币有价证券出入境，海关暂不予以管理。

第十九条 本办法由国家外汇管理局和海关总署负责解释。

第二十条 本办法自2003年9月1日开始施行。1996年12月31日国家外汇管理局、海关总署联合发布，1997年2月10日开始施行的《关于对携带外汇进出境管理的规定》；1999年6月17日国家外汇管理局、海关总署联合发布，1999年8月1日开始施行的《关于启用新版〈携带外汇出境许可证〉有关问题的通知》；1999年6月14日国家外汇管理局发布施行的《关于启用新版〈携带外汇出境许可证〉有关操作问题的通知》；1999年10月25日国家外汇管理局发布施行的《关于加强〈携带外汇出境许可证〉管理的通知》，同时废止。

中华人民共和国外汇管理条例

（1996年1月29日中华人民共和国国务院令第193号发布　根据1997年1月14日《国务院关于修改〈中华人民共和国外汇管理条例〉的决定》修订　2008年8月1日国务院第20次常务会议修订通过）

第一章　总　则

第一条　为了加强外汇管理，促进国际收支平衡，促进国民经济健康发展，制定本条例。

第二条　国务院外汇管理部门及其分支机构（以下统称外汇管理机关）依法履行外汇管理职责，负责本条例的实施。

第三条　本条例所称外汇，是指下列以外币表示的可以用作国际清偿的支付手段和资产：

（一）外币现钞，包括纸币、铸币；

（二）外币支付凭证或者支付工具，包括票据、银行存款凭证、银行卡等；

（三）外币有价证券，包括债券、股票等；

（四）特别提款权；

（五）其他外汇资产。

第四条　境内机构、境内个人的外汇收支或者外汇经营活动，以及境外机构、境外个人在境内的外汇收支或者外汇经营活动，适用本条例。

第五条　国家对经常性国际支付和转移不予限制。

第六条　国家实行国际收支统计申报制度。

国务院外汇管理部门应当对国际收支进行统计、监测，定期公布国际收支状况。

第七条　经营外汇业务的金融机构应当按照国务院外汇管理部门的规定为客户开立外汇账户，并通过外汇账户办理外汇业务。

经营外汇业务的金融机构应当依法向外汇管理机关报送客户的外汇收支及账户变动情况。

第八条　中华人民共和国境内禁止外币流通，并不得以外币计价结算，但国家另有规定的除外。

第九条　境内机构、境内个人的外汇收入可以调回境内或者存放境外；调回境内或者存放境外的条件、期限等，由国务院外汇管理部门根据国际收支状况和外汇管理的需要作出规定。

第十条 国务院外汇管理部门依法持有、管理、经营国家外汇储备，遵循安全、流动、增值的原则。

第十一条 国际收支出现或者可能出现严重失衡，以及国民经济出现或者可能出现严重危机时，国家可以对国际收支采取必要的保障、控制等措施。

第二章 经常项目外汇管理

第十二条 经常项目外汇收支应当具有真实、合法的交易基础。经营结汇、售汇业务的金融机构应当按照国务院外汇管理部门的规定，对交易单证的真实性及其与外汇收支的一致性进行合理审查。

外汇管理机关有权对前款规定事项进行监督检查。

第十三条 经常项目外汇收入，可以按照国家有关规定保留或者卖给经营结汇、售汇业务的金融机构。

第十四条 经常项目外汇支出，应当按照国务院外汇管理部门关于付汇与购汇的管理规定，凭有效单证以自有外汇支付或者向经营结汇、售汇业务的金融机构购汇支付。

第十五条 携带、申报外币现钞出入境的限额，由国务院外汇管理部门规定。

第三章 资本项目外汇管理

第十六条 境外机构、境外个人在境内直接投资，经有关主管部门批准后，应当到外汇管理机关办理登记。

境外机构、境外个人在境内从事有价证券或者衍生产品发行、交易，应当遵守国家关于市场准入的规定，并按照国务院外汇管理部门的规定办理登记。

第十七条 境内机构、境内个人向境外直接投资或者从事境外有价证券、衍生产品发行、交易，应当按照国务院外汇管理部门的规定办理登记。国家规定需要事先经有关主管部门批准或者备案的，应当在外汇登记前办理批准或者备案手续。

第十八条 国家对外债实行规模管理。借用外债应当按照国家有关规定办理，并到外汇管理机关办理外债登记。

国务院外汇管理部门负责全国的外债统计与监测，并定期公布外债情况。

第十九条 提供对外担保，应当向外汇管理机关提出申请，由外汇管理机关根据申请人的资产负债等情况作出批准或者不批准的决定；国家规定其经营范围需经有关主管部门批准的，应当在向外汇管理机关提出申请前办理批准手续。申请人签订对外担保合同后，应当到外汇管理机关办理对外担保登记。

经国务院批准为使用外国政府或者国际金融组织贷款进行转贷提供对外担保的，不适用前款规定。

第二十条 银行业金融机构在经批准的经营范围内可以直接向境外提供商业贷款。其他境内机构向境外提供商业贷款，应当向外汇管理机关提出申请，外汇管理机关根据申请人的资产负债等情况作出批准或者不批准的决定；国家规定其经营范围需经有关主管部门批准的，应当在向外汇管理机关提出申请前办理批准手续。

向境外提供商业贷款，应当按照国务院外汇管理部门的规定办理登记。

第二十一条 资本项目外汇收入保留或者卖给经营结汇、售汇业务的金融机构，应当经外汇管理机关批准，但国家规定无需批准的除外。

第二十二条 资本项目外汇支出，应当按照国务院外汇管理部门关于付汇与购汇的管理规定，凭有效单证以自有外汇支付或者向经营结汇、售汇业务的金融机构购汇支付。国家规定应当经外汇管理机关批准的，应当在外汇支付前办理批准手续。

依法终止的外商投资企业，按照国家有关规定进行清算、纳税后，属于外方投资者所有的人民币，可以向经营结汇、售汇业务的金融机构购汇汇出。

第二十三条 资本项目外汇及结汇资金，应当按照有关主管部门及外汇管理机关批准的用途使用。外汇管理机关有权对资本项目外汇及结汇资金使用和账户变动情况进行监督检查。

第四章 金融机构外汇业务管理

第二十四条 金融机构经营或者终止经营结汇、售汇业务，应当经外汇管理机关批准；经营或者终止经营其他外汇业务，应当按照职责分工经外汇管理机关或者金融业监督管理机构批准。

第二十五条 外汇管理机关对金融机构外汇业务实行综合头寸管理，具体办法由国务院外汇管理部门制定。

第二十六条 金融机构的资本金、利润以及因本外币资产不匹配需要进行人民币与外币间转换的，应当经外汇管理机关批准。

第五章 人民币汇率和外汇市场管理

第二十七条 人民币汇率实行以市场供求为基础的、有管理的浮动汇率制度。

第二十八条 经营结汇、售汇业务的金融机构和符合国务院外汇管理部门规定条件的其他机构，可以按照国务院外汇管理部门的规定在银行间外汇市场进行外汇交易。

第二十九条 外汇市场交易应当遵循公开、公平、公正和诚实信用的原则。

第三十条 外汇市场交易的币种和形式由国务院外汇管理部门规定。

第三十一条 国务院外汇管理部门依法监督管理全国的外汇市场。

第三十二条 国务院外汇管理部门可以根据外汇市场的变化和货币政策的要求，依法对外汇市场进行调节。

第六章 监督管理

第三十三条 外汇管理机关依法履行职责，有权采取下列措施：

（一）对经营外汇业务的金融机构进行现场检查；

（二）进入涉嫌外汇违法行为发生场所调查取证；

（三）询问有外汇收支或者外汇经营活动的机构和个人，要求其对与被调查外汇违法事件直接有关的事项作出说明；

（四）查阅、复制与被调查外汇违法事件直接有关的交易单证等资料；

（五）查阅、复制被调查外汇违法事件的当事人和直接有关的单位、个人的财务会计资料及相关文件，对可能被转移、隐匿或者毁损的文件和资料，可以予以封存；

（六）经国务院外汇管理部门或者省级外汇管理机关负责人批准，查询被调查外汇违法事件的当事人和直接有关的单位、个人的账户，但个人储蓄存款账户除外；

（七）对有证据证明已经或者可能转移、隐匿违法资金等涉案财产或者隐匿、伪造、毁损重要证据的，可以申请人民法院冻结或者查封。

有关单位和个人应当配合外汇管理机关的监督检查，如实说明有关情况并提供有关文件、资料，不得拒绝、阻碍和隐瞒。

第三十四条 外汇管理机关依法进行监督检查或者调查，监督检查或者调查的人员不得少于 2 人，并应当出示证件。监督检查、调查的人员少于 2 人或者未出示证件的，被监督检查、调查的单位和个人有权拒绝。

第三十五条 有外汇经营活动的境内机构，应当按照国务院外汇管理部门的规定报送财务会计报告、统计报表等资料。

第三十六条 经营外汇业务的金融机构发现客户有外汇违法行为的，应当及时向外汇管理机关报告。

第三十七条 国务院外汇管理部门为履行外汇管理职责，可以从国务院有关部门、机构获取所必需的信息，国务院有关部门、机构应当提供。

国务院外汇管理部门应当向国务院有关部门、机构通报外汇管理工作情况。

第三十八条 任何单位和个人都有权举报外汇违法行为。

外汇管理机关应当为举报人保密，并按照规定对举报人或者协助查处外汇违法行为有功的单位和个人给予奖励。

第七章 法律责任

第三十九条 有违反规定将境内外汇转移境外，或者以欺骗手段将境内资本转移境外等逃汇行为的，由外汇管理机关责令限期调回外汇，处逃汇金额 30% 以下的罚款；情节严重的，处逃汇金额 30% 以上等值以下的罚款；构成犯罪的，依法追究刑事责任。

第四十条 有违反规定以外汇收付应当以人民币收付的款项，或者以虚假、无效的交易单证等向经营结汇、售汇业务的金融机构骗购外汇等非法套汇行为的，由外汇管理机关责令对非法套汇资金予以回兑，处非法套汇金额30%以下的罚款；情节严重的，处非法套汇金额30%以上等值以下的罚款；构成犯罪的，依法追究刑事责任。

第四十一条 违反规定将外汇汇入境内的，由外汇管理机关责令改正，处违法金额30%以下的罚款；情节严重的，处违法金额30%以上等值以下的罚款。

非法结汇的，由外汇管理机关责令对非法结汇资金予以回兑，处违法金额30%以下的罚款。

第四十二条 违反规定携带外汇出入境的，由外汇管理机关给予警告，可以处违法金额20%以下的罚款。法律、行政法规规定由海关予以处罚的，从其规定。

第四十三条 有擅自对外借款、在境外发行债券或者提供对外担保等违反外债管理行为的，由外汇管理机关给予警告，处违法金额30%以下的罚款。

第四十四条 违反规定，擅自改变外汇或者结汇资金用途的，由外汇管理机关责令改正，没收违法所得，处违法金额30%以下的罚款；情节严重的，处违法金额30%以上等值以下的罚款。

有违反规定以外币在境内计价结算或者划转外汇等非法使用外汇行为的，由外汇管理机关责令改正，给予警告，可以处违法金额30%以下的罚款。

第四十五条 私自买卖外汇、变相买卖外汇、倒买倒卖外汇或者非法介绍买卖外汇数额较大的，由外汇管理机关给予警告，没收违法所得，处违法金额30%以下的罚款；情节严重的，处违法金额30%以上等值以下的罚款；构成犯罪的，依法追究刑事责任。

第四十六条 未经批准擅自经营结汇、售汇业务的，由外汇管理机关责令改正，有违法所得的，没收违法所得，违法所得50万元以上的，并处违法所得1倍以上5倍以下的罚款；没有违法所得或者违法所得不足50万元的，处50万元以上200万元以下的罚款；情节严重的，由有关主管部门责令停业整顿或者吊销业务许可证；构成犯罪的，依法追究刑事责任。

未经批准经营结汇、售汇业务以外的其他外汇业务的，由外汇管理机关或者金融业监督管理机构依照前款规定予以处罚。

第四十七条 金融机构有下列情形之一的，由外汇管理机关责令限期改正，没收违法所得，并处20万元以上100万元以下的罚款；情节严重或者逾期不改正的，由外汇管理机关责令停止经营相关业务：

（一）办理经常项目资金收付，未对交易单证的真实性及其与外汇收支的一致性进行合理审查的；

（二）违反规定办理资本项目资金收付的；

（三）违反规定办理结汇、售汇业务的；

（四）违反外汇业务综合头寸管理的；

（五）违反外汇市场交易管理的。

第四十八条 有下列情形之一的，由外汇管理机关责令改正，给予警告，对机构可以处30万元以下的罚款，对个人可以处5万元以下的罚款：

（一）未按照规定进行国际收支统计申报的；

（二）未按照规定报送财务会计报告、统计报表等资料的；

（三）未按照规定提交有效单证或者提交的单证不真实的；

（四）违反外汇账户管理规定的；

（五）违反外汇登记管理规定的；

（六）拒绝、阻碍外汇管理机关依法进行监督检查或者调查的。

第四十九条 境内机构违反外汇管理规定的，除依照本条例给予处罚外，对直接负责的主管人员和其他直接责任人员，应当给予处分；对金融机构负有直接责任的董事、监事、高级管理人员和其他直接责任人员给予警告，处 5 万元以上 50 万元以下的罚款；构成犯罪的，依法追究刑事责任。

第五十条 外汇管理机关工作人员徇私舞弊、滥用职权、玩忽职守，构成犯罪的，依法追究刑事责任；尚不构成犯罪的，依法给予处分。

第五十一条 当事人对外汇管理机关作出的具体行政行为不服的，可以依法申请行政复议；对行政复议决定仍不服的，可以依法向人民法院提起行政诉讼。

第八章 附 则

第五十二条 本条例下列用语的含义：

（一）境内机构，是指中华人民共和国境内的国家机关、企业、事业单位、社会团体、部队等，外国驻华外交领事机构和国际组织驻华代表机构除外。

（二）境内个人，是指中国公民和在中华人民共和国境内连续居住满 1 年的外国人，外国驻华外交人员和国际组织驻华代表除外。

（三）经常项目，是指国际收支中涉及货物、服务、收益及经常转移的交易项目等。

（四）资本项目，是指国际收支中引起对外资产和负债水平发生变化的交易项目，包括资本转移、直接投资、证券投资、衍生产品及贷款等。

第五十三条 非金融机构经营结汇、售汇业务，应当由国务院外汇管理部门批准，具体管理办法由国务院外汇管理部门另行制定。

第五十四条 本条例自公布之日起施行。

参考文献

[1] 杨青．国际金融．广州：暨南大学出版社，2007.
[2] 潘海红，黄光明．国际金融实务．北京：清华大学出版社，2012.
[3] 王灵华，谢朝阳，李洪梅．国际金融学．北京：北京交通大学出版社，2012.
[4] 姜波克．国际金融新编．上海：复旦大学出版社，2002.
[5] 易纲，张磊．国际金融．上海：上海人民出版社，2004.
[6] 冷丽莲，李占云．国际汇兑与结算．大连：东北财经大学出版社，2004.
[7] 兰容英，倪信琦．外汇交易实务．厦门：厦门大学出版社，2010.
[8] 陈国嘉．新手学外汇投资交易．北京：清华大学出版社，2012.
[9] 杨向荣．外汇交易实务．北京：电子工业出版社，2013.
[10] 央视《货币》纪录片主创团队．货币．北京：中信出版社，2012.